"十三五"国家重点图书出版规划项目

Translation Series on the International
Law of the Sea

世界海洋法译丛

海上边界协定
（1942—1991）

张海文 黄 影
·主编·

青岛出版社

《世界海洋法译丛》编译委员会

主　　任	张海文
副 主 任	李红云　张桂红　黄　影
委　　员	王居乔　王　娟　王莘子　宁　佳　白　雪
	祁冬梅　刘煜洲　李　杨　张凯月　杨　涛
	李晓宁　张　逸　林益涵　岳　霄　赵　沄
	赵晓静　敖　梦　梁凤奎　谢　慧　蔡璧岭
	（按照姓氏笔画排列）
本卷主编	张海文　黄　影
本卷翻译	蔡璧岭　梁凤奎　祁冬梅
本卷校对	黄　影

《世界海洋法译丛》出版委员会

主　　任	孟鸣飞
副 主 任	张化新　高继民
委　　员	李忠东　刘永贵　李明泽　张性阳　黄　锐
	宋来鹏　周静静　宋　磊　张文健　朱凤霞
	张　晓　王春霖

前 言
PREFACE

从1609年荷兰法学家格劳秀斯发表著名的《海洋自由论》到1994年11月16日《联合国海洋法公约》（以下简称《公约》）生效，海洋法经历了一个漫长而坎坷的发展过程。如今，海洋法已发展成为国际法中内容最新、最完备的一个分支。截至2017年11月，《公约》已成为一个拥有168个缔约国的国际条约。根据《公约》，沿海国家可以拥有自己的领海、毗连区、专属经济区、大陆架；群岛国还可拥有群岛水域。国家在不同的海域中行使不同的主权、主权权利和管辖权。

联合国秘书处海洋事务与海洋法司已将各国政府根据《公约》的有关规定向联合国秘书处交存的文件予以公布，这些文件主要有：（1）沿海国家的有关海图或地理坐标表，注明直线基线、群岛基线；领海、专属经济区和大陆架外部界限的大地基准点。（2）沿海国公布的所有有关无害通过的法律和规章；海峡沿岸国公布的在用于国际航行的海峡中有关过境通行的法律和规章；沿海国在其领海的特定区域内暂时停止外国船舶的无害通过的情况。（3）沿海国家的立法实践。

考虑到我们在海洋法研究、实践以及立法工作上的需要，我们决定将世界各国海洋立法、海洋边界实践以及国际海洋争端解决的经典案例译成汉语，并列为国家海洋局海洋发展战略研究所关于海洋权益与法律问题的系列研究项目之一，逐步编译成册出版，丛书名定为《世界海洋法译丛》。我们的决定得到了联合国秘书处海洋事务与海洋法司的赞同和支持。

本丛书的内容包括世界沿海国家的海洋立法汇编8卷（非洲卷1卷、欧洲卷3卷、美洲卷2卷、亚洲卷1卷、大洋洲卷1卷）、海上边界协定1卷、海洋法争端解决国际案例汇编1卷和海上边界国家实践发展现状4卷，共计14卷。

《公约》生效后，《公约》中包含的原则和规则开始对各国的海洋实践产生重大影响，在各国海洋立法中尤为明显。国内立法是国际法研究的一个重要方面，不仅是一国履行国际义务的实践，还可以为国际习惯法的形成和发展提供证据。本丛书中的沿海国海洋立法系列将沿海国立法分为5个部分，分别是非洲国家、亚洲国家、大洋洲国家、欧洲国家和美洲国家。在每部分中将国家按英文字母先后顺序排列。此系列的翻译原文均为联合国网站公布的各国提交的该国立法英文文本。需说明的是，其中有些立法是从其他语种的官方文本译为英文的。我们在翻译过程中尽量做到忠实原文，对有明显错误的地方作了注释。译文尽量保持原立法的完整性，仅对个别立法中与海洋法无关的内容作了省略，并作出标明。

海洋划界是现代海洋法的重要部分。《公约》对国家主权和管辖海域的规定（增加领海宽度、设立专属经济区这一新制度，重新界定大陆架等）使得各沿海国之间出现了大量的重叠主张。各沿海国家相互之间签署了大量的边界协议，但仍有200多项海洋划界问题亟待解决。海洋划界的发展经历了3个阶段：第一个阶段自18世纪至二战爆发前，见证了沿海国普遍接受将陆地领土主权延伸至领海的历程，形成了一些划界的基本原则。第二个阶段始于第一项领海范围以外海洋划界协定（1942年《帕里亚湾条约》）的出台，进而杜鲁门1945年发布《大陆架公告》，直至1958年《大陆架公约》和1969年《北海大陆架案》，见证了海洋划界向外拓展并涵盖大陆架的过程。第三个阶段自专属经济区概念和大陆架新定义首次引入第三次《联合国海洋法公约》会议谈判案文并最终写进《公约》开始，海洋划界有了新的内涵。本丛书中的海上边界协定部分收录了1942—1991年相关国家之间签订的海洋划界协定。为方便查询，协定按地区分类汇总，如大西洋区域（北大西洋和南大西洋）、加勒比区域、地中海区域、印度洋区域和太平洋区域（东太平洋和西太平洋），每个区域依照国别和划界区域列出协议。

本丛书中的海洋法争端解决案例系列收录了自19世纪末至20世纪初的33个海洋法典型案例，内容编排为7章，涵盖了海洋法主要的案例类型：第一章为基线、海湾和领海类案例；第二章为国际航行海峡类案例；第三章为海洋划界类案例；第四章为渔业和海洋生物资源类案例；第五章为公海刑事管辖权和船旗国管辖权类案例；第六章为航行类案例；第七章为海洋环境类案例。这些案例包含了国际常设法院（Permanent Court of International Justice，2宗）、中美洲法院（Central American Court of Justice，1宗）、国际法院（12宗）和国际海洋法法庭（International Tribunal for the Law of the Sea，7宗）作出的判决及仲裁法庭（10宗）和特别委员会（1宗）作出的仲裁裁决。由于有些涉及海洋法的争议仍在审理当中，因此不排除以后会更新相关审理结果的可能性。

本丛书中的海上边界国家实践发展现状系列旨在广泛传播各国在实践中适用《公约》的现状，为《公约》的实施提供帮助，促进各国统一、一致地适用《公约》规定的复杂而全面的国际规则。此系列包括1982—1994年的双边和多边条约、国内立法及政府照会、宣告和声明，按照国家字母顺序逐一列出。内容涵盖以下事务：领海基线、领海宽度及归属、专属经济区的建立、大陆架的界定、海岸相向或相邻国家间海上边界的划定等。

本丛书的编译工作由张海文主持，北京大学法学院李红云教授及其部分研究生、北京师范大学法学院张桂红教授及其部分研究生以及原国家海洋局国际合作司梁凤奎、祁冬梅、宁佳、蔡璧岭等参与了翻译工作。天津外国语大学黄影讲师负责本丛书的审校工作。丛书的文字翻译是对联合国公开资料的客观展示，以利于国内读者作为资料参考，并不代表编者和出版者认可其观点和立场。在编译过程中由于水平所限，错误在所难免，在此欢迎读者批评指正。

本丛书集合了国内立法和政策、边界协定和国际法案例，为我国了解国际海洋边界的最新进展、熟悉"海上丝绸之路"沿线国家的基本情况，以及国际司法和仲裁机构对各类涉海问题的解读和分析提供了权威参考资料，对于推动国际法治、实现海洋强国具有重要的现实意义。我们希望通过《世界海洋法译丛》的编译出版，能对我国研究海洋法的学者和学生、涉海的政府行政主管部门、海洋立法和执法机构提供一些帮助和参考，为我国海洋事业的发展尽绵薄之力。

编译者

2017 年 11 月 28 日

目 录
CONTENTS

第一篇　海上边界协定（1942—1969）

一、大西洋地区

（一）北大西洋

挪威王国政府与苏维埃社会主义共和国联盟政府
　　关于两国间在瓦伦格峡湾海上边界的协议
　　（1957年2月15日签署于奥斯陆）⋯⋯⋯⋯⋯⋯⋯⋯⋯⋯⋯ 3
挪威与苏维埃社会主义共和国联盟关于
　　1957年在瓦伦格峡湾地区划分的海上边界的描述性议定书
　　（1957年11月29日签署于莫斯科）⋯⋯⋯⋯⋯⋯⋯⋯⋯⋯ 5

1. 北海 ⋯⋯⋯⋯⋯⋯⋯⋯⋯⋯⋯⋯⋯⋯⋯⋯⋯⋯⋯⋯⋯⋯⋯⋯⋯ 9

荷兰王国与德意志联邦共和国在邻近海域
　　关于大陆架侧面划分的条约
　　（1964年12月1日签署于波恩）⋯⋯⋯⋯⋯⋯⋯⋯⋯⋯⋯⋯ 9
大不列颠及北爱尔兰联合王国政府与挪威王国政府
　　关于两国间大陆架划界协议
　　（1965年3月10日签署于伦敦）⋯⋯⋯⋯⋯⋯⋯⋯⋯⋯⋯⋯ 11
大不列颠及北爱尔兰联合王国政府与挪威王国政府关于两国间
　　大陆架划界协议（1965年3月10日）的补充议定书
　　（1978年12月22日签署于奥斯陆）⋯⋯⋯⋯⋯⋯⋯⋯⋯⋯ 13
丹麦王国与德意志联邦共和国关于在沿海地区
　　北海大陆架划界协议（与议定书）
　　（1965年6月9日签署于波恩）⋯⋯⋯⋯⋯⋯⋯⋯⋯⋯⋯⋯ 15

丹麦王国与德意志联邦共和国关于在沿海地区有关北海
　　大陆架划界协议的议定书
　　　（1965年6月9日签署于波恩）……………………16
荷兰王国政府与大不列颠及北爱尔兰联合王国政府
　　关于两国在北海大陆架划界协议
　　　（1965年10月6日签署于伦敦）……………………17
荷兰王国政府与大不列颠及北爱尔兰联合王国政府关于修订两国
　　1965年10月6日签署的北海大陆架划界协议的议定书
　　　（1971年11月25日缔结于伦敦）……………………19
荷兰王国政府与大不列颠及北爱尔兰联合王国政府关于开发
　　跨越双方北海大陆架分界线的单一地质结构的协议
　　　（1965年10月6日签署于伦敦）……………………20
丹麦与挪威关于大陆架划界协议
　　　（1965年12月8日签署于奥斯陆）……………………22
含有修订上述协议之协定的照会互换
　　　（1968年4月24日　哥本哈根）……………………24
大不列颠及北爱尔兰联合王国政府与丹麦王国政府
　　关于两国大陆架划界协议
　　　（1966年3月3日签署于伦敦）……………………26
荷兰王国政府与丹麦王国政府
　　关于两国在北海的大陆架划界协议
　　　（1966年3月31日签署于海牙）……………………28

2. 波罗的海 ……………………………………………………30
丹麦王国与德意志联邦共和国关于在沿海地区
　　北海大陆架划界协议的议定书
　　　（1965年6月9日签署于波恩）……………………30
关于丹麦王国与德意志联邦共和国在
　　波罗的海中大陆架划界的第297号法令
　　　（1977年6月7日）……………………………………31

芬兰共和国政府与苏维埃社会主义共和国联盟政府间
　　关于芬兰湾海域边界的协议
　　　　（1965年5月20日签署于赫尔辛基）……………………33
芬兰共和国政府与苏维埃社会主义共和国联盟政府关于
　　两国在波罗的海东北部大陆架边界的协议
　　　　（1967年5月5日签署于赫尔辛基）………………………36
瑞典与挪威关于大陆架划界的协议
　　　　（1968年7月24日签订于斯德哥尔摩）……………………38
波兰人民共和国与德意志民主共和国在波罗的海
　　关于大陆架划界的条约
　　　　（1968年10月29日签署于柏林）……………………………40
波兰人民共和国与苏维埃社会主义共和国联盟
关于在格但斯克湾和波罗的海东南部分大陆架边界的条约
　　　　（1969年8月28日签署于华沙）………………………………42

（二）南大西洋

塞内加尔与几内亚比绍关于领海与大陆架边界协议
　　（葡萄牙与法国信件互换）（1960年4月26日）……………44

二、加勒比地区

英国国王陛下与委内瑞拉合众国总统关于
　　帕里亚湾底部区域条约
　　　　（1942年2月26日签署于加拉加斯）………………………46

三、印度洋地区

波斯湾

巴林与沙特阿拉伯边界协议
　　　　（1958年2月22日）……………………………………………49

阿布扎比与迪拜之间离岸边界协议
（1968年2月18日）…………………………………… 52
关于阿尔阿拉比亚岛与法斯岛主权及
　划分沙特阿拉伯王国与伊朗海底区域边界线的协议
　（附带信函互换）
　（1968年10月24日签署于德黑兰）………………… 53
卡塔尔与阿布扎比关于解决海上边界线和岛屿主权的协议
　（签署于1969年3月30日）………………………… 59
关于划分伊朗与卡塔尔大陆架边界线的协议
　（1969年9月20日）………………………………… 60

四、太平洋地区

（一）东太平洋

智利与厄瓜多尔及秘鲁海上区域划界宣言
　（1952年8月18日）………………………………… 62

（二）西太平洋

马来西亚政府与印度尼西亚政府关于两国间
　大陆架划界的协议（1969年10月27日缔结于吉隆坡）……… 64

第二篇　海上边界协定（1970—1984）

一、大西洋地区

（一）北大西洋

丹麦王国政府和加拿大政府关于格陵兰和
　加拿大之间大陆架划界协定（1973年12月17日）………… 69
丹麦和挪威关于大陆架划界的协定
　（1965年12月8日）………………………………… 76

构成丹麦和挪威大陆架划界协议修改协定的往来照会
　　（1974年6月4日）……………………………………… 77
丹麦王国政府和挪威王国政府关于法罗群岛和挪威间
　　水域的大陆架划界以及法罗群岛附近渔区和
　　挪威经济区划界事宜的协定（1979年6月15日）……… 79
构成丹麦和瑞典领水划界协定的往来照会
　　（1979年6月25日）…………………………………… 81
瑞典和丹麦关于大陆架和渔区划界的协定
　　（1984年11月9日）…………………………………… 82
德意志民主共和国和瑞典王国大陆架划界条约（及议定书）
　　（1978年6月22日）…………………………………… 85
瑞典和挪威大陆架划界协定
　　（1968年7月24日）…………………………………… 87
瑞典和芬兰关于两国在波的尼亚湾、波的尼亚海、奥兰海和
　　波罗的海最北部大陆架划界协定（及议定书）
　　（1972年9月29日）…………………………………… 89
芬兰共和国政府和苏维埃社会主义共和国联盟政府关于
　　芬兰湾和波罗的海东北部的管辖渔区划界协定
　　（1980年2月25日）…………………………………… 92
冰岛－挪威：冰岛和挪威关于冰岛和扬马延岛之间
　　区域大陆架划界协定（1981年10月22日签署于奥斯陆；
　　1982年6月2日生效）………………………………… 94
大不列颠及北爱尔兰联合王国政府和
　　挪威王国政府大陆架划界协定（1965年3月10日）……… 97
大不列颠及北爱尔兰联合王国政府和挪威王国政府大陆架
　　划界协定（1965年3月10日）的补充议定书
　　（1978年12月22日）…………………………………… 99
法兰西共和国和大不列颠及北爱尔兰联合王国关于两国在
　　格林尼治子午线以西30分处以东区域的大陆架划界协定
　　（1982年6月24日）…………………………………… 101

法国和西班牙关于比斯开湾领海和毗连区划界公约
（1974年1月29日）……………………………………… 103

法兰西共和国政府和西班牙王国政府关于两国在
比斯开湾的大陆架划界公约（1974年1月29日）……… 105

丹麦王国政府和大不列颠及北爱尔兰联合王国政府
大陆架划界协定（1971年11月25日）………………… 110

丹麦王国和德意志联邦共和国北海大陆架划界条约
（1971年1月28日）……………………………………… 112

荷兰王国和德意志联邦共和国北海大陆架划界条约
（1971年1月28日）……………………………………… 117

德意志联邦共和国、丹麦王国和荷兰王国就
北海大陆架划界条约的补充协定………………………… 122

大不列颠及北爱尔兰联合王国和德意志联邦共和国
北海大陆架划界协定
（1971年12月25日）…………………………………… 124

波兰人民共和国和苏维埃社会主义共和国联盟关于两国
在格但斯克湾和波罗的海东南部的大陆架划界协定
（1969年8月28日）……………………………………… 126

巴西联邦共和国和法兰西共和国海洋划界条约
（1981年1月30日）……………………………………… 128

美利坚合众国和墨西哥合众国
构成海洋划界协定的往来照会…………………………… 130

美利坚合众国/古巴：海洋划界 ……………………………… 133

马鲁阿声明（1975年6月1日）……………………………… 136

海洋边界：冈比亚/塞内加尔（1975年6月4日）…………… 138

（二）南大西洋

巴西政府和乌拉圭政府关于两国在翠河出海口划界和
海洋横向边界事宜往来照会构成的协定
（1972年7月21日）……………………………………… 140

关于拉普拉塔河和相关海洋边界的条约

（1973 年 11 月 19 日）……………………………… 142

二、加勒比地区

美利坚合众国和委内瑞拉共和国海洋划界条约

（1978 年 3 月 28 日）……………………………… 160

法兰西共和国政府和圣卢西亚政府海洋划界协定

（1981 年 3 月 4 日）………………………………… 163

法兰西共和国政府和委内瑞拉共和国政府海洋划界条约

（1980 年 7 月 17 日）……………………………… 165

委内瑞拉共和国和多米尼加共和国海洋和海底划界条约

（1979 年 3 月 3 日）………………………………… 167

委内瑞拉共和国和荷兰王国划界条约

（1978 年 3 月 31 日）……………………………… 169

哥伦比亚共和国和海地共和国海洋划界协定

（1978 年 2 月 17 日）……………………………… 174

哥伦比亚共和国和多米尼加共和国海洋和

　　海底区域划界以及海洋合作协定

（1978 年 1 月 13 日）……………………………… 176

哥伦比亚共和国和哥斯达黎加共和国海洋和

　　海底划界以及海洋合作条约（1977 年 3 月 17 日）……… 179

巴拿马共和国和哥伦比亚共和国海洋和

　　海底区域划界及相关事宜条约

（1976 年 11 月 20 日）…………………………… 181

哥斯达黎加共和国和巴拿马共和国海洋划界和海洋合作条约

（1980 年 2 月 2 日）………………………………… 185

基于墨西哥在毗邻古巴边界水域

　　划定专属经济区往来照会的协定

（1976 年 7 月 26 日）……………………………… 188

三、地中海地区

西班牙和意大利大陆架划界公约（1974年2月19日）………… 190
突尼斯共和国政府和意大利共和国政府大陆架划界协定
　　（1971年8月20日）…………………………………………… 193
1971年8月20日突尼斯－意大利大陆架划界协定附件
　　（地图和地理坐标）…………………………………………… 195
希腊共和国和意大利共和国大陆架划界协定
　　（1977年5月24日）…………………………………………… 198
意大利和南斯拉夫在亚得里亚海
　　大陆架划界的协定（1968年1月8日）…………………… 200
苏维埃社会主义共和国联盟政府和土耳其共和国政府
　　关于两国在黑海的领海划界协定
　　（1973年4月17日）…………………………………………… 204
土耳其共和国政府和苏维埃社会主义共和国联盟政府
　　关于两国在黑海的大陆架划界协定
　　（1978年6月23日）…………………………………………… 205

四、印度洋地区

泰国政府和印度尼西亚共和国政府关于两国在马六甲海峡
　　以北和安达曼海区域的大陆架划界协定
　　（1971年12月17日）………………………………………… 207
泰国政府和印度尼西亚共和国政府关于
　　两国在安达曼海海床划界协定
　　（1975年12月11日）………………………………………… 209
泰国政府、印度政府和印度尼西亚政府关于三国在
　　安达曼海划界和确定三国边界交点问题的协定
　　（1978年6月22日）…………………………………………… 211

泰国政府和缅甸联邦社会主义共和国政府关于两国
　　在安达曼海的海洋划界协定（1980年7月25日）………… 213
泰国政府和印度政府关于两国在安达曼海的海床划界协定
　　（1978年6月22日）……………………………………… 215
泰国和马来西亚领海划界条约（1979年10月24日）………… 217
泰国和马来西亚关于两国在泰国湾
　　大陆架划界谅解备忘录（1979年10月24日）…………… 219
斯里兰卡和印度关于两国在马纳尔湾和孟加拉湾
　　海洋划界和相关事宜的协定（1976年3月23日）……… 221
斯里兰卡和印度关于延伸两国在马纳尔湾的海洋边界
　　自点13m至斯里兰卡、印度和马尔代夫三国
　　海洋边界交点T的补充协定（1976年12月22日）……… 223
斯里兰卡和印度历史水域划界和相关事宜的协定
　　（1974年6月26/28日）…………………………………… 225
斯里兰卡、印度和马尔代夫关于确定三国在
　　马纳尔湾的海洋边界交点的协定
　　（1976年7月23/24/31日）………………………………… 227
印度共和国政府和印度尼西亚共和国政府
　　大陆架划界协定（1974年8月8日）……………………… 228
印度共和国政府和印度尼西亚共和国政府关于
　　延伸1974年划定的两国在安达曼海和
　　印度洋大陆架边界的协定（1977年1月14日）………… 230
公约（1980年4月2日）………………………………………… 233
坦桑尼亚联合共和国和肯尼亚共和国关于领海划界的往来照会
　　（1975年12月17日—1976年7月9日）………………… 236
伊朗和阿曼大陆架划界协定（1974年7月25日）…………… 238
伊朗和巴林的大陆架划界协定（1971年6月17日）………… 240
伊朗和卡塔尔大陆架划界协定（1969年9月20日）………… 242

五、太平洋地区

（一）东太平洋

哥伦比亚共和国和厄瓜多尔关于海洋和海底划界
　　以及海洋合作的协定（1975年8月23日）……………… 244
巴拿马共和国和哥伦比亚共和国
　　海洋和海底区域划界及相关事宜条约
　　（1976年11月20日）…………………………………… 246
哥斯达黎加共和国和巴拿马共和国
　　海洋划界和海洋合作条约（1980年2月2日）………… 246
美利坚合众国和墨西哥合众国
　　构成海洋划界协定的往来照会（1976年11月24日）…… 246

（二）西太平洋

澳大利亚联邦政府和法兰西共和国政府海洋划界协定
　　（1982年1月4日）……………………………………… 247
澳大利亚联邦政府和印度尼西亚共和国政府就确定
　　指定区域海床边界的协定（1971年5月18日）………… 250
澳大利亚联邦政府和印度尼西亚共和国政府
　　就两国在帝汶海和阿拉弗拉海的指定区域海床划界协定
　　（1971年5月18日）之补充协议（1972年10月9日）…… 253
法兰西共和国政府和汤加王国政府关于经济区划界的公约
　　（1980年1月11日）……………………………………… 256
法兰西共和国政府和斐济政府关于海洋经济区划界的协定
　　（1983年1月19日）……………………………………… 257
法兰西共和国政府和大不列颠及北爱尔兰联合王国政府
　　海洋划界公约
　　（1983年10月25日）…………………………………… 259

日本和韩国关于划定毗邻两国的大陆架北部边界的协定
（1974 年 1 月 30 日）·················· 261
美利坚合众国和库克群岛关于两国友谊和海洋划界的协定
（1980 年 6 月 11 日）·················· 264
美利坚合众国和新西兰就位于托克劳群岛和
美利坚合众国间海域的划界条约
（1980 年 12 月 2 日）·················· 268

第三篇 海上边界协定（1985—1991）

一、大西洋地区

（一）北大西洋

1. 北海 ································ 273

法兰西共和国政府与大不列颠及北爱尔兰联合王国政府
关于多佛海峡领海划界协议（1988 年 11 月 2 日）········· 273
法兰西共和国政府与大不列颠及北爱尔兰联合王国政府
关于完成北海南部大陆架划界的协议
（1991 年 7 月 23 日）·················· 275
大不列颠及北爱尔兰联合王国政府与爱尔兰共和国政府
关于两国间大陆架划界的协议
（1988 年 11 月 7 日）·················· 277
法兰西共和国政府和比利时王国政府
关于领海划界的协议（1990 年 10 月 8 日）··········· 283
法兰西共和国政府和比利时王国政府
关于大陆架划界的协议（1990 年 10 月 8 日）·········· 284

2. 波罗的海 ······························ 285

芬兰和瑞典形成协议确认两国间部分国家边界的互换照会
（1985 年 6 月 14 日）·················· 285

瑞典王国政府和苏维埃社会主义共和国联盟政府
　　关于波罗的海大陆架划界及瑞典渔业区和
　　苏联经济区划界的协议（附议定书）
　　（1988年4月18日）……………………………………… 287

二、加勒比地区

哥伦比亚和洪都拉斯海洋划界条约（1986年8月2日）………… 291
特立尼达和多巴哥共和国与委内瑞拉共和国
　　关于海洋与海底区域划界的条约（1990年4月18日）…… 293

三、地中海地区

法兰西共和国政府和意大利共和国政府
　　关于博尼法乔海峡区域海洋划界协议
　　（1986年11月28日签署于巴黎）……………………… 297
摩纳哥王子政府与法兰西共和国政府
　　海洋划界协议（1984年2月16日）…………………… 300

四、印度洋地区

缅甸联邦社会主义共和国与印度共和国
　　关于安达曼海、科科海峡和孟加拉湾海洋边界划界的协议
　　（1986年12月23日）………………………………… 303

五、太平洋地区

（一）北太平洋

美利坚合众国与苏维埃社会主义共和国联盟
　　海洋边界协议（1990年6月1日）…………………… 306

（二）中南部太平洋

所罗门群岛政府和澳大利亚政府
　　确立某些海洋和海底边界的协议
　　（1988 年 9 月 13 日）·················· 313
修改 1983 年 1 月 19 日法兰西共和国政府与斐济政府
　　关于其经济区划界协议的附录
　　（1990 年 11 月 8 日）·················· 315
澳大利亚和巴布亚新几内亚独立国
　　关于两国间包括托雷斯海峡区域在内的海洋边界
　　和主权以及相关事宜条约（1978 年 12 月 18 日）·········· 316
库克群岛政府和法兰西共和国政府
　　关于海洋划界的协议（1990 年 8 月 3 日）············ 351
法兰西共和国政府和所罗门群岛政府
　　海洋划界协议（1990 年 11 月 12 日）·············· 353

第一篇　海上边界协定
（1942—1969）

一、大西洋地区

（一）北大西洋

**挪威王国政府与苏维埃社会主义共和国联盟政府
关于两国间在瓦伦格峡湾海上边界的协议**[*]
（1957年2月15日签署于奥斯陆）

挪威王国政府和苏维埃社会主义共和国联盟（简称"苏联"）政府，希望在瓦伦格峡湾确定双方的海上边界，从而有利于维护两国的睦邻友好关系，决定达成此协议。为此目的，任命协议签署者为双方各自的全权代表，并就下列条款达成一致：

第一条

挪威与苏联在瓦伦格峡湾的海上边界将在第415号边界标划一条直线，该边界标是在1947年绘制的边界线正对着两国领水外部分界线的终端点。上述边界线的图示标注在苏联的附图上，该附图采用了1∶100 000的比例尺。

缔约双方都不会将各自的领海延伸跨越本条第一段提及的从交叉点延伸至Nemtsky海角与Kibergnes海角连线中点绘制的直线，上述直线在前图中用虚线标出。

第二条

缔约双方将在平等的基础上建立苏－挪联合边界委员会，该委员会将对领水外部界限交叉点和第一条提及的在Nemtsky海角与Kibergnes海角之间连线的中点的坐标进行测算，并建立参标点，以此来确定挪－苏在瓦伦

---

[*] 联合国，《条约汇编》，第312卷，第289页。1957年4月2日生效。

格峡湾内的海上边界并准备必要的文件。该联合委员会将最晚不迟于1957年5月开始工作,而且要不遗余力地在1957年的年底前完成上述工作。因此项工作所产生的所有费用将由缔约双方进行平等分摊。

第三条

本协议将由缔约双方批准并于双方互换批准书之日起生效。

缔约双方将尽快进行批准书的互换。

本协议于1957年2月15日签署于奥斯陆,每份均用俄语和挪威语两种文字写成,两种文本同等作准。

挪威与苏维埃社会主义共和国联盟关于 1957 年在瓦伦格峡湾地区划分的海上边界的描述性议定书*

（1957 年 11 月 29 日签署于莫斯科）

苏－挪联合边界委员会就挪威与苏维埃社会主义共和国联盟之间海上边界的划分特此声明：根据两国政府于 1957 年 2 月 15 日在瓦伦格峡湾签署的海上边界协议，他们已测算出挪威和苏联领水外部界限交叉点 Nemetsky 海角和 Kibergnes 海角的地理和直角坐标并建立了标注出挪－苏海上边界的参标点。

挪威与苏联在瓦伦格峡湾海上边界线的起点是第 415（海洋观测浮塔）边界标，该界标同时也是挪威和苏联 1947 年划分的海上边界线的终端点。根据挪威与苏联于 1947 年 12 月 18 日在莫斯科签署的国家海上边界划分文件，第 415（海洋观测浮塔）边界标的地理和直角坐标如下：

纬度 = 69°47′46.14″

经度 = 30°49′09.85″

x 轴 = 7 746 912.1

y 轴 = 6 415 943.7

从第 415 号界标起，挪威和苏联的海上边界是一条由北朝东北方向的直线，延伸至本边界线的端点，该点也是向东 4 海里并平行于由 Kibergnes 海角到第 415 号界标之间的直线与挪威领水的外部界限和从苏联边境雅各布界河（Grense Jakobselv）东面沿岸上一不知名海角的北部极点量起宽度达 12 海里的苏联领水外部界限的交叉点。

对这条海上边界端点的地理和直角坐标进行分析性的测算，结果如下：

纬度 = 69°58′50.22″

经度 = 31°06′23.11″

x 轴 = 7 767 110.9

y 轴 = 6 427 642.7

挪－苏从第 415 号界标到两国在瓦伦格峡湾（海上边界的端点）内领

---

* 联合国，《条约汇编》，第 312 卷，第 289 页，1958 年 3 月 17 日生效。

水外部界限交叉点之间的海上边界线的方位角为 30°04.7′ 或 33g. 4199。

这段边界线的长度为 12.6 海里。

该条边界线端点的坐标是在 1947 年确定的第 415 号界标的坐标以及 1957 年由联合委员会确定的 Kibergnes 角和未命名的苏联角的坐标的基础上测算出来的。Kibergnes 角的地理和直角坐标的数据如下：

纬度 = 70°17′17.79″

经度 = 31°03′51.00″

x 轴 = 7 801 466.0

y 轴 = 6 427 119.0

未命名的苏联角地理和直角坐标值如下：

纬度 = 69°47′07.25″

经度 = 30°59′29.92″

x 轴 = 7 745 479.8

y 轴 = 6 422 541.3

在 1957 年挪威－苏联在瓦伦格峡湾海上边界的划分中，苏－挪联合委员会还测算了 Nemetsky 角和 Kibergnes 角连线中间点的坐标，该点的坐标值如下：

纬度 = 70°07′19.98″

经度 = 31°30′27.29″

x 轴 = 7 782 476.8

y 轴 = 6 443 355.5

该点的坐标是在上述 Nemetsky 角和 Kibergnes 角下列坐标的基础上测算出来的。

纬度 = 69°57′18.28″

经度 = 31°56′38.11″

x 轴 = 7 763 488.5

y 轴 = 6 459 592.0

由联合委员会测算的和本议定书中提到的所有地理和直角坐标是以第六个 six-degree 区的 1932 普尔科沃系统的形式列出的，且将格林尼治以东 33° 的子午线作为其中心轴。如果换算到其他系统，这些坐标（值）将与这里给出的数字不同。这些坐标的测算与用于 1947 年划界测算的为相同的测地线的基础上测算出来的。地理坐标以北纬和东经度值列出。边界线的端点和 Nemetsky 角与 Kibergnes 角之间连线的中间点的测算误差为 10 米之内。关于此议定书中列出的其他点的坐标的测算，其准确度与使用测地线网络为基础测算值相差无几。

为了标注挪威－苏联海上边界的地理位置，（双方）在沿边界线的挪威领土内的边境雅各布界河（Grense Jakobselv）附近竖立了钢筋混凝土的参标。用钢筋混凝土制成的参标表面为矩形，从底座量起高 15 米，宽 7 米。参标面向大海，并使用特殊耐用的白漆粉刷。每个参标都安装了航标灯，在能见度良好的情况下，整条边界线部分白天和黑夜都有较好的可见度。

有关参标的进一步信息以及它们的状况在所附关于参标并标注挪威与苏联之间边界线的议定书中给出。

在黑夜时段，海上边界的方向由南面（后面）参标与来自北面参标灯塔中段的白光垂直交汇的调整光来照明。

参标前面的灯塔都安装有红绿光的过滤器，每个过滤器拥有 10 度（辐射）照明区。绿色光对来自挪威一方靠近的船只发出警告，而红色光对来自苏联一方靠近的船只发出警告。此外，参标前面的灯塔发出的光有两个白色光照明区以对参标区域内的船只进行明示。

有关灯塔装置及其安排以及电子设备和照明（器材）的进一步信息见附件 6。

该议定书附件如下：

（1）显示挪威－苏联的海上边界见海上边界挪威和苏联 1∶100 000 比例尺图。

（2）载有有关参标、草图的议定书。

（3）参标草图。

（4）参标图片。

（5）参标点区域比例尺为 1∶10 000 地形图。

（6）有关灯塔设施的说明，并在灯塔的背面配有参标点航标灯照明区图示。

（7）参标点服务与维护指南。

本描述性议定书连同所有的附件要求挪威王国政府和苏联政府的批准，并于互换批准文书之日起生效。

1957年11月29日缔结于莫斯科，一式两份，用俄文和挪威文写成，两种文本同等作准。

附件7

参标点服务和维护指南：

1. 参标点的服务和维护将由挪威方负责并提供担保，并负担由此产生的所有费用。

2. 每年对参标点开展一次联合检查与巡视（控制测量），缔约方主管边境部门的代表参加。

上述检查与巡视（控制测量）应与1949年12月29日挪威政府与苏联政府关于挪威－苏联边境及边境争端与事故处理程序机制所缔结协议中的第四条提到的其他边境标记及边境清理的检查与巡视（控制测量）同时进行。

3. 根据联合委员会通过的参标点的详细规定，对参标点所发生的任何损坏的修复都要在苏方代表在场的情况下进行。由此产生的费用将由双方平均分摊。

4. 无论何时遭到损坏的参标点修复后，主管部门都需要撰写报告，分别用挪威语和俄语写成。

1957年11月29日签署于莫斯科。

1. 北　　海

荷兰王国与德意志联邦共和国在邻近海域关于大陆架侧面划分的条约[*]

（1964年12月1日签署于波恩）

荷兰王国与德意志联邦共和国，

鉴于通过协议确定在其海域边界附近的北海大陆架的侧向划分的万分必要性，并且那一部分的划分应与1962年5月14日达成的1960年4月8日签订的《埃姆斯－多拉德条约》的补充协议中的联合解决方案相一致，

达成如下协议：

第一条

1. 向上至54°N的平行线，荷兰与德国在北海大陆架的边界线应起始于1962年5月14日达成的1960年4月8日签订的《埃姆斯－多拉德条约》的补充协议所达成的那条线的北端，并将埃姆斯河口的边界区域纵向划分，沿通过 E_1 点和 E_2 点的最短线段至 E_3 点。

2.（根据德国1956年7月版第50号海图和1964年5月版第90号海图）坐标点如下：

点号	纬度	经度
E_1 点	53°45′06″N	6°19′56″E
E_2 点	53°48′56″N	6°15′49″E
E_3 点	54°00′00″N	6°06′26″E

第二条

1. 本条约中的条款不影响埃姆斯河口地带国际边境航道问题。缔约各方保留各自在这方面的法律立场。

2. 在《埃姆斯－多拉德条约》第四十六条第2款规定下所作的决定不对本条约产生影响。

---

[*] 联合国，《条约汇编》，第550卷，第123页。1965年9月18日生效。

第三条

本条约也适用于柏林地区，除非德意志联邦共和国政府在本条约生效 3 个月之内将不适用的信息告知荷兰政府。

第四条

1. 本条约须经批准，批准书将尽快在海牙互换。

2. 本条约将于批准书互换后的第二天起生效。

缔结于 1964 年 12 月 1 日，一式两份，用荷兰文和德文写成，两种文本同等作准。

大不列颠及北爱尔兰联合王国政府与挪威王国政府关于两国间大陆架划界协议[*]

（1965年3月10日签署于伦敦）

大不列颠及北爱尔兰联合王国政府与挪威王国政府，

期盼建立双方各自大陆架间的边界，

达成协议如下：

第一条

在附属于大不列颠及北爱尔兰联合王国的大陆架部分和附属于挪威王国的大陆架部分之间的分界线将在有利于行政管辖而稍有分歧的情形下建立，这条线上的每一个点与两国各自用于测量领海宽度基线的最近基点的距离相等。

第二条

1. 依据第一条确立的原则，该分界线应为下面依序给出的各点之间的大圆弧：

点号	纬度	经度
点1	56°05′12″N	3°15′00″E
点2	56°35′42″N	2°36′48″E
点3	57°54′18″N	1°57′54″E
点4	58°25′48″N	1°29′00″E
点5	59°17′24″N	1°42′42″E
点6	59°53′48″N	2°04′36″E
点7	61°21′24″N	1°47′24″E
点8	61°44′12″N	1°33′36″E

---

[*] 联合国，《条约汇编》，第551卷，第213页。1965年6月25日生效。

作为本协议的补充，双方于1978年12月22日签署了一份议定书并于1980年2月20日生效。议定书的内容见本书99页。

本条款中各点的位置是以欧洲数据（1950年首次调整）为依据确定纬度和经度。

2. 该分界线的绘制见本协议的附件。

第三条

1. 该分界线在南面的终端点应为点1，该点是大不列颠及北爱尔兰联合王国、挪威王国和丹麦王国之间大陆架分界线的交叉点。上面提到的点1的位置要取决于丹麦王国的认可。

2. 目前缔约各方都认为没有必要将分界线的划分向北延伸超过点8。

第四条

如果任何的单一地质石油结构或油田，或任何单一地质结构或任何其他矿床，包括沙石或沙砾延伸超过了分界线，这种地质结构或油田、矿床有部分位于分界线的一侧是可开采的，而分界线的另一侧可以全部或部分开采时，缔约各方应与许可证持有人（如果有）进行磋商，以寻求达成一致，从而使这种地质结构或油田、矿床得到最有效的开采，并且由此所获取的收益按比例分享。

第五条

本协议不对上覆水域或上空的（法律）地位产生影响。

第六条

1. 该协议须缔约方批准，批准书应尽快在奥斯陆进行互换。

2. 该协议将于批准书互换之日起生效。

下列签署人经各自政府正式授权，签署本协定，以昭信守。

本协定于1965年3月10日缔结于伦敦，一式两份，每份均以英文、挪威文写成，两种文本同等作准。

大不列颠及北爱尔兰联合王国政府与挪威王国政府关于两国间大陆架划界协议（1965年3月10日）的补充议定书*
（1978年12月22日签署于奥斯陆）

大不列颠及北爱尔兰联合王国政府与挪威王国政府，

鉴于大不列颠及北爱尔兰联合王国政府与挪威王国政府关于两国间大陆架划界协议，以下简称"协议"，

鉴于协议中的第一条规定在附属于大不列颠及北爱尔兰联合王国的大陆架部分和附属于挪威王国大陆架部分之间的分界线将在有利于行政管辖而稍有分歧的情形下建立，这条线上的每一个点与两国各自用于测量领海宽度基线的最近基点的距离相等，

正如协议第三条第二段记载的那样，缔约方认为没有必要将依据协议第二条建立的分界线向北延伸超过点8，

期盼完成各自大陆架的划界，

达成协议如下：

第一条

1. 依据协议第二条建立以点8为起点的分界线将为依次经过下列给出的各点间测地线。

点号	纬度	经度
点 8	61°44′12.00″N	1°33′36.00″E
点 9	61°44′12.00″N	1°33′13.44″E
点 10	62°16′43.93″N	1°10′40.66″E
点 11	62°19′40.72″N	1°08′30.96″E
点 12	62°22′21.00″N	1°06′28.21″E
点 13	62°24′56.68″N	1°04′25.86″E
点 14	62°27′32.82″N	1°02′17.70″E

---

* 国际法院：缅因湾案例，加拿大提交回复的附件，第一卷，通过协议完成海上划界的国家实践，第593—595页。

续表

点号	纬度	经度
点 15	62°30′09.83″N	1°00′05.92″E
点 16	62°32′47.29″N	0°57′48.32″E
点 17	62°36′20.75″N	0°54′44.78″E
点 18	62°39′57.99″N	0°51′29.48″E
点 19	62°44′16.31″N	0°47′27.69″E
点 20	62°53′29.49″N	0°38′27.91″E
点 21	62°58′21.06″N	0°33′31.01″E
点 22	63°03′20.71″N	0°28′12.51″E
点 23	63°38′10.68″N	0°10′59.31″E
点 24	63°44′12.83″N	0°18′08.35″E
点 25	63°50′26.89″N	0°25′47.30″E
点 26	63°53′14.93″N	0°29′19.55″E

2. 本条款中各点的位置是以欧洲数据（1950年首次调整）为依据确定纬度和经度。

3. 由本议定书确立的分界线的绘制图见议定书的附图。

第二条

在北面，英国与挪威王国大陆架间的分界线端点应为点26，该点与各自国家面对法国岛屿测量领海基线最近基点都是等距离的。点26的坐标位置是否可行将取决于丹麦王国的认可。

第三条

1. 该协议须缔约方批准，批准书应尽快在伦敦进行互换。

2. 该协议将于批准书互换之日起生效。

下列签署人经各自政府正式授权，签署本协定，以昭信守。

本协定于1978年12月22日缔结于奥斯陆，一式两份，每份均以英文、挪威文写成，两种文本同等作准。

丹麦王国与德意志联邦共和国关于在沿海地区北海大陆架划界协议（与议定书）*

（1965年6月9日签署于波恩）

丹麦王国与德意志联邦共和国，

鉴于在沿海地区就与两国领土邻近的北海中的大陆架划出一条双方达成一致的分界线的必要性，达成协议如下：

第一条

丹麦与德国在北海的大陆架边界线应该在沿海地区从标示于1921年描述的边界上的点以直线延伸，延伸线连接东利斯特灯塔与两个西利斯特灯塔连线的中点，一直延伸至开阔的海域上，直到55°10′03.4″N，7°33′09.6″E的坐标点为止。该坐标点数值是根据欧洲大地测量系统得出的（相当于丹麦地理坐标55°10′01.1″N，7°33′16.7″E；德国的地理坐标55°10′07.1″N，7°33′07.7″E）。

第二条

本协议也将适用于柏林地区，除非联邦德国政府在本协议生效3个月内就此向丹麦王国政府作出反向声明。

第三条

1. 本协议须经批准。批准书将尽快在哥本哈根交换。
2. 本协议将于批准书互换之日的第二天起生效。

本协议于1965年6月9日缔结于波恩，一式两份，用丹麦文与德文写成，两种文本同等作准。

---

* 联合国，《条约汇编》，第570卷，第91页。1966年5月27日生效。

丹麦王国与德意志联邦共和国关于在沿海地区有关北海大陆架划界协议的议定书

（1965年6月9日签署于波恩）

经德国提议举行的关于与丹麦和德国沿岸邻接的大陆架划界谈判透露，（谈判双方）对北海大陆架划界原则在观点上存在分歧。只有在沿海地区大陆架边界线沿着如下进程推进，即：关于边界线的外延线，缔约各方（可以）保留各自法律上的立场条件，协议才能达成。

关于邻接波罗的海的双方相向的大陆架，双方同意边界线将根据中间线原则来划分。缔约各方谨此宣称：如果对方在中间线原则的基础上划定其在波罗的海部分的大陆架，则己方对中间线原则不持异议。

本议定书于1965年6月9日缔结于波恩，一式两份，每份均以丹麦文、德文写成，两种文本同等作准。

荷兰王国政府与大不列颠及北爱尔兰联合王国政府关于两国在北海大陆架划界协议 *

（1965年10月6日签署于伦敦）

荷兰王国政府与大不列颠及北爱尔兰联合王国政府，

期盼建立两国各自在北海部分的大陆架的边界线，即建立一条基于该线段上的每一个点到两国当前用于测量领海（宽度）基线的距离都相等的边界线，

达成协议如下：

第一条

1. 根据本协议的第二条，属于大不列颠及北爱尔兰联合王国的大陆架与属于荷兰王国的大陆架之间的分界线应为下列依序给出的各点之间的大圆弧：

点号	纬度	经度
1	51°48′18″N	2°28′54″E
2	51°59′00″N	2°37′36″E
3	52°01′00″N	2°39′30″E
4	52°05′18″N	2°42′12″E
5	52°06′00″N	2°42′54″E
6	52°12′24″N	2°50′24″E
7	52°17′24″N	3°56′00″E
8	52°25′00″N	3°03′30″E
9	52°37′18″N	3°11′00″E
10	52°47′00″N	3°12′18″E
11	52°53′00″N	3°10′30″E
12	53°18′06″N	3°03′24″E

---

* 联合国，《条约汇编》，第595卷，第113页。1966年12月23日生效。

续表

点号	纬度	经度
13	53°28′12″N	3°01′00″E
14	53°35′06″N	3°59′18″E
15	53°40′06″N	3°57′24″E
16	53°57′48″N	3°52′00″E
17	54°22′48″N	3°45′48″E
18	54°37′18″N	3°53′54″E
19	55°50′06″N	3°24′00″E

本条款中各点的位置是根据欧洲大地测量系统（1950年首次调整）确定的纬度和经度。

2. 分界线已绘制在本协议的附图上。

第二条

1. 分界线在南面的端点应为点1，即英国与荷兰、比利时大陆架之间分界线的交点。

2. 分界线在北面的端点应为点19，即英国、荷兰和丹麦之间大陆架分界线的交点。

第三条

关于任何与分界线有关的装置或设施或油井入口的位置所引起的争端，缔约方应通过磋商确定该装置或其他设施或油井的入口应位于分界线的哪一侧。

第四条

1. 本协议须经批准。批准书应尽快在海牙交换。

2. 本协议将于批准书互换之日起生效。

下列签署人经各自政府正式授权，签署本条约，以昭信守。

本协议于1965年10月6日缔结于伦敦，一式两份，用英文和荷兰文写成，两种文本同等作准。

荷兰王国政府与大不列颠及北爱尔兰联合王国政府关于修订两国 1965 年 10 月 6 日签署的北海大陆架划界协议的议定书[*]

（1971 年 11 月 25 日缔结于伦敦）

大不列颠及北爱尔兰联合王国政府与荷兰王国政府，

鉴于两国之间于 1965 年 10 月 6 日达成的关于北海大陆架划界协议（下称"协议"），

根据 1971 年 1 月 28 日荷兰王国与德意志联邦共和国之间签署协议建立的双方在北海大陆架部分之间的分界线，

达成协议如下：

第一条

协议第一条第 1 款提到的点 19 撤销并被新点 19 取代，其坐标为：55°45′54″N，03°22′13″E。

第二条

协议第二条第二段将予以修订，修订后案文如下："分界线在北面的端点应为点 19，即大不列颠及北爱尔兰联合王国、荷兰王国及德意志联邦共和国之间大陆架分界线的交点。"

第三条

1. 该议定书须经批准。批准书将在伦敦交换。
2. 议定书将于批准书交换后的第 30 天起生效。

---

[*] ST/LEG/SER.B/16, p. 430，1972 年 12 月 7 日生效。

荷兰王国政府与大不列颠及北爱尔兰联合王国政府关于开发跨越双方北海大陆架分界线的单一地质结构的协议 *
（1965 年 10 月 6 日签署于伦敦）

荷兰王国政府与大不列颠及北爱尔兰联合王国政府，

鉴于两国间在北海大陆架划界上达成的协议，

期盼就有关跨越分界线的单一地质结构开发涉及双方共同利益的特定事务进行管理，

达成协议如下：

第一条

如果任何单一地质矿产石油或天然气结构或油气田跨越了分界线，并且这一结构或油气田的一部分位于分界线一侧是可开采的，分界线另一侧全部或部分可开采时，缔约方应寻求达成协议，以使单一的地质结构或油气田得到最有效的开发，关于相关费用和收益，在与相关的开发许可证持有人（如果存在的话）协商后提交协商一致的按比例分摊的建议。

第二条

当第一条提到的单一地质结构或油气田的开发未能在缔约方之间达成协议，影响到资源开发不能得到最佳收益或导致竞争性钻探时，任何缔约方不能就关于油气结构或油气田开发方式或与之相关的费用和收益的分享问题达成协议，在缔约方中的任意一方的请求下将问题提交给由双方任命的仲裁人。仲裁人的裁定对缔约方具有约束力。

第三条

有关矿藏而非本协议第一条提到的矿产资源协议的延期，缔约方将进行磋商。

第四条

1. 本协议须经批准。批准书将尽快在海牙进行互换。

2. 本协议将于批准书互换之日起生效。

3. 缔约方中的任何一方要终结本协议，需要在至少 12 个月前以书面方

---

* 联合国，《条约汇编》，第 595 卷，第 105 页。1966 年 12 月 23 日生效。

式通知对方。

4.如果在本协议终止时,根据本协议第二条提出的问题已提交给仲裁人,那么根据本协议的条款或缔约双方同意代替的其他协议的条款,仲裁人应完成仲裁。

下列签署人经各自政府正式授权,签署本条约,以昭信守。

本协议于1965年10月6日缔结于伦敦,一式两份,用英文和荷兰文写成,两种文本同等作准。

丹麦与挪威关于大陆架划界协议[*]

（1965年12月8日签署于奥斯陆）

丹麦王国政府与挪威王国政府为了勘探与开发自然资源之目的，决定在分属两国行使主权权利部分的大陆架之间建立共同的边界线，达成协议如下：

第一条

在分属两国行使主权权利部分的大陆架之间的边界线应为中间线，并且中间线上的每一点到每个缔约国用于测量各自领海宽度基线的最近（基）点都是等距离。

第二条

为了使第一条确立的原则可以适当地适用，边界线应由通过下列依序列出各点的直线构成（罗盘线）：

点号	纬度	经度
点1	58°15.8′N	10°02.0′E
点2	57°59.3′N	9°23.0′E
点3	57°41.8′N	8°53.3′E
点4	57°37.1′N	8°27.5′E
点5	57°29.9′N	7°59.0′E
点6	57°10.5′N	6°56.2′E
点7	56°35.5′N	5°02.0′E
点8	56°05.2′N	3°15.0′E

上述具体列出的地理坐标参照了附件中1963年印刷的1941版本的挪威第301号水文图，并在上面标出了分界线。该图为协议的一个整体部分。

---

[*] 联合国，《条约汇编》，第634卷，第71页。1966年6月22日生效。

第三条

丹麦与挪威分界线的端点应为上述分界线与界定那些隶属其他国家大陆架分界线的交点。如果需要，缔约国可以就上述各点在与相关第三国磋商后再作出最后的决定。

第四条

如果位于海底或其底土上的自然资源跨越隶属缔约国大陆架的分界线的两侧，且这种跨越的方式为位于一侧缔约国的资源是可开采的，位于另一侧缔约国的资源是全部或部分可开采的，（在此情形下，）在缔约国任何一方的要求下，双方应就上述资源的开发达成协议。

第五条

本协议一式两份，用丹麦文和挪威文写成，两种文本同等作准。

本协议须经批准，批准书将在哥本哈根进行互换。

本协议将于批准书互换之日起生效。

1965年12月8日

含有修订上述协议之协定的照会互换[*]

（1968年4月24日　哥本哈根）

I

先生，

　　挪威水文制图办公室、丹麦皇家水文制图档案（局）、瑞典皇家航运署水文制图局，在大地测量计算的基础上于1968年2月同意划分分别隶属挪威、丹麦和瑞典大陆架边界线交点的坐标为58°15′41.2″N，10°01′48.1″E。

　　鉴于上述情况并参照1965年12月8日挪威与丹麦之间签署的有关大陆架划界协议第三条的第二段，我荣幸地代表挪威政府建议：将协议第二条点1的位置由58°15.8′N，10°02.0′E，改为58°15.6′N，10°02.0′E，（欧洲大地基准58°15′41.2″N，10°01′48.1″E对应挪威大地基准58°15.6′N，10°02.0′E）。我进一步建议：本照会和您的回复应构成挪威与丹麦政府之间的协议而且该协议应在本日期生效并被视为1965年12月8日协议的一部分。

　　承蒙F. Orvin大使先生等接受。

Poul Hartling 先生

丹麦皇家外交部，丹麦外交部长

哥本哈根

II

先生，

　　我荣幸地向您确认在今天这一日期收到您的照会，内容如下:（见照会 I ）

　　我荣幸地告知您：丹麦政府同意该照会内容并同意您的照会和本复函构成我们两国政府之间的协议，而且该协议应被视为1965年12月8日丹

---

[*] 联合国，《条约汇编》，第643卷，第414页。1968年4月24日生效。

麦与挪威关于大陆架划界协议的一部分。

承蒙 Poul Hartling 先生等接受。

F. Orvin 大使

挪威皇家驻哥本哈根大使馆

大不列颠及北爱尔兰联合王国政府与丹麦王国政府关于两国大陆架划界协议[*]

（1966年3月3日签署于伦敦）

大不列颠及北爱尔兰联合王国政府与丹麦王国政府为勘探与开发自然资源之目的，决定在分属两国行使主权权利部分的大陆架之间建立一条共同的边界线，达成协议如下：

第一条

在分属两国大陆架部分之间的分界线原则上应为一条线段，线段上的各点到两国各自用于测量领海宽度基线最近点的距离相等。

第二条

1. 为实施第一条确立的原则，分界线应为下列各点之间形成的大圆的一段弧线：

$56°05'12''N，3°15'00''E$

$55°50'06''N，3°24'00''E$

上述两点位置的经纬度是根据欧洲大地测量系统（1950年首次调整）确定的。

2. 分界线已画在本协议的附图上。

第三条

1. 分界线北面的端点为英国、丹麦及挪威大陆架分界线的交点。

2. 分界线南面的端点为英国、丹麦及荷兰大陆架分界线的交点。

第四条

如果任何单一地质石油结构或油田，或任何其他矿藏单一地质结构或（大片）油田跨越了分界线并且这一结构或油田的部分位于分界线一侧可开采，分界线另一侧全部或部分可开采时，缔约方应寻求就这样的结构或油田的开发达成协议。

第五条

1. 本协议须经批准。批准书应尽快在哥本哈根互换。

---

[*] 联合国，《条约汇编》，第592卷，第207页。1967年2月6日生效。

2.本协议将于批准书互换之日起生效。

下列签署人经各自政府正式授权，签署本协议，以昭信守。

本协议于1966年3月3日缔结于伦敦，一式两份,用英文和丹麦文写成，两种文本同等作准。

荷兰王国政府与丹麦王国政府
关于两国在北海的大陆架划界协议 *

（1966 年 3 月 31 日签署于海牙）

荷兰王国政府与丹麦王国政府，期盼固定两国各自在北海大陆架部分的边界，该边界的确立是在边界线上的每一点的位置到两国各自用于测量领海外部边界基线最近之点为等距离的基础上完成的。

达成协议如下：

第一条

1. 在适用本协议前言中确立的中间线的原则下，两国各自在北海大陆架部分之间的边界应由下列依序列出各点之间所形成的大圆的弧线组成：

点号	纬度	经度
A	55°02′36″N	5°29′09″E
B	55°26′11″N	4°25′34″E
C	55°46′22″N	3°36′40″E
D	55°50′06″N	3°24′00″E

本条款所列出各点的位置所用的经纬度是依据欧洲大地测量系统（1950 年首次调整）确定的。

2. 边界线标注在本协议的附图上。

第二条

1. 在缔约一方的请求下，缔约的另一方应尽快告知对方己方与边界线有关的现有的或计划中的设施或其他结构或钻探点位置的意见。

2. 如果双方就与边界线有关的现有的或计划中的设施或其他结构或钻探点位置发生争端，缔约双方应通过协议确定该设施、结构或钻探点应该

---

* 联合国，《条约汇编》，第 604 卷，第 209 页。1967 年 8 月 1 日生效。

位于分界线的哪一侧。

第三条

1. 本协议须经批准。批准书应尽快在哥本哈根互换。

2. 本协议将于批准书互换之日起生效。

下列签署人经各自政府正式授权，签署本协议，以昭信守。

本协议于1966年3月31日缔结于海牙，一式两份，用荷兰文和丹麦文写成，两种文本同等作准。

2. 波罗的海

丹麦王国与德意志联邦共和国关于在沿海地区北海大陆架划界协议的议定书*
（1965年6月9日签署于波恩）

经德国提议举行的关于与丹麦和德国沿岸邻接的大陆架划界谈判透露，（谈判双方）对北海大陆架划界原则在观点上存在分歧。只有在沿海地区大陆架边界线沿着如下进程推进，即：关于边界线的外延线，缔约各方（可以）保留各自法律上的立场条件，协议才能达成。

关于邻接波罗的海的双方相向的大陆架，双方同意边界线将根据中间线原则来划分。缔约各方谨此宣称：如果对方在中间线原则的基础上确定其在波罗的海部分的大陆架，己方对中间线原则不持异议。

本议定书1965年6月9日缔结于波恩，一式两份，每份均以丹麦文、德文写成，两种文本同等作准。

---

* 涉及北海大陆架划界的本协议（连同议定书）见本书第15页。

关于丹麦王国与德意志联邦共和国在波罗的海中大陆架划界的第 297 号法令

（1977 年 6 月 7 日）

丹麦女王玛格丽特二世在上帝的恩典下，在此宣布：

参照与 1965 年 6 月 9 日丹麦王国与德意志联邦共和国签订关于两国间部分大陆架划界协议同一天的会议纪要，为在两国沿海水域之间位于波罗的海的各自的大陆架的划分，特颁布如下法令：

第一条

1. 根据 1966 年 5 月 27 日生效的上述协议（可与 1966 年 6 月 11 日发表的第 37 号布告比较），丹麦王国和德意志联邦共和国在两国相向海岸间采用中间线原则确定了两国各自的大陆架边界线，并在下列各点之间形成大圆：

点号	纬度	经度
1	54°45′24.0″N	10°13′06.0″（　）
2	54°42′49.7″N	10°16′07.9″（　）
3	54°40′29.6″N	10°18′29.9″（　）
4	54°37′59.9″N	10°21′18.4″（　）
5	54°37′15.4″N	10°22′27.6″（　）
6	54°35′56.8″N	10°27′15.9″（　）
7	54°34′37.0″N	10°31′58.5″（　）
8	54°33′06.0″N	10°36′50.0″（　）
9	54°32′39.8″N	10°39′37.3″（　）
10	54°32′49.2″N	10°43′59.0″（　）
11	54°34′52.3″N	10°48′02.1″（　）
12	54°37′10.2″N	10°52′25.1″（　）
13	54°38′14.6″N	10°54′15.3″（　）

续表

点号	纬度	经度
14	54°38′28.3″N	10°00′20.7″（ ）
15	54°38′16.3″N	10°04′30.0″（ ）
16	54°37′19.7″N	11°09′28.2″（ ）
17	54°36′33.0″N	11°12′30.9″（ ）
18	51°35′11.2″N	11°15′36.4″（ ）
19	51°34′11.6″N	11°19′17.7″（ ）
20	51°31′57.0″N	11°23′04.8″（ ）
21	51°29′53.1″N	11°26′36.6″（ ）
22	51°27′53.4″N	11°30′49.9″（ ）
23	54°25′47.7″N	11°34′55.1″（ ）
24	51°23′36.0″N	11°38′12.2″（ ）
25	51°21′56.7″N	11°40′20.7″（ ）

本条款所列出各点的位置所用的经纬度是依据欧洲大地测量系统（1950年首次调整）确定的。

2. 第25点是两国在波罗的海中大陆架沿岸之间边界线上的最后一个点，隶属丹麦王国和德意志联邦共和国。

3. 边界线在该协议的附图上以草图进行展示。

第二条

根据1922年4月10日关于丹麦北石勒苏益格主权转让协议以及随后于1970年10月22日和10月28日在互换与德国关于改变弗兰斯堡湾边界线照会（与1973年3月5日发表的第22号布告比较）中提出的修正案，丹麦王国和德意志联邦共和国对双方在弗兰斯堡湾的领水进行了划分。

第三条

本法令于1977年7月1日起生效。

本法令颁布于1977年6月7日。

芬兰共和国政府与苏维埃社会主义共和国联盟政府间关于芬兰湾海域边界的协议[*]

（1965 年 5 月 20 日签署于赫尔辛基）

芬兰共和国政府与苏维埃社会主义共和国联盟政府，

基于两国 1948 年签订的友好、合作与互助条约所建立起来的双边关系的良好发展和芬兰渔民的利益，

期盼确定两国间在芬兰湾海域及大陆架的边界，以有助于进一步发展两国间的睦邻友好关系，

鉴于 1958 年日内瓦领海及毗连区以及大陆架公约，

决定达成此协议，双方全权代表相互校验全权证书，认为妥善后，议定下列各条：

第一条

缔约方同意两国间的海上边界及两国位于芬兰湾内领海部分至苏亚满里（戈格兰）岛的东北部之间的边界划分如下：

芬兰共和国与苏维埃社会主义共和国联盟之间的海上边界起始于 1940 年确定的并经 1947 年与芬兰签订和平条约确认的海上边界的端点，该端点的坐标为 60°15′35″N，27°30′43″E，并沿着一条西南方向的直线至坐标为 60°13′42″N，27°27′50″E 的点，然后沿西南偏西方向的直线至坐标为 60°12′19″N，27°18′01″E 的点，该点也是两国海上边界的端点。

从上边提到的海上边界的端点出发，苏联领水的边界线应沿着一条西南方向的直线至位于苏联领水内于 1940 年确定的并经 1947 年与芬兰签订和平条约确认的点，该点的坐标为 60°08′49″N，27°04′36″E。

从上面提到的海上边界端点出发，芬兰领水边界线应沿着西南方向的直线至位于芬兰领水边界上于 1940 年确定的并经 1947 年与芬兰签订和平条约确认的点，该点的坐标为 60°12′19″N，27°13′49″E。

第二条

缔约方同意不得将在芬兰湾部分的捕鱼区和其他区域延伸至苏亚满里

---

[*] 联合国，《条约汇编》，第 566 卷，第 31 页。1966 年 5 月 25 日生效。

（戈格兰）岛的北部而越过标明于 1940 年确定的并经 1947 年与芬兰签订和平条约确认的芬兰和苏联领水边界之间水域的中间线。上述中间线起点坐标为 60°10.6′N，27°11.3′E，总体上是一条向西延伸的直线，穿越了坐标分别为 60°10.6′N，26°57.9′E 的点和 60°10.4′N，26°54.9′E 的点，直至坐标为 60°08.8′N，26°47.9′E 的点，即芬兰湾部分中间线的起点至苏亚满里（戈格兰）岛的西部。

第三条

缔约方同意不得将它们在芬兰湾部分的领水或捕鱼区及其他区域延伸至苏亚满里（戈格兰）岛的西部而越过了贯穿下列各地理坐标点的中间线：

纬度	经度
60°08.8′N	26°47.9′E
60°06.8′N	26°38.4′E
60°06.4′N	26°32.6′E
60°00.0′N	26°20.8′E
59°59.4′N	26°13.1′E
59°58.4′N	26°08.4′E
59°52.0′N	25°58.5′E
59°52.9′N	25°28.0′E
59°53.6′N	25°10.6′E
59°52.4′N	24°57.6′E
59°50.8′N	24°49.7′E
59°44.5′N	24°24.8′E
59°37.4′N	23°54.8′E
59°31.9′N	23°30.1′E
59°32.0′N	23°10.0′E

第四条

第一条、第二条和第三条提及的海上边界线以及芬兰和苏联领水边界线以及上述各边界线所通过的地理坐标点标在本协议附件中第400号、403号及404号图上（1964年颁布）。本协议中所提及的坐标与图表制作中使用的坐标系统是一致的。

第五条

缔约方应在适当的地点将芬兰共和国与苏维埃社会主义共和国联盟之间海上边界线的转向点和端点标出，即地理坐标分别是60°13′42″N，27°27′50″E和60°12′19″N，27°18′01″E的点。由此产生及日后的维持费由缔约方分摊。

第六条

本协议第二条和第三条提到的线段将构成芬兰共和国和苏维埃社会主义共和国联盟之间以及两国在芬兰湾的大陆架边界线。

第七条

本协议须经批准并于双方互换批准书之日起生效。

双方将尽快在莫斯科互换批准书。

本协议于1965年5月20日签署于赫尔辛基，一式两份，每份均以芬兰文、俄文写成，两种文本同等作准。

芬兰共和国政府与苏维埃社会主义共和国联盟政府关于两国在波罗的海东北部大陆架边界的协议 *

（1967年5月5日签署于赫尔辛基）

芬兰共和国政府与苏维埃社会主义共和国联盟政府，

鉴于由两国1948年签订的芬兰－苏联友好、合作与互助条约所建立的双边关系的成功发展，

期盼确定两国在波罗的海东北部大陆架间的边界，

依据两国通过1965年5月20日换函就此事达成的协议，

鉴于两国于1965年5月20日关于海域边界及芬兰湾大陆架边界所达成的协议，

牢记1958年日内瓦《大陆架公约》，

决定缔结此协议，双方全权代表相互校验全权证书，认为妥善后，议定下列各条：

第一条

缔约方同意芬兰共和国与苏维埃社会主义共和国联盟在波罗的海东北部延伸至连接Hankoniemi半岛、Osmussaari岛及Pöösäspää海角的连线并一直到连接芬兰在Grimsörarna岛上的导航标和苏联Hiiumaa岛上的卫星跟踪船"里斯特纳"号上的灯塔连线部分中大陆架之间的边界线应为中间线。

这条中间线的起始点的坐标为59°32.0′N，23°10.0′E，是依据上面提到的1965年5月20日签订的芬兰－苏联协议中的第三条建立的，并且向西延伸通过地理坐标如下的各点：

59°25.2′N，22°45.5′E

59°23.1′N，22°10.3′E

中间线的终点坐标为59°19.0′N，21°47.0′E，位于连接芬兰在Grimsörarna岛上的导航标和苏联Hiiumaa岛上的卫星跟踪船"里斯特纳"号上的灯塔的连线上。

---

* 联合国，《条约汇编》，640卷，第111页。1968年3月15日生效。

第二条

第一条提到的芬兰与苏联之间的大陆架边界线标注在 1965 年 7 月 17 日颁布的苏联第 444 号比例尺为 1∶200 000 的图集上，作为本协议的附件。

第三条

本协议须经批准并于双方互换批准书之日起生效。

批准书的互换将尽快在莫斯科完成。

瑞典与挪威关于大陆架划界的协议 *

（1968年7月24日签订于斯德哥尔摩）

瑞典王国政府与挪威王国政府，

决定建立两国分别行使自然资源勘探与开发主权权利的大陆架区域之间的边界线，

达成如下协议：

第一条

两国分别行使自然资源勘探与开发主权权利的大陆架区域之间的边界线原则上应为一条中间线，该中间线的划分方式是其上的每一个点到两国用于测量各自领海宽度基线最近点的距离相等。

第二条

根据第一条建立的划分原则，但为了达成务实和有效的划分，会出现一定的凹凸偏差，该线应在下列5个点之间划分：

1. 瑞典面对挪威方向领海外部边界线最靠西之点，其坐标为：

58°54′50.2″N，10°45′28.1″E

2. 由1909年10月23日国际仲裁判决锁定的瑞典与挪威海上边界部分所建立的边界线与根据1952年7月18日关于特赖纳群岛南部捕鱼界限的皇家法令确立的基线量起一个地理英里（7 420米）距离的挪威领海的外部边界线交叉之点，其坐标为：

58°53′34.0″N，10°38′25.0″E

3. 从上述挪威基线划的一条12海里宽的线与根据通过协议完成海上划界国家实践（见1966年6月3日颁布的第156号皇家公告详细说明瑞典领海计算细节）(Svensk författningssamling No. 375) 划定的从瑞典基线量起划的一条12海里宽的线段的交点，其坐标为：

58°45′41.3″N，10°35′40.0″E

4. 该点坐标如下：

58°30′41.3″N，10°08′46.9″E

---

* ST/LEG/SER.B/16, p. 413. 1969年3月18日生效。

5. 该点坐标如下：

$$58°15'41.2''N，10°01'48.1''E$$

上述 5 个点的位置是根据欧洲基准数据（1950 年首次调整）确定的。上述边界线在点 1、点 2 与点 3 之间采用直线划法，点 4 与点 5 之间采用大圆弧划法。

第三条

第二条提到的点 1 到点 5 的位置标注在附图上，同时在同一条款中关于边界线的详细情况也标注在该图上。

第四条

如果海床或底土上的自然资源延伸至第二条确定的边界线的两面，缔约方可以开发位于其大陆架区域上的全部自然资源或部分开发属于另一缔约方区域上的自然资源。缔约双方应在任何一方的要求下努力就最有效的开发自然资源的方法及按比例分享收益的方式达成协议。

第五条

该协议须经批准，并在奥斯陆互换批准书。该协议将于批准书互换之日起生效。

波兰人民共和国与德意志民主共和国在波罗的海关于大陆架划界的条约[*]

（1968年10月29日签署于柏林）

波兰人民共和国国务委员会与德意志民主共和国国务委员会，

期盼根据1958年4月29日日内瓦《大陆架公约》的条款促进波罗的海大陆架自然资源的勘探与开发，

决定缔结条约并为此目的任命波兰人民共和国国务委员会、波兰人民共和国外交部国务副秘书Adam Kruczkowski和德意志民主共和国国务委员会、德意志民主共和国外交部副部长Oskar Fischer为两国的全权代表，相互校验全权证书，认为妥善后，议定下列各条：

第一条

根据日内瓦《大陆架公约》第六条，在波兰人民共和国大陆架和德意志民主共和国大陆架之间的侧边边界原则上应为一条连接各点的线段，其上的各个点到两国测量各自领海宽度基线的最近点距离相等。

第二条

1.根据第一条确立的原则，侧边边界应由下列直线构成：即从两缔约国在乌泽多姆岛上陆地边界的端点延伸至A点的线段；一条穿越A、B、C、D、E、F、G和H点的线段以及从G点到H点之间的延伸至离波兰人民共和国、德意志民主共和国和丹麦王国领海基线最近点的连线。

2.第一段落提到的各点的地理坐标如下：

点号	纬度	经度
A	54°01′42″N	14°15′16″E
B	54°05′20″N	14°20′15″E
C	54°10′08″N	14°21′08″E

---

[*] 联合国，《条约汇编》，第768卷，第253页。1969年4月16日生效（协议附图）。

续表

点号	纬度	经度
D	54°13′44″N	14°23′11″E
E	54°13′05″N	14°27′00″E
F	54°20′28″N	14°29′54″E
G	54°23′56″N	14°32′41″E
H	54°28′19″N	14°35′51″E

3. 第二段特别标明的地理坐标是根据德意志民主共和国海洋水文局颁布的1965年10月版本的第151号图给出的与格林尼治本初子午线相关的北地理纬度和东地理经度。

4. 标注在附图上的边界线的路线构成本条约一个整体组成部分。

第三条

本条约的条款无论如何都不会影响大陆架上覆水域公海及上空的法律地位。

第四条

根据联合国宪章第一百零二条，本条约将在联合国秘书处注册。

第五条

本条约须经批准并于互换批准书之日起生效，批准书的交换将在华沙进行。

本条约于1968年10月29日缔结于柏林，一式两份，用波兰文和德文写成，两种文本同等作准。

波兰人民共和国与苏维埃社会主义共和国联盟关于在格但斯克湾和波罗的海东南部分大陆架边界的条约 *

（1969 年 8 月 28 日签署于华沙）

波兰人民共和国国务委员会与苏维埃社会主义共和国联盟最高苏维埃主席团，

期盼加强与扩展波兰人民共和国与苏维埃社会主义共和国联盟之间业已存在的睦邻友好关系，

期盼确定两国间在格但斯克湾和波罗的海东南部分的大陆架边界，

鉴于 1958 年 4 月 29 日日内瓦《大陆架公约》中的条款，

重申由波兰人民共和国与苏维埃社会主义共和国联盟以及德意志民主共和国政府于 1968 年 10 月 23 日签署的波罗的海大陆架声明中确立的原则，

决定缔结本条约。双方指派全权代表如下：

波兰人民共和国国务委员会全权代表——

波兰人民共和国外交部副国务秘书 Zygfryd Wolniak；

苏维埃社会主义共和国联盟最高苏维埃主席团全权代表——

苏维埃社会主义共和国联盟外交部副部长 Leonid Fedorovich Ilyichev。

双方相互校验全权证书，认为妥善后，议定下列各条：

第一条

波兰人民共和国与苏维埃社会主义共和国联盟在格但斯克湾和波罗的海东南部分的大陆架边界是一条与用来测量缔约国各自领水宽度的基线最近各点距离相等且稍有凹凸的线段。该线段应起始于波兰领水的外部边界与双方于 1958 年 3 月 18 日签署议定书所确定的划分波兰人民共和国与苏维埃社会主义共和国联盟领水的边界线和苏维埃社会主义共和国联盟政府关于两国在波罗的海的格但斯克湾领海划界的线相交的点；它应沿着苏联的领水边界线划到端点，然后继续沿着相同的方向一直到点 A，点 A 的地理坐标为 54°40.2′N，19°18.9′E，从此处通过地理坐标点如下的各点：

---

* 联合国，《条约汇编》，第 769 卷，第 75 页，1970 年 5 月 13 日生效。

点号	纬度	经度
B	54°48.9′N	19°20.7′E
C	55°20.8′N	19°03.8′E
D	55°51.0′N	18°56.2′E

而后再到波兰人民共和国、苏联及瑞典王国三国大陆架边界线的交点。

第二条

第一条确定的波兰人民共和国与苏维埃社会主义共和国联盟大陆架间的边界线公开标注在苏联国防部水文地理司 1966 年颁布的第 1150 号图上，作为本协议的附件并构成本条约的一个组成部分。

本条约中所有的地理坐标与图中使用的系统是一致的。

第三条

本条约中的条款不会影响大陆架上覆水域或领空的法律地位。

第四条

根据《联合国宪章》第一百零二条，本条约将向联合国秘书处注册登记。

第五条

本条约须经缔约国批准并于双方互换批准书之日起生效。互换批准书将尽快在莫斯科进行。

本条约于 1969 年 8 月 28 日签署于华沙，一式两份，用波兰文和俄文写成，两种文本同等作准。

（二）南大西洋

塞内加尔与几内亚比绍关于领海与大陆架边界协议*
（葡萄牙与法国信件互换）**
（1960年4月26日）

外 交 部

1960年5月25日第60-504号政令，刊出了法国与葡萄牙1960年4月26日签署的关于塞内加尔与葡萄牙几内亚之间的海上边界（协议）的互换照会。

在首相和外交部长的报告上，

参照宪法第52—55条，

鉴于1953年3月14日关于法国批准和公布其国际承诺的第53-192号政令，共和国总统在此颁布：

第一条

法国与葡萄牙1960年4月26日签署的关于塞内加尔与葡萄牙几内亚之间的海上边界（协议）的互换照会应在法兰西共和国的政府通告上发表刊出。

法国驻葡萄牙大使馆

1960年4月26日　里斯本

Antonio de Oliveira Salazar 阁下
立法会主席
外交部代理部长
主席先生：

依据1959年9月8—10日进行的，旨在确定塞内加尔共和国与葡萄牙几内亚之间海上边界的谈话，并考虑由联合国海洋法会议起草的1958年4

---

* 本协议为两国间争端的目标。
** 见美国国务院地理学家办公室的国际边界研究A系列：1976年3月15日第68号海上界线。

月29日《日内瓦公约》，我谨代表法兰西共和国和共同体荣幸地向阁下提出如下建议：对于领海的外部边界，边界线应为一条以陆地边界和由 Roxo 海角灯塔标记的低潮线延伸的交叉处作为起点，沿 240°展开的直线。关于毗连区和大陆架，其界限的划分应由与领海边界线相同方向延伸的直线构成。在我们两国之间业已存在的睦邻关系和友谊精神下，主管部门希望在适当时候看到被授权在上述确定的边界线两端行使职权的自然人和法人之间的相互合作。承蒙阁下告知上述建议是否得到贵国政府的同意，我将不胜感激。顺致最崇高的敬意。

签字人：B. de Menthon

外　交　部

1960 年 4 月 26 日　里斯本

大使先生：

我非常荣幸地向您确认收到阁下 1960 年 4 月 26 日照会如下：（内容同上）

我荣幸地告知阁下：您照会上誊写的条款得到葡萄牙政府的同意，并理解为上述照会和本回复信函将构成两国政府之间就上述主题达成的协议文书。

我愿借此机会向大使先生致以最崇高的问候。

外交部长：A. O. Salazar

二、加勒比地区

英国国王陛下与委内瑞拉合众国总统关于帕里亚湾底部区域条约*
（1942年2月26日签署于加拉加斯）

英国国王陛下、爱尔兰和英国海外自治领总督、印度皇帝和委内瑞拉合众国总统期盼以友好的意愿进行磋商，以确定两国之间各自在帕里亚湾底部区域的利益，并决定为了这一目标缔结一项条约。为此目的，英国国王陛下（下称"国王陛下"）任命其特命全权公使和在加拉加斯的全权公使唐纳德先生（Donald St. Clair Gainer, C.M.G., O.B.E）为全权代表，委内瑞拉合众国总统任命其外交关系部长卡拉齐奥洛博士（Caracciolo Parra-pérez）为全权代表。双方相互校验全权证书，认为妥善后，达成协议如下：

第一条

在本条约中，"帕里亚湾底部区域"一词指的是两国领水外部 A–B, B–Y 和 Y–X 线段一侧或另一侧的海床和底土。

第二条

1.国王陛下宣称在他那部分不会对本条约第三条描述的 A–B 线段的西面和 B–Y 及 Y–X 线段的南面分别提出主权或控制要求，并且他会承认委内瑞拉合众国获得的或以后合法获得上述帕里亚湾底部区域部分的主权和控制权利。

2.委内瑞拉合众国总统宣称在他那部分不会对本条约第三条描述的 A–B 线段的东面和 B–Y 及 Y–X 线段的北面分别提出主权或控制要求，并且他会

---

* 国际联盟，《条约系列》，第CCV卷，第121页。1942年9月22日生效。

承认国王陛下获得的或以后合法获得上述帕里亚湾底部区域部分的主权和控制权利。

第三条

在前面条款提到的 A-B、B-Y 及 Y-X 线段的勾画见附图并定义如下：线段 A-B 以 A 点，即帕图斯岛中央子午线与帕图斯岛领水外部边界的交点为起点，大概的坐标为 10°35′04″N，61°51′53″W。从此处起的直线延伸至其位于委内瑞拉与 62°05′08″W 子午线的交点，即 B 点，大概的纬度为 10°02′24″N。B-Y 线段以已建立的 B 点为起点，然后沿委内瑞拉领水的边界延伸至 Y 点，即上述领水边界与 9°57′30″N 的平行线的交叉点，大概的经度为 61°56′40″W。Y-X 线段以已建立的 Y 点为起点，然后沿上述 9°57′30″N 平行线延伸至位于 61°30′00″W 子午线上的 X 点。本条款所指的帕图斯岛中央子午线的经度的确定采用帕图斯岛最东面和最西面经度各一半的精确值。如果本条款描述的 A-B 直线或 Y-X 直线在各自延伸过程中交会于缔约国领水界限的外部，分界线将沿着上述（领水）界限延展直至再次达到与本条约第一条和第五条规定相一致的交会直线，不包括领水内的海床及底土。这里给出了 A、B 和 Y 点大概的坐标值，精确值将由本条约第四条成立的委员会确定。

第四条

1. 缔约双方应在本条约生效后尽快成立联合委员会，以采取一切必要的步骤，通过布放浮标或其他在海面或陆地上可见的方法来划分 A-B、B-Y 及 Y-X 线段。但是，无论使用何种浮标或其他方法都应与本条约第六条规定的所有方面相一致。

2. 联合委员会的构成方式以及为履行职责所应遵循的指示应以特别协定的方式或互换照会的方式作出规定。

第五条

本条约仅仅提到帕里亚湾底部区域，任何表述都不能用来或以任何方式影响岛屿的地位，包括海面上的小岛屿、岩石及领水的（法律）地位。

第六条

本条约不会以任何方式影响帕里亚湾水域的地位或缔约国领水外部海上的过往或航行的权利，特别是这种过往或航行不应因可能建造的构造物被关闭或阻碍。如果有构造物，其建造应以下列方式进行：告知位置、作出标记、布放浮标或安装航标灯，从而不会对航行构成危险或阻碍。

第七条

缔约各方将采取所有务实措施以防止因开采其主张或占有的海湾内的资源导致石油、淤泥或其他流体或物质污染对方的领水、航行水域或海岸，并应与另一方采取一致行动，使上述措施尽可能有效。

第八条

缔约各方应想尽一切办法将各自纳入授予帕里亚湾底部区域开采权的约定中，以确保前面两条款，包括特许者使用现代设备的要求得到有效的遵守，并且应使任何此类特许权得到监督以便确保本条约的条款得到遵守。

第九条

缔约方之间关于本条约的释义或执行产生的分歧将通过国际法认可的和平方式予以解决。

第十条

本条约将根据缔约各方的法律予以批准，并于双方在伦敦进行批准书互换之日起生效。

上述提名的全权代表签署本条约并加盖各自印章，以昭信守。

本条约一式两份，分别用英文和西班牙文写成，1942年2月26日缔结于加拉加斯。

三、印度洋地区

波 斯 湾

巴林与沙特阿拉伯边界协议[*]
（1958年2月22日）

鉴于沙特阿拉伯王国与巴林政府之间的水域在多处交汇，各自的海岸隔水相望，

鉴于沙特阿拉伯王国于1368年就第一个舍尔邦月颁布的皇家公告（对应于1949年5月28日）及巴林政府1949年6月5日颁布的开发海床的法令，

考虑通过签署协议确定水下区域隶属两国的必要性，

考虑到亲情和相互间的友谊以及沙特阿拉伯国王陛下对巴林政府尽可能提供援助的愿望，

达成如下协议：

第一条

1. 沙特阿拉伯王国与巴林政府之间的边界线在中间线的基础上从点1，即位于巴林最南端的 Ras al Bar（A）的顶端与沙特阿拉伯王国海岸上的 Ras Muharra（B）之间连线的中点为起点。

2. 上面提到的中间线将从点1延伸至位于从A点到 Zakhnuniya 岛的北部端点（C）之间连线的中点的点2。

3. 该线段将从点2向位于A点至 Ras Saiya 顶端（D）之间连线中点的点3延伸。

---

[*] ST/LEG/SER.B/16，第409页。1958年2月22日生效。

4. 然后该线段将(继续)从点 3 向点 4 延伸,上述情形清晰标注在附图上,且位于附图上标注的 E 点至 F 点之间连线的中点。

5. 然后该线段将(继续)从点 4 向点 5 延伸,上述情形清晰标注在附图上,且位于附图上标注的 G 点至 H 点之间连线的(sic)点上。

6. 然后该线段将(继续)从点 5 向点 6 延伸,上述情形清晰标注在附图上,且位于附图上标注的 I 点至 J 点之间连线的中点。

7. 然后该线段将(继续)从点 6 向位于 Umm Nasan 岛西南端的顶点(K)与 Ras Al Kureya(L)之间连线中点的点 7 延伸。

8. 然后该线段将(继续)从点 7 向位于 Al Baina As Saghir 岛最西端上的点 8 延伸,将该岛留给巴林政府。

9. 然后该线段将(继续)从点 8 向位于 Al Baina Al Kabir 岛最东端上的点 9 延伸,将该岛留给沙特阿拉伯王国。

10. 然后该线段将(继续)从点 9 向位于 Khor Fasht 顶点(M)与 Chaschus 岛南端(N)之间连线中点上的点 10 延伸。

11. 然后该线段将(继续)从点 10 向位于 Fasht Al Jarim 西边缘的 O 点与前面第 10 款提及的 N 点连线中点的点 11 延伸。

12. 然后该线段将(继续)从点 11 向位于大约 26°31′48″N 和 50°23′15″E 的点 12 延伸。

13. 然后该线段将(继续)从点 12 向位于大约 26°37′15″N 和 50°33′24″E 的点 13 延伸。

14. 然后该线段将(继续)从点 13 向位于大约 26°59′30″N 和 50°46′24″E 的点 14 延伸,将 Rennie Shoals(同时也被称为 Najwat Al Riqai 和 Fasht Al Anawiyah)留给沙特阿拉伯王国。

15. 然后该线段将(继续)从点 14 向东北方向延伸,直至 1368 年(对应于 1949 年 5 月 28 日)就第一个舍尔邦月颁布的皇家公告及巴林政府 1949 年 6 月 5 日颁布的法令达成一致的位置。

16. 任何位于上述款项提到的线段左侧的部分属于沙特阿拉伯王国,而位于右侧的任何部分将属于巴林政府,但两国政府有义务接受下面第二条由此出现的义务。

第二条

位于6个已确定的侧边区域如下：

1. 一条以坐标点大约为27°N，50°23′E的点为起点的线段。
2. 从该线段延伸至坐标大约为26°31′48″N，50°23′15″E的位置点。
3. 再从上一点延伸至坐标大约为26°37′N，50°33′E的位置点。
4. 再从上一点延伸至坐标大约为26°59′30″N，50°46′24″E的位置点。
5. 再从上一点延伸至坐标大约为26°59′30″N，50°40′E的位置点。
6. 再从上一点延伸至坐标大约为27°59′N，50°40′E的位置点。
7. 再从上一点延伸至起点。

经上述引证和界定的这一区域根据巴林领导人的愿望及与沙特阿拉伯国王陛下的协议归属于沙特阿拉伯王国部分。这一区域石油资源的开采将在沙特阿拉伯国王陛下选择的方式下实施，即沙特阿拉伯国王陛下同意赠予巴林政府相当于沙特政府开采获得的净收入的一半，并一致同意这样的开采不影响沙特政府对上述区域的主权权利和管辖权利。

第三条

上述区域图的两个复本将附在本协议后，以清晰标明前述条款所指的位置和点位，但这要取决于由下面第四条中设立的委员会的专家完成上述区域图的最后绘制。该图由经过授权的两国政府代表在代表缔约双方同意并签字后将成为终版，并成为协议的组成部分。

第四条

缔约双方将选择一家技术机构根据本协议的规定采取必要的措施就上述边界给予确认，其前提是该机构在本协议开始生效后最多两个月内完成这项工作。

第五条

在第四条所指的委员会完成其工作后，缔约双方就区域图达成最后一致，接下来双方将成立一个由双方技术人员组成的机构，根据双方同意的区域图的最终版详细数据置换指示牌，建立边界。

第六条

本协议自双方签字之日起生效。

阿布扎比与迪拜之间离岸边界协议 *
（1968 年 2 月 18 日）

以最仁慈、最悲悯的安拉之名，

本协议是阿布扎比酋长国 Shaikh Zayid ibn Sultan Al Nahyan 殿下与迪拜酋长国 Shaikh Rashid ibn Sa'id al-Maktum 殿下之间缔结的关于离岸边界重新界定的协议。

考虑到当前迪拜与阿布扎比酋长国之间的离岸边界起始于 Ras Hasian 海岸并按西北方向直线向海延伸通过隶属迪拜的 Fateh（油）井；

并考虑到缔约双方为了各自国家的利益和人民的福祉希望就该边界进行重新界定；

缔约双方在下列各方面达成协议和一致：

1. 这一边界应按下列方式重新界定，即位于上述当前边界西侧海域的一部分附属于迪拜，其形成一平行四边形，其横向边从 Ras Hasian 起以西方向沿海岸测量 10 000 千米，其纵向边与上述当前边界的长度相等，以便于此区域将位于 Fateh（油）井的西侧并按西南方向向海岸延伸。

2. 上面提到的区域应成为迪拜财产和权利的一部分。

本协议据此签署于 1968 年 2 月 18 日。

---

* 《海洋法新方向》（Dobbs Ferry, N.Y., Oceana publications,1977），第 5 卷，第 214 页。1968 年 2 月 28 日生效。

关于阿尔阿拉比亚岛与法斯岛主权及划分沙特阿拉伯王国与伊朗海底区域边界线的协议 *
（附带信函互换）
（1968 年 10 月 24 日签署于德黑兰）

由石油与矿产资源部部长 Shaikh Ahmed Zaki Yamani 阁下代表的沙特阿拉伯政府为一方，由伊朗国家石油公司管理总长和董事会主席 Manoochehr Eghbal 博士阁下代表的伊朗政府为另一方，

期盼解决两国之间关于阿尔阿拉比亚岛和法斯岛屿的主权纷争，并进一步期盼双方以公平和准确的方式确定边界线以划分各自海域底部区域，并根据国际法行使主权权利，

并因此充分尊重法律原则和考虑特殊情况，在交换全权证书之后达成协议如下：

第一条

双方相互承认沙特阿拉伯对阿尔阿拉比亚岛拥有主权，伊朗对法斯岛拥有主权。每个岛都拥有从各自低潮线量起宽度达 12 海里的环形领海地带。在两岛的环带相互重叠的区域，将划分一条边界线将两岛的领海分开，以便使其距每个岛的低潮线距离相等。

第二条

分隔附属于伊朗和沙特阿拉伯海底区域的边界线根据规定在下文建立。双方相互承认为勘探与开发自然资源之目的在边界线各自一侧的海床及底土所拥有的主权权利。

第三条

第二条中所指的边界线应为：

1. 除了在阿尔阿拉比亚岛和法斯岛附近，上述边界线应由下列各点之间的直线予以确定，下列各点的坐标具体数据如下：

---

* 联合国，《条约汇编》，第 696 卷，第 189 页。1969 年 1 月 29 日生效。

点号	北纬	东经
1	27°10.0′	50°54.0′
2	27°18.5′	50°45.5′
3	27°26.5′	50°37.0′
4	27°56.5′	50°17.5′
5	28°08.5′	50°06.5′
6	28°17.6′	49°56.2′
7	28°21.0′	49°50.9′
8	28°24.7′	49°47.8′
9	28°24.4′	49°47.4′
10	28°27.9′	49°42.0′
11	28°34.8′	49°39.7′
12	28°37.2′	49°36.2′
13	28°40.9′	49°33.5′
14	28°41.3′	49°34.3′

2.在阿尔阿拉比亚岛和法斯岛的附近绘制一条如下的线段：在第1段落描述的线段与法斯岛领海环带外部界限交会处，边界线应沿面对沙特阿拉伯一侧环带外部界限延伸，直到该线段与第一条中确立的分隔阿尔阿拉比亚岛和法斯岛领海的边界线相遇；从此处再沿边界线东向延伸直到与阿尔阿拉比亚岛环带领海外部界限相遇；从此处再沿面对伊朗一侧领海环带外部界限延伸，直至再次与第1段落描述的线段相交。

绘制上述线段所使用的地图是由美国陆军工程兵1966年绘制出版并将用作测量上述坐标点的基准，该边界线标注在上图的一复制图上，该复制图经过双方签字并附在后面。

第四条

每一缔约方同意不在第三条中描述的边界线己方一侧底部区域宽度为500米的区域内开钻石油或在其授意下进行。

第五条

本协议一式两份，用阿拉伯文和波斯文写成，两种文本同等作准。该协议的英译本也由缔约双方签字并附于此。该协议将于尽快在吉达进行的批准书互换之日起生效。

双方上述全权代表经各自政府正式授权，签署本协议，以昭信守。

本协议于 1968 年 10 月 24 日缔结于德黑兰。

互换信函

Ia

阁下：

关于我们今天代表双方各自政府签署的离岸边界协议（下称"协议"），我非常荣幸地向您提出如下技术安排建议，以便于双方在 Marjan-Fereydoon 离岸区域确定地理位置：

在协议生效后，尽快建立一个由 4 名成员组成的技术委员会，该委员会由双方政府各自任命的两名专家组成。该委员会负责为在下面业已存在的各种有形市场的离岸区域建立经双方同意的并参考本协议附图确定的纬度和经度坐标的位置：

在伊朗一侧：

1. 被称为 Fereydoun 3 的油井位置

2. 被称为 Fereydoun 2 的油井位置

在沙特一侧：

3. 被称为 Fereydoun 7 的油井位置，或在没有有形市场的情况下被称为 Marjan 1 的油井位置。据了解，无论什么时候在沙特阿拉伯一侧钻探一口已有市场前景且靠近边界线又十分便利的油井，类似这样的油井应包括在参考点内，这样参考点的数量达到 4 个。

这些由委员会确认并固定的参考点的位置，如果两国政府中的任何一方在委员会提交报告，即该报告在同一天也将提交给各自的政府，一个月后没有提出反对意见的话，应被视为两国政府已接受。

其后，无论出于何种目的，根据协议在 Marjan-Fereydoon 区域即将进行的经任何一方政府授权的钻探活动都应参照这些根据标准调查技术确立的参考点进行。如果阁下您接受上述建议，这封信及您对这封信无不同意见的回函将构成我们各自政府之间的协议，在协议开始执行之日起生效。

顺致崇高敬意。

1968 年 10 月 24 日
沙特皇家政府代表：
Ahmed Zaki Yamani
石油与矿产资源部部长

Manoochehr Eghbal 博士阁下
伊朗政府代表
伊朗国家石油公司管理总长和董事会主席

IIa

阁下：

我荣幸地告知您我收到了阁下的来函，并高兴地向阁下转达我国政府同意阁下来信中的内容，即重申：您的来信和我对您来信的复函构成我们各自政府之间的协议，在协议开始执行之日起生效。

顺致崇高敬意。

1968 年 10 月 24 日
Manoochehr Eghbal 博士
伊朗政府代表
伊朗国家石油公司管理总长和董事会主席

沙特皇家政府代表：Ahmed Zaki Yamani 阁下
石油与矿产资源部部长

Ib

阁下：

关于今天我们代表各自政府签署的离岸边界协议，为了该协议（下称"协议"）更有效地实施，我荣幸地向您提出我们对协议的解读如下：

（a）协议第四条规定的禁止在条款中描述的区域内进行石油钻探作业（下称"禁止区域"）应包括直接在禁止区域内从事开发，而且应扩展到装置本身位于禁止区域外但钻探作业行为发生于禁止区域内的钻探作业。

协议第四条中的"石油钻探作业"一词所指的为石油或天然气钻探作业。

我们两国政府应确保在禁止区域附近钻探的油井为垂直井；然而，当在技术上不可避免地发生合理代价的偏离时，如果当事方不是主观违反协议和本信件中规定的条款，这一偏离不应被认定为违反了协议。

如果两国政府相互同意向境内注气或打一口观测井从技术上是受益的，或可以将这一办法用于 Marjan-Fereydoon 油田区域。两国政府应在禁止区域内为了本段里明确的上述唯一之目的，就油井的位置、油井的钻探及作业达成协议，并且须由双方各自政府或政府指定的代理在双方政府同意的条款和条件下进行钻探。

（b）两国政府直接或通过各自授权的代理相互交换所有在从协议生效之日起边界线两千米之内进行钻探业务进程中直接获取的调查信息，这种信息交换应是互惠和持续的。

（c）缔约双方政府应确保在各自授权下运行的公司不要执行与根据完善的石油工业的实践制定的养护制度在技术上不一致以及被认为对在 Marjan-Fereydoon 区域内油气田产生危害的钻探业务。

这封信以及阁下的复函将构成两国各自政府之间的协议并于协议开始执行之日起生效。

顺致崇高敬意。

1968 年 10 月 24 日

沙特皇家政府代表：Ahmed Zaki Yamani

石油与矿产资源部部长

Manoochehr Eghbal 博士
伊朗政府代表
伊朗国家石油公司管理总长和董事会主席

IIb

阁下：

我荣幸地告知阁下我收到了阁下的来信，来信内容同上。

我非常高兴地向阁下转达我国政府同意阁下来信中的内容，即重申：您的来信和我对您来信的复函构成我们各自政府之间的协议，并在协议开始执行之日起生效。

顺致崇高敬意。

1968 年 10 月 24 日
Manoochehr Eghbal 博士
伊朗政府代表
伊朗国家石油公司管理总长和董事会主席

沙特皇家政府代表：Ahmed Zaki Yamani
石油与矿产资源部部长

卡塔尔与阿布扎比关于解决海上边界线和岛屿主权的协议[*]

（签署于 1969 年 3 月 30 日）

认识到两阿拉伯姊妹国间存在的真诚和友好的关系，并期盼在实现共同利益的基础上解决海上边界线和岛屿主权之争，缔约双方达成协议如下：

1. "Dina"岛为阿布扎比领土的一部分。

2. "Lashat"岛和"Shraho"岛为卡塔尔领土组成部分。

3. 两国相互间在岛屿和就此达成的海上边界线之外的水域内没有进一步的主张。

4. 上述第 3 段所指的海上边界线如下：

（1）在坐标如下的"A"点

    纬度 25°31′50″N 经度 53°02′05″E

与坐标如下的 B 点"Bir Elbundug"之间的直线：

    纬度 25°05′54,79″N 经度 52°36′50,98″E

（2）在上面描述的"B"点与坐标如下的"C"点之间的直线：

    纬度 24°48′40″N 经度 52°16′20″E

（3）在上面描述的"C"点与位于领海边界线 Bab Khor Eladid 处坐标如下的"D"之间的直线：

    纬度 24°48′40″N 经度 52°16′20″E

5. 上述各点及各条直线应尽可能快地绘制在一张小型海上边界图上，一式两份，由缔约双方签署。

6. 缔约双方对"Hagl Elbundug"拥有同等的所有权并同意就开发的所有事务双方都要相互磋商。

7. "Hagl Elbundug"将由阿布扎比海洋区域公司开发，但要依照公司与阿布扎比政府之间达成协议的条款进行，所有由开发所获得的税收、利润及收益将在卡塔尔政府和阿布扎比政府之间平分。

---

[*] ST/LEG/SER.B/16，第 403 页。1969 年 3 月 30 日生效。

关于划分伊朗与卡塔尔大陆架边界线的协议[*]
（1969年9月20日）

伊朗政府和卡塔尔政府期盼以公正、平等和精确的方式在双方各自根据国际法拥有主权权利的大陆架区域建立一条边界线，达成协议如下：

第一条

划分一侧位于伊朗领海的大陆架和另一侧位于卡塔尔的大陆架之间的边界线应由以下各序列点位之间的大地（测量）线构成：点（1）为隶属卡塔尔大陆架的北部边界线的西边部分的最西端点，该边界线由下面点（2）向西278°14′27″处形成的大地测线方位线组成。

点号	北纬	东经
点（2）	27°00′35″	51°23′00″
点（3）	26°56′20″	51°44′05″
点（4）	26°33′25″	52°12′10″
点（5）	26°06′20″	52°42′30″
点（6）	25°31′50″	53°02′05″

第二条

如果任何单一地质石油结构或油田，或任何单一地质结构，或其他矿产资源扩展越过本协议第一条确立的边界线且位于边界线一侧的越过部分可以全部或部分地从边界线的另一侧进行定向钻探，那么：

1. 第一条确立的边界线任何一侧都不准钻井以使任何生产（井）距该边界线125米之内，双方政府相互签有协议情况除外；

2. 双方政府将力争达成协议，以便对该边界线两端的作业方式进行协调或利用。

---

[*] 见《海洋法：海上边界协议(1970—1984)》(联合国出版，第251—253页),1970年5月10日生效。

第三条

第一条提到的边界线已标注在附在本协议后面的英国海军部第2837号图上。该图一式两份,有两国政府代表的签字,双方由此各持一份复件。

第四条

本协议的任何内容不影响大陆架任何部分上覆水域或上空的地位。

第五条

1. 本协议须经批准,并且批准书将尽快在卡塔尔的多哈进行互换。

2. 本协议将于批准书互换之日起生效。

下列签署人经各自政府正式授权,签署本协议,以昭信守。

本协议缔结于1969年9月20日,一式两份,分别由波斯语、阿拉伯语及英语写成,所有文本同等作准。

四、太平洋地区

（一）东太平洋

智利与厄瓜多尔及秘鲁海上区域划界宣言[*]
（1952 年 8 月 18 日）

1. 政府有义务确保他们的人民拥有必要的生存条件并为他们的经济发展提供资源。

2. 为此，他们也有责任对他们的资源进行养护与保护，并对资源的开发进行管理，以尽可能确保他们各自国家的利益。

3. 因此，防止超越各自管辖权来开发这些资源也是他们的职责。这些超越管辖权之外的开发将对这些资源的存在、完整和养护造成危险，并给人民带来伤害。由于人民所处的地理位置，他们的生存手段是不可替代的，并成为他们海域内重要的经济资源。

鉴于上述诸多考虑，智利与厄瓜多尔及秘鲁三国政府决心为了他们各自的人民对毗邻他们海岸区域的资源进行养护和保护，形成如下宣言：

1. 确定发表宣言的国家沿岸水域海洋动植物的生存、养护与开发的地理和生物因素决定了先前领海及毗连区的扩展延伸不足以实现对沿海国拥有的上述资源的养护与开发的目标。

2. 鉴于上述情形，智利与厄瓜多尔及秘鲁政府宣布其国际海事政策的一个标准，即他们每个国家对各自海岸至少 200 海里的海域拥有排他性的主权和管辖权。

3. 上述区域排他性的管辖权与主权还将包括对上述区域的海床及底土

---

[*] 联合国，《条约汇编》，第 1006 卷，第 323 页。1952 年 8 月 28 日生效。

拥有排他性的主权与管辖权。

4. 对于岛屿而言，200海里区域适用于岛屿或群岛的所有海岸。如果隶属上述发表宣言国之一的岛屿或一组岛屿距离隶属上述发表宣言中的另外一国海域之间不到200海里，该岛屿或一组岛屿所拥有的海域将受到当事国陆上边界通向海上之点的平行线的限定。

5. 本宣言不影响对根据国际法建立的允许表明国籍船只的无害通过行使主权及管辖权的必要限制。

6. 对于宣言中所规定原则的适用，智利与厄瓜多尔及秘鲁政府据此表明意向，签署协议或公约以建立起一般的规则，对在隶属三国海区的捕猎和捕鱼进行管理和保护，并对在三国拥有共同利益区域内的其他所有种类的产品或自然资源的开发进行管理与协调。

（二）西太平洋

马来西亚政府与印度尼西亚政府关于两国间大陆架划界的协议[*]

（1969年10月27日缔结于吉隆坡）

第一条

1. 马来西亚与印度尼西亚在马六甲海峡和南中国海大陆架之间的边界线为直线，是下列给出具体坐标的各点之间的连线。

（1）在马六甲海峡：

点号	东经	北纬
1	98°17′.5	05°27′.0
2	98°41′.5	04°55′.7
3	99°43′.6	03°59′.6
4	99°55′.0	03°47′.4
5	101°12′.1	02°41′.5
6	101°46′.5	02°15′.4
7	102°13′.4	01°55′.2
8	102°35′.0	01°41′.2
9	103°03′.9	01°19′.5
10	103°22′.8	01°15′.0

（2）在南中国海（西面至西马来西亚东海岸）：

点号	东经	北纬
11	104°29′.5	01°23′.9
12	104°53′.0	01°38′.0

---

* ST/LEG/SER.B/16，第417页。1969年11月7日生效。

续表

点号	东经	北纬
13	105°05′.2	01°54′.4
14	105°01′.2	02°22′.5
15	104°51′.5	02°55′.2
16	104°46′.5	03°50′.1
17	104°51′.9	04°03′.0
18	105°28′.8	05°04′.7
19	105°47′.1	05°40′.6
20	105°49′.2	06°05′.8

（3）在南中国海（东面至沙捞越海岸）：

点号	东经	北纬
21	109°38′.8	02°05′.0
22	109°54′.5	03°00′.0
23	110°02′.0	04°40′.0
24	109°59′.0	05°31′.2
25	109°38′.6	06°18′.2

2. 第1款具体给出各点的坐标为地理坐标并直接将各点连接标注在本协议附件A的附图上。

3. 上述各点在海上的实际位置将通过双方政府的主管部门相互同意的方法确定。

4. 出于第3款中的"主管部门"的缘故，在涉及马来西亚时该主管部门所指的就是the Pengarah、Pemetaan Negara、马来西亚并包括由其授权的任何人，涉及印度尼西亚共和国时指的是the Direktur、Direktorat Hidrografi Angkatan Laut、印度尼西亚共和国，并包括由其授权的任何人。

第二条

各方政府在此承诺以确保在国内采取所有必要的措施遵守本协议的各项条款。

第三条

本协议不会以任何形式影响到两国间将来可能签署的有关领海边界划分的协议。

第四条

如果任何单一地质石油或天然气结构跨越了条款1所指的直线时，并且跨越部分位于上述直线的一侧是可以全部开采的或位于上述直线另外一侧是可部分开采的，双方政府应寻求可使上述结构得到最有效开采的方式达成协议。

第五条

有关本协议因释义或实施所产生的争端将由双方以和平方式通过磋商或谈判加以解决。

第六条

本协议根据两国的宪法规定须经批准。

第七条

本协议将于双方互换批准书之日起生效。

第二篇　海上边界协定

（1970—1984）

一、大西洋地区

（一）北大西洋

丹麦王国政府和加拿大政府关于格陵兰和加拿大之间大陆架划界协定

（1973年12月17日）

丹麦王国政府和加拿大政府，

基于1958年4月29日签署的《大陆架公约》，两国决定在格陵兰和加拿大北极群岛间两国尚未行使权利的区域设立一条分界线，以扩张两国享有的以勘探和开发大陆架自然资源为目的的主权权利，

兹达成以下共识：

第一条 为划定丹麦和加拿大两国在国际法规定下享有的勘探和开发大陆架自然资源主权的区域，格陵兰和加拿大北极群岛间的分界线为一条由双方达成的协定确定并调整的中间线。

第二条

1. 为执行第一条订立的原则，61°00′N 和 75°00′N（戴维斯海峡和巴芬湾）间区域的分界线为数条连接以下各点的测量线：

点号	北纬	东经
1	61°00′00″	57°13′1″
2	62°00′5″	57°21′1″
3	62°02′3″	57°21′8″
4	62°03′5″	57°22′2″

续表

点号	北纬	东经
5	62°11′5″	57°25′4″
6	62°47′2″	57°41′0″
7	63°22′8″	57°57′4″
8	63°28′6″	57°59′7″
9	63°35′0″	58°02′0″
10	63°37′2″	58°01′2″
11	63°44′1″	58°58′8″
12	63°50′1″	57°57′2″
13	63°52′6″	57°56′6″
14	63°57′4″	57°53′5″
15	64°04′3″	57°49′1″
16	64°12′2″	57°48′2″
17	65°06′0″	57°44′1″
18	65°08′9″	57°43′9″
19	65°11′6″	57°44′4″
20	65°14′5″	57°45′1″
21	65°18′1″	57°45′8″
22	65°23′3″	57°44′9″
23	65°34′8″	57°42′3″
24	65°37′7″	57°41′9″
25	65°50′9″	57°40′7″
26	65°51′7″	57°40′6″
27	65°57′6″	57°40′1″
28	66°03′5″	57°39′6″
29	66°12′9″	57°38′2″
30	66°18′8″	57°37′8″
31	66°24′6″	57°37′8″
32	66°30′3″	57°38′3″
33	66°36′1″	57°39′2″

续表

点号	北纬	东经
34	66°37′9″	57°39′6″
35	66°41′8″	57°40′6″
36	66°49′5″	57°43′0″
37	67°21′6″	57°52′7″
38	67°27′3″	57°54′9″
39	67°28′3″	57°55′3″
40	67°29′1″	57°56′1″
41	67°30′7″	57°57′8″
42	67°35′3″	58°02′2″
43	67°39′7″	58°06′2″
44	67°44′2″	58°09′9″
45	67°56′9″	58°19′8″
46	68°01′8″	58°23′3″
47	68°04′3″	58°25′0″
48	68°06′8″	58°26′7″
49	68°07′5″	58°27′2″
50	68°16′1″	58°34′1″
51	68°21′7″	58°39′0″
52	68°25′3″	58°42′4″
53	68°32′9″	59°01′8″
54	68°34′0″	59°04′6″
55	68°37′9″	59°14′3″
56	68°38′0″	59°14′6″
57	68°56′8″	60°02′4″
58	69°00′8″	60°09′0″
59	69°06′8″	60°18′5″
60	69°10′3″	60°23′8″
61	69°12′8″	60°27′5″
62	69°29′4″	60°51′6″

续表

点号	北纬	东经
63	69°49′8″	60°58′2″
64	69°55′3″	60°59′6″
65	69°55′8″	61°00′0″
66	70°01′6″	61°04′2″
67	70°07′5″	61°08′1″
68	70°08′8″	61°08′8″
69	70°13′4″	61°10′6″
70	70°33′1″	61°17′4″
71	70°35′6″	61°20′6″
72	70°48′2″	61°37′9″
73	70°51′8″	61°42′7″
74	71°12′1″	62°09′1″
75	71°18′9″	62°17′5″
76	71°25′9″	62°25′5″
77	71°29′4″	62°29′3″
78	71°31′8″	62°32′0″
79	71°32′9″	62°33′5″
80	71°44′7″	62°49′6″
81	71°47′3″	62°53′1″
82	71°52′9″	63°03′9″
83	72°01′7″	63°21′1″
84	72°06′4″	63°30′9″
85	72°11′0″	63°41′0″
86	72°24′8″	64°13′2″
87	72°30′5″	64°26′1″
88	72°36′3″	64°38′8″
89	72°43′7″	64°54′3″
90	72°45′7″	64°58′4″
91	72°47′7″	65°00′9″

续表

点号	北纬	东经
92	72°50′8″	65°07′6″
93	73°18′5″	66°08′3″
94	73°25′9″	66°25′3″
95	73°31′1″	67°15′1″
96	73°36′5″	68°05′5″
97	73°37′9″	68°12′3″
98	73°41′7″	68°29′4″
99	73°46′1″	68°48′5″
100	73°46′7″	68°51′1″
101	73°52′3″	69°11′3″
102	73°57′6″	69°31′5″
103	74°02′2″	69°50′3″
104	74°02′6″	69°52′0″
105	74°06′1″	70°06′6″
106	74°07′5″	70°12′5″
107	74°10′0″	70°23′1″
108	74°12′5″	70°33′7″
109	74°24′0″	71°25′7″
110	74°28′6″	71°45′8″
111	74°44′2″	72°53′0″
112	74°50′6″	73°02′8″
113	75°00′0″	73°16′3″

上述各点位置是基于加拿大北极群岛的直基线和格陵兰沿岸的直基线计算得出的。

此部分分界线标绘于本协定附件1海图上。

2. 在"内尔斯海峡",分界线应为两段连接以下各点的测量线构成:

A部分:

点号	北纬	东经
114	76°41′4″	75°00′0″
115	77°30′0″	74°46′0″
116	78°25′0″	73°46′0″
117	78°48′5″	73°00′0″
118	79°39′0″	69°20′0″
119	80°00′0″	69°00′0″
120	80°25′0″	68°20′0″
121	80°45′0″	67°07′0″
122	80°49′2″	66°29′0″

B 部分：

点号	北纬	东经
123	80°49′8″	66°26′3″
124	80°50′5″	66°16′0″
125	81°18′2″	64°11′0″
126	81°52′0″	62°10′0″
127	82°13′0″	60°00′0″

上述各点坐标均依据1964年7月31日出版的加拿大水文地理服务海图7071和1971年4月30日出版的海图7072确定。

此部分分界线标绘于本协定附件2和3的海图上。

3.连接点113至点114的分界线为一条测量线。

4.目前，两缔约方认为暂无必要在点127以北区域和点1以南区域确定分界线。此待定分界线标绘于本协定附件4的计划中。

第三条 鉴于现有海图同某些区域的实际情况有差距，且未能精确划定格陵兰沿岸和加拿大北极群岛东海岸的低潮线，由于缔约双方未提前就邻近上述区域的分界线上各点的地理坐标位置达成共识，双方不应向在此区域分界线附近开展的矿产资源开采活动发放许可证。

第四条

1.双方当事国应承诺互相合作，交换一切相关数据和测量结果，以获得和加深必要的水文地理和测量知识，更加精确地绘制此协定的地区地图和海图。若当事国依据所掌握信息，可估测1927北美基准和Qornoq基准间的变化，则第二条所列举各点的地理坐标亦相应调整，并参照1927北美基准和Qornoq基准所列更改后的坐标值。

2.若最新测量结果或所绘海图/地图显示分界线需要调整，则当事国应同意将划定上述分界线的原则同等适用于分界线的调整工作，且调整结果应写入此协定的补充草案中。

第五条 若任何地质石油构造或油田，或任何地理构造或矿床（包括沙砾）的位置跨越了所订立的分界线，且从分界线的一侧可部分或全部开采位于分界线另一侧的地质构造或矿床，则双方应就开采利用的事宜尽力达成一致。

第六条 若有关划定国家主权管辖的大陆架范围的国际法有所更改，且双方当事国均表示接受，则67°N和69°N间的大陆架区域划定相应调整。基于就划定国家主权管辖的大陆架范围的新国际法条款规定，任一当事国应相应放弃其现归属于对方国的大陆架主权。

第七条

1.此协定应获得两国国内批准通过。双方应尽早在哥本哈根互换批准书。

2.批准书互换完成当日，协定生效。

两国政府特命代表签署此协定，以昭信守。

本协定于1973年12月17日在渥太华签署，分别由英语、法语和丹麦语写成，三种文本具有同等效力。

丹麦和挪威关于大陆架划界的协定

（1965年12月8日）

丹麦王国政府和挪威王国政府，决定划定丹麦和挪威各自行使勘探开发自然资源的主权权利的大陆架区域分界线，兹达成以下共识：

第一条

丹麦和挪威各自主权管辖的大陆架划界线为一条中间线。该条中间线到测算各当事国领海宽度基线的各最近点距离均相等。

第二条

第一条订立的中间线原则同样适用于本条款。分界线由依序连接以下各点的直线组成：

点号	纬度	经度
点1	58°15.8′N	10°02.2′E
点2	57°59.3′N	9°23.0′E
点3	57°41.8′N	8°53.3′E
点4	57°37.1′N	8°27.5′E
点5	57°29.9′N	7°59.0′E
点6	57°10.5′N	6°56.2′E
点7	56°35.5′N	5°02.0′E
点8	56°05.2′N	3°15.0′E

上述各点的地理坐标参照附件1941年版挪威水文地理海图301号（1963年11月第一次印刷）；分界线亦标绘于海图上。此海图为本协定的组成部分。

第三条

丹麦－挪威的大陆架分界线的端点应为此分界线和相关大陆架同他国大陆架分界线的交汇点。

若确有必要，缔约方应同相关第三国协商后，确定分界线的端点。

…………

构成丹麦和挪威大陆架划界协议修改协定的往来照会

（1974年6月4日）

I

外交部部长

奥斯陆，1974年6月4日

阁下：

我荣幸地收悉早前挪威和丹麦政府的往来照会，近一封是1973年12月12日来自丹麦使馆的照会。此封照会有关1965年12月8日签署的挪威和丹麦对两国大陆架划界协定进行的修改。近期，两国的测绘当局负责人亦进行了交谈。我提议，1965年12月8日协定中的第二条可作如下修改：

"**第二条** 为保证本条款可适用第一条中订立的原则，分界线应由依序连接以下各点的圆弧组成：

点号	纬度	经度
点1	58°15′41.2″N	10°01′48.1″E
点2	57°59′18.0″N	9°23′0.00″N
点3	57°41′48.0″N	8°53′18.00″N
点4	57°37′06.0″N	8°27′30.0″N
点5	57°29′54.0″N	7°59′0.00″N
点6	57°10′30.0″N	6°56′12.0″N
点7	56°35′30.0″N	5°02′00.0″N
点8	56°05′12.0″N	3°15′00.0″N

上述各点的经纬度参照欧洲基准（1950年第一次调整）确定。分界线标绘于1963年11月印刷的1941版挪威水文地理海图301号，以示说明。"

我建议此照会连同您的回复照会构成挪威和丹麦政府就此事的协定。协定自今日起生效。1965年12月8日协定的第二条的修改版自今日起纳入此协定。

II

丹麦使馆

奥斯陆，1974年6月4日

阁下：

我荣幸地告知，1974年6月4日函收悉。全文如下：

（参照附文I）

我荣幸地确认，丹麦政府接受有关1965年丹麦和挪威大陆架划界协定中第二条的修改建议，同意今日您的信函和此封回函共同作为两国政府就此事的协定内容。

丹麦王国政府和挪威王国政府关于法罗群岛和挪威间水域的大陆架划界以及法罗群岛附近渔区和挪威经济区划界事宜的协定

（1979年6月15日）

丹麦王国政府和挪威王国政府，

决定划定法罗群岛和挪威间的大陆架界限，

决定双方目前暂不对从确定各自领海宽度基线的最近点量起12海里范围以北的水域进行划界，

希望同时能划定法罗群岛附近渔区和挪威经济区的分界线，

兹达成以下共识：

第一条

鉴于自然资源的勘探开发事宜，在法罗群岛和挪威间的水域，丹麦王国和挪威王国行使各自主权的大陆架分界线为一条中间线。此中间线到确定各当事国领海宽度基线的各最近点距离均相等。

第二条

1. 第一条订立的中线原则同样适用于本条款。分界线的最南点为点1，此点到确定法罗群岛附近的丹麦领海宽度基线、确定挪威领海宽度基线和确定大不列颠及北爱尔兰联合王国领海宽度基线上各个最近点的距离均相等。

自点1始，分界线为延伸至各线交点（点2）的测量线。点2到确定各当事国领海宽度基线的最近点距离为200海里（1海里=1 852米）。

上述各点坐标如下：

点号	纬度	经度
点1	63°53′14.93″N	0°29′19.55″W
点2	64°25′59.52″N	0°29′12.22″W

2. 上述各点的经纬度位置为参照欧洲基准（1950年第一次修改）确定。
3. 分界线标绘于此协定所附海图中，以示说明。

第三条

若位于海床或底土的自然资源分布于大陆架分界线两侧，且其位于一侧的部分或全部资源可开采利用，则应任一当事国的请求，双方应就上述资源的开采事宜达成共识。

第四条

法罗群岛周边的渔区和挪威经济区的分界线亦为第二条确定的分界线。

第五条

缔约双方通过国内协定审议批准后，在奥斯陆互换相关批准书。

批准书互换完成当日，协定生效。

两国政府授命代表签署此协定，以昭信守。

此协定于 1979 年 6 月 15 日在哥本哈根签署，一式两份，分别为丹麦语和挪威语写成，两种文本具有同等效力。

构成丹麦和瑞典领水划界协定的往来照会

（1979年6月25日）

I

哥本哈根，1979年6月25日

阁下：

1979年7月1日，瑞典领海将延伸至12海里范围；在某些海域，领海将延伸至位于瑞典基线和他国基线之间的中间线。若丹麦领海以相同方式向外延伸，则瑞典和丹麦间的某些海峡将完全纳入瑞典或丹麦的领海范围。

为保持这些水域的航行自由，瑞典欲划定瑞典沿岸和丹麦斯卡恩、莱斯岛、安霍尔特岛和博恩霍尔姆岛沿岸间航道的领海界线，保证在位于瑞典基线和丹麦基线间的瑞典所处中线区域,两国间至少有3海里宽的公海区域。

为保证松德（厄勒）海峡的进出自由，就紧邻松德海峡的南北水域，瑞典欲作相应安排，以使外国船只和飞机可能穿行/穿越此处公海。

此安排的前提是以同样方法划定丹麦在上述提及水域的领海范围。

如果瑞典政府希望延伸其在上述水域的已划定领海范围，倘若丹麦政府亦承诺延伸其领海范围，则瑞典政府应在领海延伸决议生效前的12个月告知丹麦政府。

若丹麦政府同意上述建议，我提议：此封照会和阁下的回复照会将作为我们两国政府就此事共同认可的协定。当此协定在两国国内均获得通过，自两国均收到协定通过告知之日起，协定生效。

II

哥本哈根，1974年6月4日

阁下：

我荣幸地告知，1979年6月25日函收悉。全文如下：

（参照附文I）

我荣幸地确认，丹麦政府接受附文中的提议，同意您的信函和此封回函共同作为两国政府就此事的协定内容。

瑞典和丹麦关于大陆架和渔区划界的协定[*]
（1984年11月9日）

瑞典王国政府和丹麦王国政府，

决定划定两国的大陆架界限，

希望同时能划定两国的渔区界限，

依据1958年4月29日《日内瓦公约》中涉及大陆架的有关条款，两国兹达成以下共识：

第一条

鉴于自然资源的勘探和开采事宜，瑞典王国和丹麦王国各自行使主权权利的大陆架分界线原则上为一条位于两国之间的中间线。

第二条

基于第一条确立的中线原则，同时考虑到现实和其他因素所导致的例外情况，此分界线为连接第三条和第五条列出各点的直线（测量线）。

各点位置是基于欧洲基准（1950年第一次修改）中的地理长度和宽度确定的。

分界线标绘于本协定所附地图上。

第三条

分界线位于斯卡格拉克海峡和卡特加特海峡之间，依序连接以下各点：

点号	纬度	经度
点A	58°15′41.2″N	10°01′48.1″E
点B	58°08′00.1″N	10°32′32.8″E
点C	57°49′00.6″N	11°02′55.6″E
点D	57°27′00.0″N	11°23′57.4″E
点E	56°30′32.3″N	12°08′52.1″E
点F	56°18′14.1″N	12°05′15.9″E
点G	56°12′58.9″N	12°21′48.0″E

---

* 非官方译文。

第四条

1932年1月30日，瑞典和丹麦就两国在厄勒海峡的某些边界问题发表声明；此后，声明有所更改。其中均对两国的大陆架分界线作出规定。依据此协定，在厄勒海峡，两国分界线自第三条的G点直至第五条的H点，其同1932年声明中的分界线有所交叉。

第五条

依据第四条的规定，两国在波罗的海的分界线自厄勒海峡分界线最南端出发，依序连接以下各点：

点号	纬度	经度
点 H	55°20′14.2″N	12°38′31.0″E
点 I	55°18′30.0″N	12°38′20.0″E
点 J	55°15′00.0″N	12°40′38.0″E
点 K	55°10′00.0″N	12°47′41.6″E
点 L	55°03′54.0″N	13°03′20.0″E
点 M	55°00′35.2″N	13°08′45.0″E

自点M始，分界线笔直延伸至两国同相关第三国达成共识的一点。

自两国同相关第三国达成共识的一点始，分界线笔直延伸，依序连接以下各点：

点号	纬度	经度
点 P	54°57′49.1″N	13°59′40.0″E
点 Q	55°18′44.0″N	14°27′36.0″E
点 R	55°41′29.4″N	15°02′34.4″E
点 S	55°21′18.6″N	16°30′29.7″E

自点S始，分界线笔直延伸至两国同相关第三国达成共识的一点。

第六条

若有相关规定,对于位于海床或海床以下的自然资源分布于大陆架分界线的两侧,且任一当事国可从分界线的一侧部分或全部开采分界线另一侧的位于对方国管辖范围内的资源,则双方应就开采利用事宜尽力达成一致。

第七条

第三条至第五条规定的分界线同样作为两国渔业区的分界线。

第八条

此协定应获得缔约双方国内批准通过。双方应在斯德哥尔摩互换批准书。

批准书互换完成当日,协定生效。

本协定于1984年11月9日在哥本哈根签署,原文一式两份,分别由瑞典语和丹麦语写成,两种文本具有同等效力。

德意志民主共和国和瑞典王国大陆架划界条约（及议定书）

（1978年6月22日）

德意志民主共和国和瑞典王国，

希望依据《欧洲安全和合作会议最终法案》中的相关原则，推进双边关系和合作，

努力立足于现有国际法，推动两国对大陆架自然资源的勘探和开发，

旨在依据1958年4月29日《大陆架公约》的相关条款，确定两国的大陆架分界线，

兹达成以下条约：

第一条

德意志民主共和国和瑞典王国的大陆架分界线上的任一点到确定两国领海宽度的基线最近点的距离均相等。

第二条

1. 依据第一条订立的原则，鉴于分界线需依据实际进行必要微调，分界线应为依序连接以下各点的直线（测量线）：

A. 依据德意志民主共和国的海图体系：

（1）55°00′36″N　13°09′23″E（德意志民主共和国海图152号）

（2）55°01′15″N　13°47′05″E（德意志民主共和国海图152号）

（3）54°57′52″N　13°59′12″E（德意志民主共和国海图152号）

B. 依据瑞典王国的海图体系：

（1）55°00′36″N　13°09′26″E（瑞典海图83号）

（2）55°01′15″N　13°47′08″E（瑞典海图83号）

（3）54°57′52″N　13°59′15″E（瑞典海图83号）

2. 分界线应延伸至点(1)西面和点(3)东面的并获得第三国认同的外点。分界线标绘于附件海图上。海图为条约的组成部分。

第三条

若蕴藏于海床或底土的自然资源分布于大陆架分界线两侧，且缔约一国可从其管辖的大陆架区域全部或部分开采位于分界线另一侧并属于对方国管辖的自然资源，则应任一国的请求，在开采自然资源之前，双方应尽

力就自然资源的开采方式进行协商并达成共识。

第四条

现有条约的条款不应影响大陆架上覆水域和领空的地位。

第五条

依据《联合国宪章》第一百零二条，条约应在联合国秘书处注册备案。

第六条

条约应获得各国国内审议批准。双方在斯德哥尔摩交换条约批准书。条约批准书交换之日，条约正式生效。

条约于1978年6月22日在柏林签署，一式两份，分别由德语和瑞典语写成，两种文本具有同等效力。

议 定 书

德意志民主共和国和瑞典王国同意：条约第一条和第二条确定的分界线亦为两国渔区的分界线。

柏林，1978年6月22日

瑞典和挪威大陆架划界协定

（1968年7月24日）

瑞典王国政府和挪威王国政府，

决定划定两国各自拥有开发和利用自然资源的主权权利的大陆架界限，

兹达成以下共识：

第一条 瑞典和挪威两国各自拥有自然资源开发利用主权权利的大陆架区域的分界线原则上为一条中间线，线上各点到测算两国领海宽度的基线最近点的距离均相等。

第二条 依据第一条订立的相关原则，鉴于分界线需依据实际进行微调，分界线应为连接以下5个点的线段：

1. 此点为面向挪威方向的瑞典领海外边界的最西点，其坐标为：

58°54′50.2″N，10°45′28.1″E

2. 1909年10月23日，一项国际仲裁裁决确定了瑞典和挪威的部分海疆，其同挪威领海外边界的交点坐标如下。挪威领海的外边界距挪威基线1地理英里（7 420米）。挪威基线是由1952年7月18日颁布的皇家法令确定的。此法令主要关乎特赖纳群岛捕渔区的南部界限。

58°53′34.0″N，10°38′25.0″E

3. 此点为距上文提及的挪威基线12海里处的一条线段和距瑞典基线12海里处的另一条线段的交点。1966年6月3日，瑞典发布皇家公告，确定了测算瑞典领海的各项具体坐标。此点坐标为：

58°45′41.3″N，10°35′40.0″E

4. 此点坐标如下：

58°30′41.2″N，10°08′46.9″E

5. 此点坐标如下：

58°15′41.2″N，10°01′48.1″E

上述5个点的位置是基于欧洲基准（1950年第一次修改）确定的。

位于点1、2和3之间的部分分界线采用直线法划定，位于点3、4和5之间的部分采用圆弧法划定。

第三条 第二条确定的点 1 至点 5 的各点位置和分界线均标绘于附件海图——挪威海图 305 号。

第四条 若蕴藏于海床或底土的自然资源分布于第二条确定的分界线两侧，且缔约一国可从其管辖海域部分或全部开采位于另一侧并属于对方国管辖的自然资源，则应任一国的请求，双方应尽力就自然资源的最有效开采方式和所产生利益的分配方式等事宜达成共识。

第五条 协定应获得各国国内审议批准。双方在奥斯陆交换协定批准书。

协定批准书交换之日，协定正式生效。

协定于 1968 年 7 月 24 日在斯德哥尔摩签署，一式两份，分别由瑞典语和挪威语写成，两种文本具有同等效力。

瑞典和芬兰关于两国在波的尼亚湾、波的尼亚海、奥兰海和波罗的海最北部大陆架划界协定（及议定书）

（1972年9月29日）

瑞典王国政府和芬兰共和国政府，

决定划定两国在波的尼亚湾、波的尼亚海、奥兰海和波罗的海最北部的拥有开发和利用自然资源的主权权利的大陆架区域分界线，

鉴于1958年《日内瓦公约》中的大陆架条款，

兹达成以下共识：

第一条 瑞典和芬兰两国各自拥有开采和利用自然资源的主权权利的大陆架区域的分界线原则上为一条中间线，此线位于确定两国领海宽度的基线之间。考虑到由《哈米纳和平条约》签订后的1811年海疆地形描述中划定的以及1921年10月20日的《奥兰群岛不设防和中立化公约》划定的边界线，可以有所背离该项原则，这两条边界线可以视为《日内瓦公约》规定的特殊情形。为使分界线符合实际需要，其应为连接以下第二和第四条中各点的直线。

第二条 分界线的北部起点应为瑞典领海外边界和瑞典及芬兰间海疆的交点。此点坐标如下：

65°31.8′N，24°08.4′E（点1）

自该点始，分界线同芬兰海疆重合，直至芬兰领海外边界和其海疆的交点。此点坐标如下：

65°30.9′N，24°08.2′E（点2）

第三条 自点2始，分界线依次通过以下各点：

63°40.0′N，21°30.0′E（点3）
63°31.3′N，20°56.4′E（点4）
63°29.1′N，20°41.8′E（点5）
63°20.0′N，20°24.0′E（点6）
62°42.0′N，19°31.5′E（点7）
60°40.7′N，19°14.1′E（点8）
60°22.5′N，19°09.5′E（点9）

60°22.3′N，19°09.5′E（点 10）

点 9 为瑞典领海外边界和位于点 8 与 1921 年《奥兰公约》中点 16 之间的直线的交点。

从点 9 至点 10，分界线和瑞典海疆重合。点 10 为芬兰领海外边界和位于点 8 与 1921 年《奥兰公约》中点 16 之间的直线的交点。

第四条 分界线在点 10 以南，自瑞典领海和芬兰领海开始相互分离之点继续延伸，此点坐标如下：

60°14.2′N，19°06.5′E（点 11）

自点 11 始，分界线和芬兰海疆重合，直至点 12：

60°13.0′N，19°06.0′E（点 12）

自点 12，分界线依次通过以下各点：

60°11.5′N，19°05.2′E（点 13）

59°47.7′N，19°39.4′E（点 14）

59°47.5′N，19°39.7′E（点 15）

59°45.2′N，19°43.0′E（点 16）

59°26.7′N，20°09.4′E（点 17）

位于点 14、15 和 16 间的分界线同芬兰海疆重合。

第五条 第三和第四条确定的点 8、13、15 和 17 分别对应 1921 年《奥兰公约》中的点 17、15、14 和 13。

第六条 第二至第四条中确定的点 1 至 17 的位置标绘于协定所附的 3 份芬兰海图中：

海图 3 号，比例尺 1∶350 000，1969 年版 II；

海图 5 号，比例尺 1∶350 000，1971 年版 II；

海图 904 号，比例尺 1∶200 000，1971 年版 III。

本协定中的所有坐标均同海图的坐标体系一致。

第七条 本协定应在各缔约方国内获得批准通过。双方在赫尔辛基交换批准书后，协定生效。

本协定于 1972 年 9 月 29 日在斯德哥尔摩签署，一式两份，分别由瑞典语和芬兰语写成，两种文本具有同等效力。

议 定 书

瑞典和芬兰签署两国在波的尼亚湾、波的尼亚海、奥兰海和波罗的海最北部的大陆架划界协定的当日,签署此协定的双方全权代表同意:若海床或底土蕴藏的自然资源分布于本协定第二和第四条确定的分界线两侧,且从位于分界线一侧、缔约一方管辖的大陆架可部分或全部开采位于另一侧、对方国管辖的大陆架区域的自然资源,应任一方的请求,缔约双方应就有效利用上述自然资源的方式和分配所产生利益的方式进行商讨。

此外,双方特命全权代表同意,就分界线延伸至波罗的海的问题将留待日后讨论。

斯德哥尔摩,1972 年 9 月 29 日

芬兰共和国政府和苏维埃社会主义共和国联盟政府关于芬兰湾和波罗的海东北部的管辖渔区划界协定

（1980年2月25日）

芬兰共和国政府和苏维埃社会主义共和国联盟政府，

鉴于两国基于1948年4月6日签署的《芬兰共和国和苏维埃社会主义共和国联盟的友好合作和互助条约》建立的睦邻友好关系，

鉴于1965年5月20日的《芬兰共和国政府和苏维埃社会主义共和国联盟政府关于两国在芬兰湾的海洋和大陆架划界协定》，以及1967年5月5日的《芬兰共和国政府和苏维埃社会主义共和国联盟政府关于两国在波罗的海东北部的大陆架划界协定》，

牢记两国保护和合理利用沿岸海域的渔业资源和其他生物资源的愿望，

基于第三次联合国海洋法大会就订立全新的海洋法公约的有关工作，

希望划定两国在芬兰湾和波罗的海东北部各自管辖的渔区范围，

兹达成以下共识：

第一条

两国于1965年5月20日签订的《芬兰共和国政府和苏维埃社会主义共和国联盟政府关于两国在芬兰湾的海洋和大陆架划界协定》中划定的分界线，以及1967年5月5日签订的《芬兰共和国政府和苏维埃社会主义共和国联盟政府关于两国在波罗的海东北部的大陆架划界协定》中的分界线亦为两国在上述区域各自管辖渔区的分界线。

第二条

芬兰共和国和苏维埃社会主义共和国联盟各自管辖渔区的分界线位于波罗的海东北部和第一条确定的分界线西部海域之间，其为一条中间线。该线起点为1967年5月5日协定第一条确定的点：59°19′0″N，21°47′0″E。此点对应于1976年版苏联海军海图1150号上的点：59°18′7″N，21°46′7″E。此后，分界线通过苏联海军海图1150号上的点：59°11′5″N，21°11′3″E，继续向北延伸。

第三条

第二条中确定的分界线标绘于附于本协定后的苏联海军海图1150号。

第四条

本协定应获得各缔约方国内审议批准。协定批准书交换之日,协定生效。缔约双方于赫尔辛基交换协定批准书。

协定于 1980 年 2 月 25 日在莫斯科签署,一式两份,分别由芬兰语和俄语写成,两种文本具有同等效力。

冰岛－挪威：冰岛和挪威关于冰岛和扬马延岛之间区域大陆架划界协定[*]

（1981年10月22日签署于奥斯陆；1982年6月2日生效）

冰岛政府和挪威政府，

希望划定两国在冰岛和扬马延岛间区域各自所辖大陆架的分界线，

1980年5月28日，双方签署的《渔业和大陆架问题协定》生效。双方亦同意：在冰岛基线和扬马延岛基线相距小于400海里的区域，冰岛的经济区可延伸至200海里。

前文提及的协定第九条指出，双方应共同任命组建一协调委员会，就冰岛和扬马延岛间大陆架区域分界线问题提交相关建议。双方就此达成共识。

1981年5月，双方政府收到协调委员会的一致建议，即冰岛和扬马延岛间区域的大陆架界限应同两国经济区的界限一致；在冰岛和扬马延岛间的指定区域，就双方在其各自大陆架界限一侧开采利用碳氢化合物资源事宜，建议两国建立合作关系，

双方认为委员会的建议可取，

兹达成以下共识：

第一条

两国在冰岛和和扬马延岛间区域的大陆架界限应同两国经济区的界限一致。

第二条

以下第三条至第九条适用于以如下坐标划定的区域：

     70°35′N
     68°00′N
     10°30′W
     6°30′W

第三条

开发第一阶段的主要任务是系统绘制第二条所划定区域的地图。双方

---

[*] 见《国际法律素材》，1982年11月，第21卷，第1222页。

应就此联合开展地震勘测（若有必要，应同时进行磁法勘探）。相关勘测计划由两国专家联合制订，挪威石油理事会负责计划的具体实施。若非双方另有协定，勘测费用由挪威石油理事会承担。挪威和冰岛专家应有均等机会参与相关勘测以及最终数据的评估工作。勘测数据和专家评估应提交与两国相应部门。除非两国另有协定，此上交信息应视为机密。

若相关地震或磁性数据售与其他公司或组织并产生收益，两国可经协商分享此收益。

第四条

若第三条提及的勘测工作将继续针对此区域的特定油田展开更为细致的勘测（包括更为具体的磁法勘探和开展钻井工作），除非两国达成其他类型的协定，相关的专属开采许可证应基于联营合约。两国可允许国有或私有石油公司参与此类合约。

第五条

在两国经济区分界线的北面（即第二条所提及的部分区域，面积约为32 750平方千米），依据第四条相关规定，冰岛应有权分享25%的石油开采收益。经同外部国有或私有石油公司协商后，就探明原油的商业开采活动，挪威应安排相应的公司承担挪威和冰岛方面支付的石油开采费用。

若无法安排相应的公司承担两国的石油开采费用，两国应协商探讨开展联营项目，则各国承担其应付费用或平摊相关费用。若冰岛就此不愿参与，挪威可自行继续开展相关活动。若此区域探测到有石油，且冰岛自开始即参加开采活动，则其应有权分享收益，以偿还挪威方面垫付的费用。

挪威有关此类活动的监管、安全措施和环保方面的法规和石油政策应同样适用于第一段提及的勘测活动所在区域。挪威有关部门应负责相关区域的执法管理事宜。

第六条

在两国经济区间分界线的北面（即第二条所提及的部分区域，面积约为12 720平方千米），依据第四条相关规定，挪威应有权分享25%的石油开采收益。经同外部国有或私有石油公司协商后，就探明原油的商业开采活动，冰岛不应安排相应公司承担挪威方面支付的石油开采费用。

冰岛有关此类活动的监管、安全措施和环保方面的法规和石油政策应同样适用于第一段提及的勘测活动所在区域。冰岛有关部门应负责相关区域的执法管理事宜。

第七条

当探测到的石油被申明用于商业用途，各国应按照合同规定的比例承担油田开发的费用。

第八条

若油气矿床位于两国经济区分界线的两旁，或完全位于分界线的南部，但所在位置超过第二条确定的坐标位置，则应适用矿床分配和利用的一般原则。详细规则应由双方商定。

若油气矿床完全位于分界线的北部，但所在位置超过第二条确定的坐标位置，则矿床应被视为完全位于第五、六和七条所提及的坐标限定范围内。

第九条

若其中一方认为第五条和第六条中有关安全措施和环境保护的条规未能对第二条指定区域的开采或生产作业提供充分的保护，两国应参照第十条中提及的1980年5月28日有关渔业和大陆架问题的协定展开磋商。若两国仍未能达成一致，有关问题应提交由3名成员组成的协调委员会；在协调委员会未给予建议前，除非有充足理由，两国不应开始或继续有关作业。

两国应各自指定一名协调委员会的成员。委员会主席应由两国共同任命。

委员会的建议应尽早提请两国政府审议。有关建议不具有法律约束性，但在后续讨论中，两国应理性考虑有关建议。

第十条

两国互发照会，告知对方已完成必要的国内协定批准法律程序。此后，协定正式生效。

两国特命全权大使签署本协定，以昭信守。

协定于1981年10月22日在奥斯陆签署，一式两份，分别由冰岛文和挪威文写成，两种文本具有同等效力。

大不列颠及北爱尔兰联合王国政府和挪威王国政府大陆架划界协定

（1965年3月10日）

大不列颠及北爱尔兰联合王国政府和挪威王国政府，

希望确定各自管辖大陆架的边界，

兹达成如下共识：

第一条

大不列颠及北爱尔兰联合王国和挪威王国所属大陆架的分界线上的各点距测量各国领海基线的最近点距离相等（为便于管理，某些位置有微调）。

第二条

1. 在遵循第一条原则的基础上，分界线应为依序连接下列各点的大圆弧：

点号	纬度	经度
点1	56°05′12″N	3°15′00″E
点2	56°35′42″N	2°36′48″E
点3	57°54′18″N	1°57′54″E
点4	58°25′48″N	1°29′00″E
点5	59°17′24″N	1°42′42″E
点6	59°53′48″N	2°04′36″E
点7	61°21′24″N	1°47′24″E
点8	66°44′12″N	1°33′36″E

上述各点位置的经纬度是基于欧洲基准（1950年第一次修改）确定的。

2. 分界线参见附于本协定后的海图。

第三条

1. 分界线南部的端点为点1，即大不列颠及北爱尔兰联合王国、挪威王国和丹麦王国三国大陆架分界线的交点。点1的位置应获得丹麦王国的认可。

2. 到目前为止，缔约国认为暂无必要将分界线向北延伸至超过点8的位置。

第四条

若任何单一的地理石油构造或油田，或地理构造或矿床（包括沙土和砾石）横跨分界线，且位于分界线其中一侧的构造或油田可部分或全部开发，相关国同开发许可证持有者协商后，应争取就此构造或油田开发的最有效方式以及相关收益的分配等事宜达成一致。

第五条

本协定不应影响上覆水域或领空的法律地位。

第六条

本协定应在各缔约方国内经审议批准。双方应尽早在奥斯陆互换相关文件。

自批准书互换完成之日起，协定正式生效。

两国政府特命全权大使签署本协定，以昭信守。

本协定于 1965 年 3 月 10 日在伦敦签署通过，一式两份，分别由英语和挪威语写成，两种文本具有同等效力。

大不列颠及北爱尔兰联合王国政府和挪威王国政府大陆架划界协定（1965年3月10日）的补充议定书

（1978年12月22日）

大不列颠及北爱尔兰联合王国政府和挪威王国政府，

鉴于两国于1965年3月10日签署的两国大陆架协定（以下简称"协定"）；

协定中第一条规定：英国和挪威所管辖大陆架分界线上的任一点到测算两国各自领海的基线距离均相等（出于现实需要，分界线有微调）；

协定中第三条第（2）款规定：缔约双方当时并不认为有必要将第二条确定的分界线自点8继续向北延伸；

希望继续完成两国大陆架划界的相关工作；

兹达成以下共识：

第一条

1. 协定第二条确定的分界线自点8起，为依序连接以下各点的测量线：

点号	纬度	经度
点8	61°44′12.00″N	1°33′36.00″E
点9	61°44′12.00″N	1°33′13.44″E
点10	62°16′43.93″N	1°10′40.66″E
点11	62°19′40.72″N	1°08′30.96″E
点12	62°22′21.00″N	1°06′28.21″E
点13	62°24′56.68″N	1°04′25.86″E
点14	62°27′32.82″N	1°02′17.70″E
点15	62°30′09.83″N	1°00′05.92″E
点16	62°32′47.29″N	0°57′48.32″E
点17	62°36′20.75″N	0°54′44.78″E
点18	62°39′57.99″N	0°51′29.48″E
点19	62°44′16.31″N	0°47′27.69″E

续表

点号	纬度	经度
点 20	62°53′29.49″N	0°38′27.91″E
点 21	62°58′21.06″N	0°33′31.01″E
点 22	63°03′20.71″N	0°28′12.51″E
点 23	63°38′10.68″N	0°10′59.31″E
点 24	63°44′12.83″N	0°18′08.35″E
点 25	63°50′26.89″N	0°25′47.30″E
点 26	63°53′14.93″N	0°29′19.55″E

2. 上述各点位置的经纬度是基于欧洲基准（1950年第一次修改）确定的。

3. 本协定中的分界线参见附于协定后的海图。

第二条

英国和挪威的大陆架分界线北部的端点为点26，且此点到英国、挪威和丹麦领海基线（就法罗群岛而言）的最近点均距离相等。点26的位置应同样得到丹麦王国政府的认可。

第三条

本协定应经各缔约方国内审议批准。双方应尽早在伦敦互换相关文件。

自批准书互换完成之日起，协定正式生效。

两国政府特命全权大使签署本协定，以昭信守。

本协定于1978年12月22日在奥斯陆签署通过，一式两份，分别由英语和挪威语写成，两种文本具有同等效力。

法兰西共和国和大不列颠及北爱尔兰联合王国关于两国在格林尼治子午线以西 30 分处以东区域的大陆架划界协定
（1982 年 6 月 24 日）

法兰西共和国政府和大不列颠及北爱尔兰联合王国政府，

基于两国政府于 1975 年 7 月 10 日在巴黎签署的有关协定，仲裁法庭分别于 1977 年 6 月 30 日和 1978 年 3 月 14 日作出裁定，就格林尼治子午线以西 30 分处以东直至 1 000 米等深线区域，法国和英国各自管辖大陆架区域进行划界，

鉴于 1975 年 7 月 10 日协定中的序言宣称：协定原则上就格林尼治子午线以西 30 分处以东的英吉利海峡区域，两国政府就其各自管辖的大陆架区域进行划界，

希望精确地划定在格林尼治子午线以西 30 分处以东区域两国各自管辖的大陆架界限和走向，

兹达成以下共识：

第一条

1. 鉴于本协定第二条的相关规定，在格林尼治子午线以西 30 分处以东区域，法国和英国各自管辖大陆架的分界线为依序连接以下各点的恒向线：

点号	纬度	经度
1	50°07′29″N	00°30′00″W
2	50°13′13″N	00°15′30″W
3	50°14′12″N	00°02′14″E
4	50°19′41″N	00°36′12″E
5	50°23′22″N	00°46′39″E
6	50°38′38″N	01°07′26″E

续表

点号	纬度	经度
7	50°47′50″N	01°15′28″E
8	50°53′47″N	01°16′58″E
9	50°57′00″N	01°21′25″E
10	51°02′19″N	01°32′53″E
11	51°05′58″N	01°43′31″E
12	51°14′27″N	01°57′18″E
13	51°19′38″N	02°01′48″E
14	51°30′14″N	02°06′51″E

2.第1款中的点1至14的所在位置是依据欧洲基准（1950年第一次调整）确定的。

3.第1款确定的边界线参见本协定所附海图。

第二条

点1对应于1977年6月30日通过的决议主文第（1）段提及的点A。此决议已提交至基于1975年6月10日协定所设立的仲裁法庭。

现今还无法在点14以外的区域完成划界工作。但是，两国同意：就自点14至与两国及比利时王国相关的大陆架边界的3个点间的划界工作可同样采取界定点1和点14间边界线的方法，在适当时间内完成。

第三条

此协定应获得各缔约方国内审议批准。相关批准书应尽早在巴黎互换。

此协定应自批准书交换之日起生效。

两国政府特命全权代表签署此协定，以昭信守。

此协定于1982年6月24日在伦敦签署通过，一式两份，分别由英语和法语写成，两种文本具有同等效力。

法国和西班牙关于比斯开湾领海和毗连区划界公约

（1974年1月29日）

法兰西共和国总统，

西班牙国家首脑，

希望划定法国和西班牙间的领海和毗连区界限，

基于法西两国在1959年7月14日签署的《关于在比达索阿河和菲吉耶湾渔业活动公约》，

决心达成公约，并为此任命各自的全权代表：

法兰西共和国总统特命全权公使让·皮埃尔·嘉柏（Jean-pierre Cabouat）先生，

西班牙国家首脑特命全权公使安东尼奥·保时（Antonio Poch）先生。

双方交换其全权证书后，以适宜的方式，兹达成以下共识：

第一条

此公约适用于自法国和西班牙基线测算起，位于比斯开湾北部的菲吉耶湾外12英里以内的区域。

第二条

1. 在第一条所确定的区域内，考虑到西班牙的领海和毗连区，法国领海的分界线应由以下两段测量线组成：

（1）第一段测量线沿子午线穿过位于线AD中点的点M。线AD连接西班牙的菲吉耶角（厄迪科点）和法国的圣安妮或通博点。

此测量线自点M向北，直至位于点M6英里处的点P。

（2）第二段测量线为连接点P和点Q的大圆弧。点P和Q位于法国和西班牙的基线的12英里处，与两国基线的距离相等。

2. 依据以上标准和数据确定的分界线标绘于1973年最新版法国海图174号（附于本公约后）。

第三条

线MP为法国和西班牙的领海分界线。线PQ为法国领海和西班牙毗连区及大陆架的分界线。双方同意，若西班牙将其领海宽度扩展至12英里，则两国领海的分界线为线MPQ。

第四条

1. 本公约第二条第 1 款（1）中的各点标识均是依据法国和西班牙于 1959 年 7 月 14 日签署的《关于在比达索阿河和菲吉耶湾渔业活动公约》而确定的。

2. 有关方将会安放本公约中点 P 和 Q 的标识。

第五条

此公约应在缔约方各自国内获得批准通过，相关批准书应在马德里互换。自批准书互换完成之日起，公约生效。

两国特命全权代表签署此公约，以昭信守。

公约于 1974 年 1 月 29 日在巴黎签署，一式两份，分别由法语和西班牙语写成，两种文本具有同等效力。

法兰西共和国政府和西班牙王国政府关于两国在比斯开湾的大陆架划界公约

（1974年1月29日）

法兰西共和国政府和西班牙王国政府，

鉴于1958年4月29日于日内瓦签署的《大陆架公约》，

决定就两国各自在比斯开湾享有勘探开发大陆架自然资源主权权利的大陆架区域进行划界，

兹达成以下共识：

第一条 本公约应适用于比斯开湾外12英里处，即从法国和西班牙的基线起，直至西班牙奥德加角和法国拉兹点间的一条直线。

第二条

1. 两国大陆架分界线应连接点Q、R和T；

（1）点Q是依据法国和西班牙于1974年1月29日签署的两国在比斯开湾领海和毗连区划界公约中的第二条第1款（2）确定的。

依据最新测量结果，点Q坐标为：

43°35′43″N，1°48′08″W

（2）原则上，线QR上每一点到法国和西班牙的基线距离应均相等。在执行此条款时，线QR应由连接以下各点的圆弧测量线构成：

点号	北纬	西经
1	43°39′40″	1°51′30″
2	43°43′45″	1°55′30″
3	43°48′00″	2°02′40″
4	43°53′25″	2°11′25″
5	44°00′00″	2°16′00″
6	44°06′30″	2°20′30″
7	44°13′00″	2°25′30″

续表

点号	北纬	西经
8	44°19′10″	2°31′00″
9	44°24′40″	2°36′19″
10	44°30′00″	2°42′30″
11	44°35′45″	2°50′27″
12	44°39′50″	2°57′00″
13	44°45′25″	2°03′50″
R	44°52′00″	3°10′20″

（3）T点坐标如下：

45°28′30″N，6°41′4″W

RT线即连接R点和T点的一条大圆弧形测量线。

2.依据上述标准和数据，所划边界参见附件Ⅰ1972年更新的法国海图5381号。

第三条

1.附件Ⅱ的补充程序中同意向在测量线（连接以下坐标所在点）确定的区域内进行的自然资源开发利用活动发放许可证。缔约国同意采用此补充程序。

点号	北纬	西经
Z1	45°30′00″	5°40′00″
Z2	45°30′00″	5°00′00″
Z3	45°00′30″	5°00′00″
Z4	45°00′30″	5°40′00″

2.此区域的边界参见本公约第二条第2款中提及的海图。

第四条

1.若某一自然矿藏位于分界线两侧，且借助位于分界线一侧的装备可部分或全部开采位于另一侧的矿藏资源，则缔约双方应会同开采许可证持有方尽力就矿藏开采方式达成共识，以保证开采活动利益最大化，且各方均保有对其管辖大陆架自然资源的权利。若分界线一侧的开采活动将影响另一侧的资源开采，则双方更应依照上述流程进行协商。

2. 若位于大陆架分界线一侧的自然矿藏已被开采，缔约双方在同开采许可证持有方协商后，就合理赔偿事宜尽力达成一致。

第五条

1. 就本公约解释或适用产生的分歧，缔约双方应尽力通过外交途径予以尽快解决。

2. 应任一方的请求，缔约一方向对方发出外交协商通知后的 4 个月内，若分歧仍未解决，则可提请仲裁法庭予以审议。

3. 仲裁法庭的组成人员如下：各方提名一名仲裁员；这两名仲裁员就具有非缔约方两国的第三国国籍的仲裁员提名达成一致，且后者将担任仲裁法庭的主席。自缔约一方告知对方，将要提请仲裁法庭审议分歧之日起的两个月内，若还未提名仲裁员；或自缔约双方提名的仲裁员中提名日期较近的为准起一个月内，两名仲裁员未能就第三名仲裁员的提名达成共识，任一缔约方可提请国际法院作出相应提名。若国际法院主席为任一缔约国公民，或因其他原因不具备提名资格，则由副主席完成提名任务。若副主席亦为任一缔约国公民，或因其他原因不具备提名资格，则由非缔约国公民的最资深法官完成提名任务。

4. 缔约双方承担其提名仲裁员产生的全部费用，并平摊其他费用。自仲裁员提名的最近日期为准，若缔约国未在两个月内确定仲裁程序，仲裁法庭应自行决定仲裁程序。

5. 仲裁法庭决议时应依据多数票原则。决议对各方均有法律约束力。

6. 仲裁法庭可应任一缔约国的请求决定保全措施。

第六条　此公约不应影响上覆水域或领空的状态。

第七条　缔约国应努力保证比斯开湾大陆架开发活动及其自然资源的开采活动不应对海洋环境的生态平衡及合法使用造成有害影响；否则，各方应进行协商。

第八条　若有两缔约国参与的任何多边条约生效，而条约将改变 1958

年 4 月 29 日在日内瓦通过的《大陆架公约》，并有可能影响此公约的条款，且相应更改有必要，则缔约国应立即协商，就有关更改内容达成共识。

第九条 各缔约国在批准公约所需履行的宪法程序完成后应及时告知对方，此为公约生效之必要条件。自任一国收到最后一次相应告知之日起，公约应正式生效。

两国授命代表签署此公约，以昭信守。

此公约于 1974 年 1 月 29 日在巴黎签署，一式两份，分别由法语和西班牙语写成，两种文本具有同等效力。

附件 II　适用于本公约第三条所划定区域的条款

1. 缔约方应鼓励公平开发本区域的活动。

2. 依据此原则，各缔约方承诺在各自国内采矿条规的框架下，就双方公司申请在此区域采矿的许可达成共识，以允许拥有缔约国国籍的公司在平等合作和按比例融资的基础上参与相应的开发活动。

3. 为此，无论任一缔约方收到希望获得在其管辖范围内进行开发活动许可的申请，其应通知对方国。对方国知晓后，应在 6 个月期限内指定拥有其国籍的公司同其他申请者一同参与开发活动许可证的申请过程。

4. 若对方国在选定参与开发活动的公司后的一年内，申请者之间未能达成共识，则对上述区域拥有管辖权的缔约方应在颁发许可证之前同另一缔约方进行协商。

5. 持有开发开采许可证，并受此区域合作协定规范的公司，应告知缔约方对合作协定作出的修改。此时，应任一缔约方的请求，缔约双方应就相应修改的涉及范围及其对本附件第 1 条提出的开发目标的影响进行商讨。

6. 任一缔约方颁发的就此区域所管辖范围内开发开采许可证若提出任何修改意见，其应告知对方国，后者在必要情况下，有 3 个月的期限提交评价和建议。若双方未能就相应修改达成一致，可诉诸本公约第五条的仲裁程序。

7. 缔约方应同意采取适宜的措施，鼓励双方达成上述第 2 条提及的合作协定，以及任一缔约方指定公司在对方国管辖区域进行开采活动并将所获产品出口至后者市场的相关管理条规。

往 来 信 函

I

巴黎，1974年1月29日

阁下：

今日，西班牙政府和法兰西共和国政府签署了两国在比斯开湾大陆架划界协定。协定第二条第1款第（2）项中规定"原则上，线QR上任一点到法国和西班牙的基线距离相同"。在落实上述原则过程中，此公约第二条还确定了数个位于点Q和R之间等距线上的点的坐标。

在协商过程中，双方均意识到用于确定此公约第二条第1款第（2）项中的测量、制图数据和技术将在未来更加完善和先进。然而，我们一致同意：即便相关数据和技术进一步更新，在不影响后续双方就其他问题达成的协定的前提下，在点Q和R之间，西班牙和法国的大陆架分界线将仍为连接本公约确定各点的圆弧测量线。

若阁下同意上述安排，我建议：此信函和阁下的回函将作为两国政府就解释本公约第二条第1款第（2）项达成的协定内容，生效日期为阁下回函日期。

II

巴黎，1974年1月29日

阁下：

我荣幸地告知，今日信函收悉，全文翻译如下：

（参见信I）

我荣幸地确认，西班牙政府同意上述安排。

丹麦王国政府和大不列颠及北爱尔兰联合王国政府大陆架划界协定

（1971 年 11 月 25 日）

丹麦王国政府和大不列颠及北爱尔兰联合王国政府，

鉴于两国于 1966 年 3 月 3 日达成的《大陆架划界协定》，

为勘探开发大陆架自然资源，决定划定两国行使各自主权权利的大陆架范围，

兹达成以下共识：

第一条　原则上，属于丹麦的大陆架和属于大不列颠及北爱尔兰联合王国的大陆架之间的分界线为一条线段，其任一点到确定两国各自领海基线上的最近点距离相等。

第二条

1. 依据第一条的有关原则，分界线为如下两点之间的大圆弧：

点 1：56°05′12.0″N　03°15′00.0″E

点 2：55°55′09.4″N　03°21′00.0″E

上述两点的位置是依据欧洲基准（1950 年第一次修改）的经纬度确定的。

2. 分界线标绘于本协定所附海图上。

第三条

1. 在北面，分界线的端点为丹麦王国、大不列颠及北爱尔兰联合王国和挪威王国的大陆架分界线交点。

2. 在南面，分界线的端点为丹麦王国、大不列颠及北爱尔兰联合王国和德意志联邦共和国的大陆架分界线交点。

第四条　若任何地理石油构造或油田，或任何地理构造或矿床（包括沙砾）的位置位于分界线两侧，且从分界线的一侧可部分或全部开采位于另一侧的地理构造或油田，则缔约方应就利用地理构造或油田的方式达成一致。

第五条　此协定一旦生效，则两国于 1966 年 3 月 3 日在伦敦签署的《大陆架划界协定》废止。

第六条

1.此协定应获得缔约双方国内批准通过。两国应在伦敦交换协定批准书。

2.本协定于批准书互换的第三日起生效。

两国政府授命代表签署此协定,以昭信守。

本协定于1971年11月25日在伦敦签署,一式两份,分别用丹麦语和英语写成,两种文本具有同等效力。

丹麦王国和德意志联邦共和国北海大陆架划界条约
（1971年1月28日）

丹麦王国和德意志联邦共和国，由于在1965年6月9日达成的两国沿海地区在北海的大陆架划界条约中未就两国在北海海底的大陆架进行划界，故希望在本条约中就此进行划界，

希望规范符合双方利益的大陆架经济开发活动，

基于1969年2月20日国际法院就丹麦王国、荷兰王国同德意志联邦共和国在北海的大陆架案作出的判决，

鉴于部分大陆架分界线未受到国际法院判决的影响，

兹达成以下共识：

第一条

1. 丹麦和德国在北海海底的大陆架分界线应起始于1965年6月9日条约确定的部分未受影响的分界线；继续延伸的分界线为连接以下各点的大圆弧：

点号	纬度	经度
S1	55°10′03.4″N	07°33′09.6″E
S2	55°30′40.3″N	05°45′00.0″E
S3	55°15′00.0″N	05°24′12.0″E
S4	55°15′00.0″N	05°09′00.0″E
S5	55°24′15.0″N	04°15′00.0″E
S6	55°46′21.8″N	04°15′00.0″E
S7	55°55′09.4″N	03°21′00.0″E

上述各点位置是依据欧洲基准（1950年第一次修改）的经纬度确定的。

2. 分界线端点S7为丹麦、德国和英国三国在北海海底的大陆架分界线交点。

3. 此分界线和 1965 年 6 月 9 日条约确定的部分分界线标绘于本条约附件 1 的海图上。

第二条

1. 若证实位于任一缔约方的大陆架有矿床存在，另一缔约方认为此矿床已延伸至其管辖大陆架范围内，后者应将此情况告知前者，同时提交可证实其观点的相关数据。若前者不同意后者观点，仲裁法庭应依据第五条，应任一缔约方的请求，就此问题作出裁决。

2. 若缔约方就此问题达成共识，或仲裁法庭认定矿床确是横跨双方所辖大陆架，为进一步开发大陆架，缔约双方应在兼顾双方利益以及尊重双方对其管辖大陆架范围内资源所有权的原则之前提下，就相关条规达成共识。若在此之前，此类型矿床已被开采利用，条规中还应包含合理补偿的条款。

3. 在缔约双方政府一致同意的前提下，依据第 2 款订立的条规应全部或部分得到授权双方的同意。授权方为任意有权开采相应矿床资源的人。

4. 若依据第 2 或第 3 款订立的条规未在合理期限内起草完毕，任一缔约方可依据第五条将此问题提请仲裁法庭。届时，仲裁法庭亦可基于商量公允原则作出裁决。仲裁法庭应有权在聆听缔约双方的陈述后，颁布临时法令。

第三条　在不影响国际法中有关在大陆架铺设输油管道的相关规定的前提下，为防止海洋污染或其他事故的发生，同开采矿床资源有关的大陆架输油管道所在缔约国应保证：管道的建设和使用符合现行条款规定。

第四条

1. 本条约附件 2 所涉企业在提出申请后，应可在符合德国法律的基础上获得在附件 2 规定的区域内开采利用石油、天然气和其他物质的许可证。

2. 第 1 款提及的许可申请应在本条约生效之日起的一年内提交至德国有关职能部门。

第五条

1. 就解释或适用本条约或依据第二条订立有关条规的过程中，缔约双方应通过协商予以解决。

2. 若相关分歧在合理期限内未得到解决，应任一缔约方的请求，可将分歧提请至仲裁法庭加以解决。

3. 仲裁法庭为临时特设。缔约双方或可按照简化流程，或指定一仲裁人以解决分歧。通常,仲裁法庭由三人组成,并符合以下原则:缔约各方指定一人,此后,两人一致选定第三名仲裁员;缔约双方任命此第三名仲裁员为仲裁法庭主席。应任一缔约方就诉诸仲裁法庭解决分歧的请求后的两个月内,法庭成员任命完毕;4个月内,法庭主席任命完毕。

4.若相关任命工作在第3款规定的期限内未完成,任一缔约方可提请国际法院主席任命相关人员。若主席国籍为任一缔约国,或由于他因无法履行职责,副主席代其任命相关人员。若副主席国籍亦为任一缔约国,或由于他因无法履行职责,则由法院中非缔约方国籍,且有能力履行职责的顺次最资深法官任命相关人员。

5.仲裁法庭裁决依据大多数原则。各缔约方应承担在仲裁中其任命成员和代表方所产生的有关费用。缔约双方平摊法庭主席所产生的及其他一切费用。

6.仲裁法庭或单一仲裁者应依据适用于缔约双方的国际法作出裁决。裁决具有法律效力。

7.除非本条约已有规定,或在任命仲裁法庭成员或单一仲裁者时,缔约双方达成有关共识,否则仲裁法庭或单一仲裁者应有权决定其仲裁程序。

第六条

第二、第三和第五条中有关解决因解释和适用第二和第三条而产生的争论的相关规定,应在进行必要修改后,同样适用于依据1965年6月9日条约划定的沿海大陆架区域。

第七条 本条约同样适用于柏林地区,前提是在本条约生效后的3个月内,联邦德国未作出与丹麦王国背道而驰的声明。

第八条

1.本条约须得到各缔约方国内批准通过。协定批准书互换地点为波恩。

2.协定批准书互换一个月后,协定生效。

本条约于1971年1月28日在哥本哈根签署,一式两份,分别由丹麦语和德语写成,两种文本具有同等效力。

附件2（接第四条）

1.企业：申请时，作为依照丹麦或德国法律建立的丹麦钻井公司、轮船有限责任公司和斯文堡轮船公司中的一家或多家，或上述企业中一家或多家的下属企业。

2.许可区域：由连接以下各点的圆弧包围而成：

北纬	东经
55°15′00.0″	05°24′12.0″
55°15′00.0″	05°09′00.0″
55°24′15.0″	04°45′00.0″
55°20′55.1″	04°40′00.0″
55°07′56.2″	05°15′00.0″

各点位置是基于欧洲基准（1950年第一次修改）的经纬度确定的。

往 来 信 函

I

德意志联邦共和国大使

哥本哈根，1971年1月28日

阁下：

今日，德意志联邦共和国和丹麦王国签署了两国在北海的大陆架划界条约。我荣幸地宣布：我们两国政府同意在条约正式批准生效前，丹麦认为归属于其管辖范围的北海大陆架区域（但依据条约，此区域应属德意志联邦共和国领土）的法律关系应遵循如下规则：

在上述区域，鉴于德意志联邦共和国不愿减少其在此区域的权利，丹麦王国政府应：

1. 禁止续颁已过期的许可证，或颁发新的许可证；

2. 除德意志联邦共和国政府同意外，禁止批准在丹麦法律下需获得大陆架开发开采许可证的项目计划；

3. 丹麦政府可能发现的其他大陆架勘探或开发计划应告知德意志联邦共和国政府。

烦请确认贵方政府是否已同意以上安排，本人不胜感激。

II

外交部

哥本哈根，1971年1月28日

阁下：

我荣幸地告知今日函件已收悉，其丹麦语全文如下：

（见附文I）

我荣幸地确认，我方政府同意信中内容。

荷兰王国和德意志联邦共和国北海大陆架划界条约
（1971 年 1 月 28 日）

荷兰王国和德意志联邦共和国，

由于两国在 1964 年 12 月 1 日的条约中未能完成两国沿海大陆架的横向划界，此条约旨在划定两国在北海管辖的大陆架边界，

基于两国共同利益所需，希望规范大陆架的经济开发活动，

以 1969 年 2 月 20 日国际法院审理的以德国为一方、以丹麦和荷兰为另一方的北海大陆架案的判决结果为依据，

鉴于国际法院的判决未影响某些边界线的划定，

兹达成以下共识：

第一条

1.荷兰和德国在北海的大陆架分界线邻近 1964 年 12 月 1 日条约的分界线截面，为依序连接以下各点的大圆弧：

	北纬	东经
E3	1964 年 12 月 1 日条约中已确定。	
E4	54°11′12″	06°00′00″
E5	54°37′12″	05°00′00″
E6	55°00′00″	05°00′00″
E7	55°20′00″	04°20′00″
E8	55°45′54″	03°22′13″

E4 至 E8 各点坐标是基于欧洲基准（1950 年第一次修改）中的经纬度确定的。

2.分界线端点 E8 为荷兰、德国和英国三国在北海的大陆架分界线之交点。

3.本条约之分界线和1964年12月1日条约确定的分界线截面标绘于本条约所附海图上。

第二条

1.若某一矿藏确认位于缔约一方管辖的大陆架区域，而另一方认为上述矿藏已延伸至其管辖的大陆架区域，则后者可通知前者，并递交支撑其观点的数据资料。若前者并不认同后者观点，则应任一方的请求，第五条提及的仲裁法庭可就此作出裁决。

2.若缔约双方就矿藏问题达成共识，或仲裁法庭判定矿藏位置横跨缔约双方的大陆架区域，基于资源勘探和开发的目的，两国政府应充分考虑双方利益以及各方均有权拥有位于其管辖大陆架区域的矿产资源的原则，施行相关规定。若横跨边界线两侧的矿藏此前已被开采，则规定中还应包含合理赔偿的条款。

3.在两国政府达成一致的基础上，受权方可部分或全部采用第2款中提及的规定。受权方为任何有权开采上述矿藏的个人。

4.若第2或第3款中提及的规定未在合理时限内订立，缔约任一方可将此事提请第五条中的仲裁法庭予以审理；仲裁法庭应按照公平合理的原则作出判决。仲裁法庭在听取缔约双方陈述后，有权颁布暂行法令。

第三条　在不影响国际法中有关在大陆架铺设管道的规定的前提下，为防止海洋污染或其他海洋危害的发生，任何与矿藏开采相关的管道铺设应符合管道铺设所在大陆架缔约国就管道建设和使用的相关条规。

第四条

1.本条约附件2提及的企业在提交申请后，应依据德国法律授予开采许可证，可在附件中所指定的区域内（只要依照本条约第一条规定，相关区域属于德国大陆架的一部分即可）开发开采石油、天然气以及开采过程中采得的其他物质。

2.第1款中的许可证申请应在本条约生效后的一年内提交德国相关职能部门。

第五条

1.就解释或适用本条约或是依据第二条第2款采用的有关规定过程中产生的分歧，缔约双方应尽可能通过协商方式予以解决。

2.若争议未在合理时限内解决，可应任一缔约国请求，将争议诉诸仲裁法庭。

3.仲裁法庭为临时特设。除缔约国均同意依据简化流程，指定一名仲裁员以解决争议外，仲裁法庭通常应由以下3名成员组成：

缔约国各自指定一名成员。缔约国双方共同指定一名法庭主席，其国籍为第三国，且得到法庭其他两名成员的认可。

在任一缔约国请求设立仲裁法庭以解决争议的两个月内，缔约国应指定两名法庭成员；在4个月内，指定一名法庭主席。

4.若相关人员的任命工作未能在第3款设定的时限内完成，任一缔约国可请求国际法院院长指定适宜人选。若国际法院的院长为任一缔约国的国民，或因其他原因未能指定适宜人选，则由国际法庭的副院长担当此任。若副院长亦为任一缔约国的国民，或未能指定适宜人选，则由其他具有非缔约国国籍，任命行为能力且顺次职位最高的法官担当此任。

5.仲裁法庭应依据多数票原则作出决议。各缔约国应承担其任命成员和代表在仲裁期间产生的费用。仲裁法庭主席及其他产生的费用由缔约国双方平摊。

6.仲裁法庭或一名仲裁人应在适用于缔约国双方的国际法之基础上作出决议，且决议具有法律约束力。

7.除条约已规定的仲裁程序，或缔约国在组建仲裁法庭或任命仲裁人时已确定仲裁程序外，仲裁法庭或仲裁人通常可决定其采用的仲裁程序。

第六条　与解决争端事宜相关的第二条、第三条和第五条中涉及的第二条和第三条的解释及适用问题，1964年12月1日的条约划定了近岸区域的大陆架范围。以上3项条款在进行必要修改后，应适用于此大陆架区域。

第七条　此条约亦适用于柏林地区，前提是在此条约开始生效的3个月内，德意志联邦共和国政府未发表与荷兰王国政府主张相左的声明。

第八条

1.此条约应在缔约各国国内获得批准通过。批准书将在波恩互换。

2.批准书互换后的一个月，条约应开始生效。

两国授命全权大使签署此条约，以昭信守。

条约于 1971 年 1 月 28 日在哥本哈根签署，一式两份，分别由荷兰语和德语写成，两种文本具有同等效力。

往来照会

I

德意志联邦共和国大使

哥本哈根　1971 年 1 月 28 日

阁下：

今天，德意志联邦共和国和荷兰王国即将签署北海大陆架划界条约。荷兰认为北海海底大陆架为其国家所有，而据此条约中规定，其为德国所有。因此，我荣幸地宣布，我们两国政府已同意：自今日始，至条约正式生效之日，此区域之法律关系应遵循如下规则：

1. 德意志联邦共和国希望其在条约附件 2 标注区域的权利不应减少，故荷兰王国政府将：

（1）若挖掘开采此区域矿产资源的许可证已被放弃或废除，新的许可证亦不再发放；

（2）除非获得德意志联邦共和国政府的同意，或许可证确认的法定权利依旧存在，任何荷兰法律规定需获得许可认证的大陆架开发开采活动将不再得到许可；

（3）任何荷兰王国政府可能察觉的大陆架开发开采活动都应告知德意志联邦共和国政府。

2. 对于条约附件 2 未标注的区域，荷兰王国政府将不再发放任何同意勘探和开发矿产资源的许可证，且仅会在获得德意志联邦共和国政府认可后采取相关措施，直至条约生效。

若贵方可确认贵国政府同意以上安排，我不胜感激。

II

荷兰王国大使

哥本哈根　1971年1月28日

阁下：

今日信函收悉。以下为照会之荷兰语文本：

（见附文I）

我荣幸地确认，荷兰政府同意以上安排。

德意志联邦共和国、丹麦王国和荷兰王国就北海大陆架划界条约的补充协定

I

1. 基于国际法院在 1969 年 2 月 20 日作出的判决,丹麦王国、荷兰王国和德意志联邦共和国就北海大陆架划界问题举行了三边磋商。磋商中,三国一致同意于今日签署以下两大条约:

(1)《丹麦王国和德意志联邦共和国北海大陆架划界条约》;

(2)《荷兰王国和德意志联邦共和国北海大陆架划界条约》。

在情况允许的范围内,两份条约完全相同。

2. 3 个条约签署国政府均认识到:上述两份条约将共同确认德国所管辖大陆架之轮廓及范围,故条约彼此紧密联系。三国政府计划同日在波恩交换两份条约获得通过的文书,保证两份条约可同时生效。

II

丹麦王国政府和荷兰王国政府宣布:上文第 I 部分提及的任一条约一旦生效,则两国政府于 1966 年 3 月 31 日签署的北海大陆架划界协定失效。

III

基于国际法院的判决,以上第 I 部分提及的两份条约划定了德国所管辖的北海大陆架边界,且其大陆架毗邻英国管辖的大陆架部分。

1. 德意志联邦共和国政府故计划依据条约,会同大不列颠及北爱尔兰联合王国政府共同确定德英大陆架边界:一端为德国 – 丹麦大陆架边界,另一端为德国 – 荷兰大陆架边界。

2. 丹麦王国政府计划在征得英国政府同意后,鉴于第 I 部分第 1 款第(1)段落的内容,若有必要,就其与大不列颠及北爱尔兰联合王国政府在 1966 年 3 月 3 日签署生效的英国丹麦大陆架划界条约进行修改。

3. 丹麦王国政府计划在征得英国政府同意后,鉴于第Ⅰ部分第1款第(2)段落的内容,若有必要,就其与大不列颠及北爱尔兰联合王国政府在1965年10月6日签署生效的英国丹麦北海大陆架划界条约进行修改。

此文本于1971年1月28日完成,一式三份,分别由丹麦语、荷兰语和德语写成,三种文本具有同等效力。

大不列颠及北爱尔兰联合王国和德意志联邦共和国北海大陆架划界协定

（1971年12月25日）

大不列颠及北爱尔兰联合王国和德意志联邦共和国，

希望划定各自管辖的北海大陆架的分界线；

兹达成以下共识：

第一条

1. 大不列颠及北爱尔兰联合王国和德意志联邦共和国各自管辖的大陆架区域的分界线为依序连接以下各点的大圆弧：

点号	纬度	经度
1	55°45′54.0″N	03°22′13.0″E
2	55°50′06.0″N	03°24′00.0″E
3	55°55′09.4″N	03°21′00.0″E

此文中的各点位置均是基于欧洲基准（1950年第一次修改）中的经纬度确定的。

2. 在南面，分界线的端点为点1，即大不列颠及北爱尔兰联合王国、德意志联邦共和国以及荷兰王国各自管辖的大陆架分界线交点。

3. 在北面，分界线的端点为点3，即大不列颠及北爱尔兰联合王国、德意志联邦共和国以及丹麦王国各自管辖的大陆架分界线交点。

4. 协定所附海图上标有此分界线。

第二条 若因设施、装备或取水井位置涉及此分界线，并由此引发争议，缔约国应共同协商确定此设施、装备或取水井的位置应位于分界线的何方。

第三条

1. 若任何地理石油或天然气构造或油气田，或任何地理构造、矿床位置位于分界线两侧，且在分界线的一侧可全部或部分开采位于分界线另一侧的相应油田或矿床，则缔约方应就油气田或矿床的开采利用方式达成一致。

2. 本条款中"矿藏"一词用其最普遍宽泛的含义：不考虑化学或物理

性状，一切地面或地下的非生物物质均包括在内。

第四条 若缔约双方未能就协定第三条中的构造或油田利用事宜达成一致，则油田不能得到最大限度的开发，或导致不必要的竞争性钻探。因此，就构造后油田开采或成本利益分配等双方未取得共识的事宜，应缔约一方的申请，相关问题可提请一名由双方共同任命的仲裁员。仲裁员的决议对缔约双方具有同等法律效力。

第五条 德意志联邦共和国政府自此条约生效的3个月内未向英国政府发出违背条约的声明，此协定应递交柏林地区政府予以审议。

1. 此协定应在缔约双方国内获得审议通过。双方应尽早在伦敦交换协定批准书。

2. 批准书交换完成后，协定于11月30日生效。

1971年11月25日签署于伦敦

波兰人民共和国和苏维埃社会主义共和国联盟关于两国在格但斯克湾和波罗的海东南部的大陆架划界协定

（1969年8月28日）

波兰人民共和国议会和苏维埃社会主义共和国联盟苏维埃最高主席团，

希望加深和扩展波兰人民共和国与苏维埃社会主义共和国联盟的睦邻友好关系，

希望划定波兰人民共和国与苏维埃社会主义共和国联盟在格但斯克湾和波罗的海东南部的大陆架边界，

鉴于1958年4月29日通过的日内瓦《大陆架公约》的条款，

再次重申波兰人民共和国、苏维埃社会主义共和国联盟和德意志民主共和国三国政府于1968年10月23日在莫斯科签署的《波罗的海大陆架声明》中的原则，

决定达成此条约，并为此任命各自的全权代表：

波兰人民共和国议会任命波兰人民共和国外交部副部长奇格弗雷德·沃尔内科（Zygfryd Wolniak）为全权代表，

苏维埃社会主义共和国联盟苏维埃最高主席团任命苏维埃社会主义共和国联盟外交部副部长里奥尼德·弗多勒维奇·伊利耶切夫（Leonid Fedorovich Ilyichev）为全权代表。

双方在交换各自的全权证书后，以适当的方式，兹达成以下共识：

第一条

波兰人民共和国和苏维埃社会主义共和国联盟在格但斯克湾和波罗的海东南部的大陆架分界线为一线段，其到确定双方领海宽度基线的最近点距离均相等。据现实条件，此线有微调。

上述分界线的起点为波兰领海外沿和波兰同苏联在波罗的海格但斯克湾的领海分界线的交点（波兰和苏联在波罗的海格但斯克湾的领海界线是两国政府于1958年3月18日签署的领海划界条约中确定的）。大陆架分界线应沿着苏联领海边界，直至其边界终点；此后，分界线依同样方向继续延伸至点A：坐标为54°40.2′N，19°18.9′E。自点A起，分界线依序通过以下各点：

B 点：54°48.9′N，19°20.7′E

C 点：55°20.8′N，19°03.8′E

D 点：55°51.0′N，18°56.2′E

直至波兰管辖大陆架边界、苏联管辖大陆架边界和瑞典管辖大陆架边界的交点。

第二条

第一条确定的波兰人民共和国和苏维埃社会主义共和国联盟的大陆架边界标绘于1966年苏联国防部水文地理司发布的海图1150号。海图附于本条约后，为本条约的组成部分。

第三条

本条约条款不应影响大陆架上覆公海水域或其上空的法律地位。

第四条

依据《联合国宪章》第一百零二条，本条约应于联合国秘书处注册备案。

第五条

本条约应在缔约双方国内获得批准通过。双方在莫斯科完成条约批准书交换当日，条约生效。

条约于1969年8月28日在华沙签署，一式两份，分别由波兰语和俄语写成，两种文本具有同等效力。

巴西联邦共和国和法兰西共和国海洋划界条约

（1981年1月30日）

巴西联邦共和国总统

法兰西共和国总统

希望尽可能拓展推进两国现有的睦邻友好关系，

意识到有必要准确划定法国法属圭亚那沿岸和巴西联邦共和国之间的海洋和大陆架界限，

基于相关国际法原则和准则以及第三次联合国海洋法大会的相关成果，

鉴于1713年4月11日《乌得勒支条约》，1900年12月1日瑞士联邦委员会仲裁法庭的裁决，以及法西联委会分别于1979年9月24—28日在巴黎和1981年1月19—23日在巴西利亚就划界问题采纳瑞士联邦委员会决议的问题召开的协商会，

决定达成此条约，并为此任命各自的全权代表：

巴西联邦共和国总统任命外交部长拉米奥·萨拉瓦·格雷罗（Ramiro Saraiva Guerreiro）为全权代表，

法兰西共和国总统任命外交部长让·弗朗索瓦·旁瑟（Jean-Francois Poncet）为全权代表。

兹达成以下共识：

第一条

1. 法国法属圭亚那沿岸和巴西联邦共和国之间的海洋分界线（包括大陆架分界线）由自点——4°30.5′N，51°38.2′W 延伸的真方位等角曲线 41°30′ 确定。上述方位和坐标为参照巴西测量体系"水平基准"确定。

2. 上述测量体系还包括巴西海图110号。此海图首次出版时间为1979年4月27日，曾用于法西联委会划界问题第六次会议的相关工作中。

3. 本条款确定的分界线起始点为第五次联委会确定的奥亚波克湾边界和第六次联委会确定的奥亚波克湾封闭线之交点。

第二条

缔约双方应通过国际法承认的和平方式解决在解释或适用本条约过程中可能产生的分歧。

第三条

条约批准书交换之日为条约正式生效之日。

两国授命代表签署此协定,以昭信守。

此协定于 1981 年 1 月 30 日在巴黎签署,一式两份,分别由法语和葡萄牙语写成,两种文本具有同等效力。

美利坚合众国和墨西哥合众国
构成海洋划界协定的往来照会

I

墨西哥外交事务国务卿致美国驻墨西哥大使

墨西哥合众国

外交部

1976 年 11 月 24 日

513118 号

大使先生：

我荣幸地忆及《墨西哥合众国政治宪法》第二十七条之后的新增法令，其划定了墨西哥领海以外的专属经济区。此外，1976 年《渔业保护和管理法案》中的新增法令划定了美利坚合众国沿岸的渔业保护区。

我荣幸地忆及墨西哥政府代表和美利坚合众国政府代表的有关对话。双方认为划定上述区域需首先划定两国海洋边界。

鉴于此，我冒昧地指出：两国迄今尚未划定沿岸 12 海里以外的大陆架界限，且基于 1970 年达成的就解决边界分歧和维持格兰德河及科罗拉多河作为国际边界的条约只划定了 12 海里以内的海洋边界。

1976 年 6 月 7 日，墨西哥政府颁布法令，确定了墨西哥专属经济区的外沿边界。法令自 1977 年 3 月 1 日起生效。此边界中的三处毗邻美国的渔业保护区。墨西哥官方希望于上述法令生效的同时，划定两国在太平洋和墨西哥湾 200 海里以内（自确定两国领海宽度的基线算起）的海洋边界。

鉴于权威性划界所需的一切技术工作无法在美国《渔业保护和管理法案》生效前完成，我冒昧地建议：在两国最终达成海洋划界协定之前，下列测量线暂被视为海洋边界：

太平洋：

1. 自 32°35′22.11″N，117°27′49.42″W 至 32°37′37.00″N，117°49′31.00″W 的一条测量线；

2. 自 32°37′37.00″N，117°49′31.00″W 至 31°07′58.00″N，118°36′18.00″W

的一条测量线；

3. 自 31°07′58.00″N，118°36′18.00″W 至 30°32′31.20″N，121°51′58.37″W 的一条测量线。

墨西哥湾南部：

1. 自 25°58′30.57″N，96°55′27.37″W 至 26°00′31.00″N，96°49′29.00″W 的一条测量线；

2. 自 26°00′31.00″N，96°48′29.00″W 至 26°00′30.00″N，95°39′26.00″W 的一条测量线；

3. 自 26°00′30.00″N，95°39′26.00″W 至 25°59′48.28″N，93°26′42.19″W 的一条测量线。

墨西哥湾东部：

1. 自 25°42′13.05″N，91°05′24.89″W 至 25°46′52.00″N，90°29′41.00″W 的一条测量线；

2. 自 25°46′52.00″N，90°29′41.00″W 至 25°41′56.52″N，88°23′05.54″W 的一条测量线。

上述各点坐标是基于1927北美基准中的基线确定的。

双方政府同意，无论出于何种目的，墨西哥在上述测量线的北部，美国在上述测量线的南部，将不会对相关水域或海床和底土主张或行使主权权利或管辖权；且双方同意，上述测量线将不会影响或预判两国政府就内水、领海、公海或主权权利和管辖权等问题的立场。

基于上述考量，我荣幸地向阁下建议：若美利坚合众国政府可接受上述条款，此照会和阁下的回复将构成两国政府就此事的协定。

II

美国驻墨西哥大使致墨西哥外交事务国务卿

墨西哥，1976年11月24日

2165号

阁下：

我荣幸地收悉阁下1976年11月24日的513118号照会。照会主要是关于美国和墨西哥的某段海洋划界事宜，英语全文如下：

（参照附文I）

我荣幸地告知：美利坚合众国政府接受照会中的有关建议。为此，我同意：阁下的照会和此封回函将作为两国政府就相关事宜的协定。协定生效日期为此回函日期。

美利坚合众国／古巴：海洋划界

往来信函以兹证明

1977年4月27日在哈瓦那签署，

1977年4月27日生效。

I

美国美洲事务助理副国务卿致古巴外交部副部长

古巴，哈瓦那

1977年4月27日

阁下：

我荣幸地忆及，为落实1976年4月13日美国政府公共法94-265和1977年2月24日古巴政府法令第2号，双方代表团就划定美国和古巴的海洋边界问题进行了磋商。

双方同意：在确定暂行分界线之前，仍有许多技术工作有待完成。为此，双方均同意在切实可行的最早期限内，交换各自的海图和其他相关技术数据。为保证划界工作可在1977年内完成，考虑在未来召开有关会议，以确定分界线的坐标。同时，我建议：作为权宜之计，连接以下各点的简化分界线暂定为双方海洋边界：

点号	北纬	西经
1	23°56′24″	81°13′27″
2	23°50′00″	81°50′00″
3	23°50′00″	83°12′10″
4	23°51′11″	83°20′13″

续表

点号	北纬	西经
5	23°52′49″	83°31′09″
6	23°54′12″	83°39′45″
7	23°56′09″	83°48′16″
8	23°56′11″	83°48′23″
9	23°58′20″	83°55′52″
10	24°03′18″	84°11′20″
11	24°10′22″	84°29′19″
12	24°12′56″	84°35′44″
13	24°14′17″	84°38′37″
14	24°40′23″	85°31′20″
15	24°51′56″	85°53′45″
16	25°10′29″	86°27′25″
17	25°13′03″	88°32′08″

两国政府需明确：无论出于何种目的，古巴对分界线北侧的水域、海床或底土，和美国对分界线南侧的水域、海床或底土均不可主张或行使主权权利或管辖权。

除前款的理解外，双方依据海洋法，保留其立场。

若贵方接受上述各点的位置，我荣幸地建议：此封信函和阁下的回函将成为两国政府就此问题的协定。

II

古巴外交部副部长致美国美洲事务助理副国务卿

古巴共和国

外交部

哈瓦那，1977年4月27日

阁下：

我荣幸地收悉阁下近日信函。信函主要内容为古巴和美国的海洋划界事宜，其西班牙语译文如下：

（参见附文I）

我荣幸地告知，古巴共和国政府接受阁下信函中的相关建议。因此，我同意：阁下信函和近日回函共同作为两国政府就海洋划界于1977年达成协定的补充协定。

马鲁阿声明
（1975年6月1日）

喀麦隆和尼日利亚两国元首于1975年5月30日至6月1日齐聚马鲁阿大会。会上，双方同意：两国的海洋边界将从点12延伸至点G。点G标注于本声明附件之英版海图3433号。

两国元首一致认可的海洋边界具体路径如下：

自双方元首于1971年4月4日一致通过的海洋边界末点点12（08°24′38″E，04°31′26″N）始，边界线沿着平行且距离汤姆射击点和桑迪点的连线3英里处的直线向西延伸至点A（08°24′24″E，04°31′30″N）后，继续沿直线延伸至距3号浮标东面1 000米处的点A1（08°24′24″E，04°31′20″N）。此后，分界线沿相同直线继续延伸至距2号浮标东面1 000米处的点B（08°26′32″E，04°24′10″N）后，穿过距1号浮标东面1 000米处的点C（08°23′42″E，04°23′28″N），向南延伸，直至点D（08°22′41″E，04°20′00″N）；此时，分界线同纬线04°20′相交。

自点D，海洋边界由西南方向延伸至点E（08°22′17″E，04°19′32″N）。点E到航路浮标和1号浮标的连线的距离为550米。自点E，海洋边界沿东南方向延伸至距离航路浮标东面1 000米处的点F（08°22′19″E，04°18′46″N）。

自点F（08°22′19″E，04°18′46″N），分界线沿平行于子午线08°25′00″的方向向南延伸至点G（08°22′19″E，04°17′00″N）。点G标注于英版海图3433号上。

两国元首进一步重申：双方将依据国际相关条约和公约，致力于维护两国船只在卡拉巴尔/克罗斯河航道中的航行自由和安全。

附 件

总统先生及我亲爱的兄弟：

我不胜荣幸，望您注意海图3433号和《马鲁阿声明》中点B的位置有误。事实上，《马鲁阿声明》中点B的实际坐标为：

8°24′10″E

4°26′32″N

而非声明中的 8°26′32″E，4°24′10″N。

错误源于我们的专家将经度和纬度的分和秒的数字错误互换。

我相信，您将意识到此错误的存在，并认同采纳点 B 的正确坐标位置。此封信函和您的回函将作为《马鲁阿声明》的有效附件。

我乐意倾听阁下对修正此错误的任何建议。

议会大厦

多丹军营

拉各斯，尼日利亚

1975 年 7 月 17 日

参考编号：SH.1882/S.13

尊敬的总统和亲爱的兄弟：

就阁下于 6 月 12 日有关《马鲁阿声明》事宜的来信，信中指出海图 3433 号中点 B 坐标的错误，我不胜感激。

经仔细校验，我方专家发现确实存在此错误。在此，我确认，正确位置应为：

"海洋边界继续沿着同一条直线延伸，直至位于 2 号浮标东面 1 000 米位置的点 B——8°24′10″E，4°26′32″N。"

我同意：阁下 6 月 12 日 A31/f-CAB/PRUC 信函和此封回函将构成《马鲁阿声明》的有效附件。

我亦想借此机会，向阁下、贵国政府、当地机构和马鲁阿人民对我代表团访问马鲁阿期间给予的热情接待和周到安排表示谢意。

海洋边界：冈比亚／塞内加尔[*]

（1975年6月4日）

塞内加尔共和国政府

冈比亚共和国政府

珍视两国现有的友好关系，

鉴于《联合国宪章》原则和《非洲统一组织宪章》原则，

决定建立并维护有利于促进塞内加尔和冈比亚合作的良好环境，

希望永久和平解决两国海洋边界问题，

达成本条约，以确定塞内加尔和冈比亚的海洋边界，兹达成以下共识：

第一条

在北面，海洋边界的起点为陆地边界和海岸线的交点，沿 13°35′36″N 平行线延伸。

第二条

在南面，海洋边界的起点为阿拉汗河（或圣佩德罗）以南陆地边界和海岸线的交点，即点 T：13°03′51″N，16°44′49″W。

自点 T，海洋边界沿西南方向延伸，直至点 M：13°01′21″N，16°45′19″W。

自点 M，海洋边界向北延伸，直至点 P：13°03′27″N，16°45′22″W。

自点 P，海洋边界沿 13°03′27″N 平行线延伸。

第三条

第一条和第二条中确定的分界线标绘于比例尺为 1：300 500（经度 13°40′）的法国海图 6125 号上。此海图获得冈比亚共和国政府和塞内加尔共和国政府的认可。海图节选扩大版附于本条约后。

第二部分　一 般 规 定

第四条

本条约应在缔约双方国内依据各自法律程序获得批准通过。

---

[*] 来源：《海洋边界》，85号，1979年（美国国务院信息和研究局地理学家办公室）。

条约批准书互换之日，条约生效。

第五条

本条约应在非洲统一组织总秘书处和常设塞内加尔－冈比亚秘书处注册备案。

条约于 1975 年 6 月 4 日在班珠尔签署，一式两份，分别用英语和法语写成，两种文本有同等效力。

（二）南大西洋

巴西政府和乌拉圭政府关于两国在翠河出海口划界和海洋横向边界事宜往来照会构成的协定

（1972年7月21日）

I

蒙特维的亚，1972年7月21日

阁下：

依照巴西和乌拉圭间签署的现行条约和相关文书，尤其是1851年10月21日和1852年5月15日签署的划界条约，以及双方划界高级委员共同签署的后续法案；遵照两国外交部长于1969年5月10日签署的《海洋管辖划界联合声明》和两国总统在1970年5月11日共同签署并发表的联合声明，如您所知，巴西 - 乌拉圭第38次联合划界委员会议在里约热内卢召开。会议旨在正式执行《海洋管辖划界联合声明》以及两国总统发布的联合声明中的第六条规定。

2. 为此，巴西 - 乌拉圭联合划界委员会基于1971年10月12日第38次会议通过的法案，已确定翠河沙洲的位置。此前，自1853年6月15日第一部划界法案颁布后，翠河河床一直被认为处于不稳定状态。相关法案节选如下：

"从现有翠河灯塔出发，和海岸线基本垂直的一条直线同大西洋海洋横侧边界（定义见后）方位角的相交点应被确定为翠河沙洲的位置。两国的海洋横侧边界应为恒向线，其起点为上文相交点，沿以六十进位制为基础的128°方位角（真北方位）延伸，直至两国领海的外部界限。恒向线在向内陆延伸时经过翠河灯塔。同时，代表团团长还宣布：1853年划界代表小组在临近翠河左岸的旱地上安置的参照主标识1号应继续留在原始位置（以更好地保护标识不受潮汐海浪的侵蚀）；在上文提及的相交点位置，翠河河口的必要维护工作应择机开展。"

3.鉴于此，我荣幸地告知：巴西政府同意上述观点，尽早和乌拉圭政府共同采取必要措施，开展相关工程，以保证翠河河口仍在双方认可的位置。

4.此封照会和阁下近日的回函将成为两国就此事的协定。

关于拉普拉塔河和相关海洋边界的条约

（1973 年 11 月 19 日）

乌拉圭东岸共和国政府和阿根廷政府基于 1910 年的《拉米雷斯 – 佩纳协定》，重申 1961 年的《拉普拉塔河边界联合声明》和 1964 年的《拉普拉塔河协定》。由于尚未订立明确的法律，两国在拉普拉塔河平等行使权利可能遇到困难，且两国尚未划定海洋边界亦可能造成不便，故双方一致希望移除有关障碍，决心为两国更广泛的合作奠定基础，并加强两国人民间的传统深厚友谊。因此，两国决定充分考虑河流自身特点、相关海洋领土和充分利用海洋资源的技术要求等事宜，在此基础上达成一条约，以一并永久解决上述问题。

为此，两国任命了各自的全权代表：乌拉圭东岸共和国全权代表——外交部长胡安·卡洛斯·布兰克（Juan Carlos Blanco）；阿根廷共和国全权代表——外交和宗教事务部部长阿尔伯特·维涅斯（Alberto J. Vignes）。

双方交换各自的全部权利证书，并通过适当的方式，兹达成以下共识：

第一部分　拉普拉塔河

第一章　管辖权限

第一条

依据 1961 年 4 月 7 日达成的以乌拉圭河作为海洋边界的条约中的有关规定，以及 1961 年 1 月 30 日关于拉普拉塔河边界的联合声明，拉普拉塔河自蓬塔戈尔达平行线延伸至连接埃斯特角（乌拉圭东岸共和国）和蓬塔圣安东尼奥（阿根廷共和国）的假想线。

第二条

据此，缔约双方确定一毗邻拉普拉塔河沿岸的专属管辖区。

位于河流外沿和连接科洛尼亚（乌拉圭东岸共和国）以及蓬塔劳拉（阿根廷共和国）的假想线之间的沿海地带宽度为 7 海里；位于上述假想线和蓬塔戈尔达平行线之间的沿海地带宽度为两海里。然而，沿海地带的外沿将依据实际有所曲折变更，以保证其外沿不超过位于双方共有水域的海峡（包括港口进出海峡）边缘。

此外沿到位于双方共有水域的海峡边缘距离应不小于500米；外沿到海峡边缘和港口进出海峡渠口的距离应不大于500米。

第三条

沿海地带以外海域，各方管辖权仅适用于悬挂有本国国旗的船舶。

上述管辖权同样适用于和本国船舶发生意外的，悬挂有第三国国旗的船舶。

即便第一和第二条已作出有关规定，但若一方安全受到威胁，或其领土上有违法行为发生，则无论相关船舶悬挂何国的国旗，其均受到前者管辖权的管理和约束。

若两国安全均受到威胁，或两国领土上均发生违法行为，则截获船舶受到邻近相关国管辖权的管理和约束。

第四条

就第三条未涵盖的情况，在不影响本条约其他条款的前提下，依据邻近事发地点标准，相关方可实施其管辖权。

第五条

发现不法行为的监管方可紧追违法船舶，直至对方国的沿岸边界。

若违法船舶进入对方国沿海地区，对方国应配合相关工作，并无条件向发起紧追的监管者移交违法者。

第六条

若悬挂有一方国旗的船舶公然违反适用于双方共同水域的渔业、生物资源养护和防止污染的相关条款，则另一方职能部门可截获相关船舶，并立即通知相关国。违法船舶由对方国职能部门予以处理。

第二章　航行和工程

第七条

在任何情况下，各缔约方应总是承认悬挂有对方国国旗的船只在其河流享有航行自由的权利。

第八条

缔约双方兹承诺维护可协助对方船只进入其港口的设施。

第九条

缔约双方承诺在其沿岸布设适宜的航行辅助工具和浮标；在海峡以外的双方共享水域内，协调航行辅助工具和浮标的布设工作，以保证航行自由和安全。

第十条

在任何情况下，缔约双方应有平等权利使用位于其共享水域内的海峡。

第十一条

在双方共享水域内，在不影响双方依据现有条约享有的权利前提下，拉普拉塔河流域国家的国有或私人船只，或悬挂有第三国国旗的国有或私人商船应允许享有航行权利。并且，缔约各方应允许已得到对方国授权的悬挂有第三国国旗的战舰通过，前提是其不会影响本国的公共政策或安全。

第十二条

在沿海地带以外水域，缔约双方可依据第十七条至第二十二条的规定，单独或联合开凿海峡，或开展其他工程。

已经完成或正在从事工程建设的缔约方应负责相应工程的维护和管理。

任一缔约方若已经开凿或正在开凿一海峡，其同样应制定相应的条规，采取适宜措施监督工程合规，并且对于阻碍或威胁海峡航行的沉没或搁浅的船只、海军工事、飞机、船只及货船残骸或其他物体，负责其打捞、清理和销毁工作。

第十三条

对于第十二条未涉及的情况，双方应通过管理委员会加强协调，基于各方利益和各自所开展的工作，合理承担海峡相应峡段的养护、管理和监督职责。

第十四条

就共享水域内的海峡管理条规的一切根本或永久性修改事宜，双方应相互协商并达成一致后，更改条规方可施行。

任何情况下，任何条规均不得损害任一方的航行权益。

第十五条

……………

第十六条

管理委员会应依据第四条确定的有关标准，并充分考虑缔约双方的利益，合理公平地分配以下职责：打捞、清除或拆除沉没或搁浅在海峡中且威胁航行安全的船只、海军工事、飞机、船舶或货物残骸以及其他物体。

第十七条

若缔约一方计划开凿新海峡，或根本性改建现有海峡，或修建其他工程，其应告知管理委员会，以便管理委员会在30日内初步决定此工程是否有损于另一方的航行权益或河道管理机制。

若委员会发现此工程将有损于另一方的航行权益或河道管理机制，且有关各方未能达成一致，则工程从事方应将有关计划通过管理委员会告知另一方。

相关方应阐明工程的主要内容、开展方式和有关技术数据（后两项应视情况甄别告知内容），以使被告知方可评估此工程对航行或河道管理机制可能产生的影响。

第十八条

自被告知方驻管理委员会代表团收到通知后，被告知方应有180日的期限就相关方案作出回应。

若第十七条提及的相关文件未能如期完成，工程建设方应通过管理委员会在30日内告知对方国家。

上文提及的180日应从被告知方代表团收到完整文件之日开始计算。

若计划确实复杂，据管理委员会的审议，相应期限可适当延长。

第十九条

若被告知方在第十八条确定的期限内未有异议或未有回应，另一方可进行或授权计划工程。

被告知方有权选择以平等方式参与工程建设；此情况下，被告知方应在上文提及的期限内，经由管理委员会告知对方其有关决定。

第二十条

被告知方应有权视察正在进行的工程，以判定工程是否依照提交计划进行。

第二十一条

若被告知方断定工程的建设或相关操作可能严重影响航行或河道机制,其应在180日内经由管理委员会告知对方国。

第二十二条

依据第二十一条有关规定,自一方收到通知起的180日内,若缔约双方未能就有关问题达成共识,则应启动第四部分中确定的争议解决程序。

第三章 引 航

第二十三条

河道引航任务应仅交由任一方职能部门授权的有资质的引航员负责。

第二十四条

任何离开阿根廷或乌拉圭港口的船只引航工作应由具备离开国国籍的引航员承担。

进入河道的船只引航工作应由具备到达国国籍的引航员承担。

在港口以外水域,即便船只和任一国职能部门签订协议,亦不能改变船只需遵守上述对引航员国籍的相关规定。

就上述条款未涉及的情况,引航员既可为阿根廷籍,也可为乌拉圭籍。

第二十五条

阿根廷籍或乌拉圭籍引航员完成引航任务后,可自由离开其引航船只所进入的港口。

为保证引航员高效完成引航任务,缔约双方应给予引航员一切必要便利。

第二十六条

缔约双方在各自法律框架下,均应订立河道引航和豁免机制的平行管理规范。

第四章　港口设施，卸载和额外装载

第二十七条

缔约双方兹同意开展必要研究，并采取必要措施，以保证其高效的港口服务，提供最优质的操作环境和安全设施，并扩大其给予对方国的使用设施范围。

第二十八条

在不影响第二十七条有关规定的前提下，货物卸载和额外装载工作应仅限定在管理委员会依照污染物或危险货物标准划定的指定区域内进行。

第二十九条

第二十八条中提及的区域，缔约双方均可使用。

第三十条

卸载货物将要运抵的港口所在国的相关职能部门应监督卸载操作。

第三十一条

额外货物来源港口所在国的相关职能部门应监督额外货物装载操作。

第三十二条

若到达港口和货物始发港位于第三国，则阿根廷或乌拉圭相关职能部门应遵照第二十八条的规定，依据货物卸载和额外货物装载操作邻近原则，监督上述操作。

第五章　保护人类生命安全

第三十三条

在沿海地带以外水域，发起调查研究和搜救行动的一国应指挥相关工作。

第三十四条

发起调查研究和搜救行动的有关职能部门应立即告知对方国的职能部门。

第三十五条

出于有关工作和行动的实际需要，指挥国的职能部门可请求对方国的职能部门给予帮助，但前者仍保有对相关工作的指挥权，并承诺提供工作进度的相关信息。

第三十六条

无论基于何种原因，若缔约一方的职能部门无法开展或继续某项研究调查工作，其应请求对方国职能部门接替其指导和开展相应工作，并同后者开展一切可能的合作。

第三十七条

任一缔约方从事调查研究的水面或空中部队可无须完成例行程序而进出对方国领土。

第六章 打 捞

第三十八条

在沿海地带以外水域，基于受难船只船长或所有者的决定，在不影响缔约各方就船只打捞制定的国内规则的前提下，悬挂有任一缔约方国旗的船只的打捞工作可由对方国的职能部门或公司完成。

然而，若悬挂有任一缔约国国旗的船只受困于双方共享水域的海峡中，且船只阻碍或威胁航行，其打捞工作应由负责管理海峡的缔约方所在职能部门或公司完成。

第三十九条

悬挂有第三国国旗船只的打捞工作应由其沿岸距离发出救援请求船只最近的国家所在职能部门或公司完成。

然而，若悬挂第三国国旗的船只受困于双方共享水域的海峡中，其打捞工作应由负责管理海峡的缔约方所在职能部门或公司完成。

第四十条

在不影响第三十八条和第三十九条相关规定的前提下，当负责打捞工作的缔约方所在职能部门或公司无法完成打捞任务，对方国可接替其完成有关工作。

前段提及的无法完成打捞工作及有关情况应立即通告对方国。

第七章 海床和底土

第四十一条

各缔约方可勘探和开发蕴藏于邻近其海岸线区域的河流河床和底土的资源,开发区域的最远边界可达由以下各点连接而成的分界线。此分界线最早确定于乌拉圭－阿根廷的拉普拉塔河综合勘察联合委员会制定的海图。海图发行单位为阿根廷共和国海军水文部。此海图亦为本条约的组成部分:

图 H-118　1972 年第二版		
点号	南纬	西经
1	33°55.0′	58°25.3′
2	33°57.3′	58°24.3′
3	34°00.0′	58°22.6′
4	34°02.3′	58°20.7′
5	33°55.0′	58°25.3′
6	33°55.0′	58°25.3′
7	33°55.0′	58°25.3′
8	33°55.0′	58°25.3′
9	33°55.0′	58°25.3′
10	33°55.0′	58°25.3′
11	33°55.0′	58°25.3′
12	33°55.0′	58°25.3′
13	33°55.0′	58°25.3′
14	33°55.0′	58°25.3′
15	33°55.0′	58°25.3′
16	33°55.0′	58°25.3′
17	33°55.0′	58°25.3′
18	33°55.0′	58°25.3′

续表

图 H-117 1973 年第二版		
点号	南纬	西经
19	34°47.0′	57°32.0′
20	34°52.0′	57°20.0′
21	35°11.0′	57°00.0′
图 H-113 1969 年第一版		
点号	南纬	西经
22	35°10.3′	56°43.0′
23	35°38.0′	55°52.0′

第四十二条

用于海床和底土资源勘探和开发的装备或其他工程应不影响常用航道或海峡的正常通行。

第四十三条

若矿床延伸至第四十一条提及的等分线两侧区域，则两国应按在等分线两侧所拥有矿藏量的比例相应分配采集的矿产资源。

两国在开采此类矿藏资源时，不应对对方国造成损害，应遵照前文确定的标准，审慎合理利用资源。

第八章 岛　屿

第四十四条

除马丁·加西亚岛是依据第四十五条的规定进行管理，河流中现有岛屿或未来可能露出水面的岛屿应归属于位于第四十一条提及的等分线同侧的国家。

第四十五条

在不影响第六十三条规定的情况下，马丁·加西亚岛受阿根廷管辖，应专门作为保全和养护当地动植物的天然保护区。

第四十六条

若未来马丁·加西亚岛和其他岛屿相接，两国应按照第四十一条图 H-118 描绘的马丁·加西亚岛轮廓划定岛屿界限。然而，若冲积物堆积使得马丁·加西亚岛陆地面积扩大，影响现有天然的进出马丁·加西亚的通道（布宜诺斯艾利斯）以及因菲诺海峡的通道，则扩大的陆地区域属于马丁·加西亚岛。

第九章 污 染

第四十七条

此条约中，污染系指人为直接或间接排入水生环境的有害物质或能源。

第四十八条

两国承诺，遵照可适用的国际协定，必要时，调整国际技术机构设置的指导原则和建议，并通过制定适宜的规章、采取恰当的措施保全和养护水环境，尤其是预防污染。

第四十九条

两国承诺，在其各自的法律体系下，不降低：

现行有效的水污染预防技术要求；

对违法行为的处罚力度。

第五十条

两国承诺，通知对方国其计划制定的水污染相关规章。

第五十一条

两国对其各自的活动或居住于其领土上的个人或法律实体的活动对对方国造成的污染危害负有责任。

第五十二条

两国在对污染违法行为行使司法权时，应不影响受污染国获取相应赔偿的权利。

为此，两国应互相配合。

第十章　渔　业

第五十三条

如第二条规定，两国应享有在其海岸带的专属渔业权。

在海岸带以外水域，两国应承认悬挂有对方国旗帜的渔船在河流从事渔业活动的自由。

第五十四条

为保全、养护生物资源，两国应就在河流中的渔业活动之监管规章达成共识。

第五十五条

视渔获量要求，两国应就各鱼种最大渔获量及渔获量定期调整事项达成共识。两国应平分所捕捞的鱼。

第五十六条

就渔业活动、各鱼种渔获量以及在公共水域授权作业的渔船名单等事宜，两国应定期交换相应信息。

第十一章　研　究

第五十七条

两国应有权在河道开展科学调查研究，前提是提前通知对方国，说明调查研究的相关内容性质，并告知对方国相关结果。

两国应有权全程参与对方国开展的调查研究。

第五十八条

两国应鼓励互利互惠的联合科学研究，尤其是河道的综合勘测研究。

第十二章　管理委员会

第五十九条

两国共同设立联合委员会，系称"拉普拉塔河管理委员会"，由来自两国的等额代表组成。

第六十条

管理委员会需获得法律地位，以履行职责。两国应提供必要的资源、信息和设施，保障其运作。

第六十一条

管理委员会可依据现实需要，设立技术机构。

委员会属常设机构，应拥有其秘书处。

第六十二条

两国应互换照会，就管理委员会的法规达成一致。委员会应自行制定其工作流程和规则。

第六十三条

两国兹同意将管理委员会的总部设在马丁·加西亚岛。

鉴于第四十五条规定的管辖权和使用权，管理委员会应拥有必要的土地和办公场所，以便日常办公；应建造管理一座公园，以缅怀两国共同敬仰的英雄。阿根廷共和国应拥有必要的办公场所、设施和土地，以行使其管辖权。

基于本条款第一段的规定，委员会总部的受托管理国应享有国际法赋予的豁免权和其他特权。因此，就管理委员会总部达成的协定应相应包含规范阿根廷共和国和委员会间关系的条款。

第六十四条

管理委员会应在两国达成一致的基础上，在适当时机拟定协定，依据国际法，明确给予委员会成员及工作人员的特权和豁免权。

第六十五条

两国代表团拥有同等投票权，决定是否采纳管理委员会的决议。

第六十六条

管理委员会应履行以下职责：

1. 推动联合科学研究和调查，尤其是生物资源的评估、保全、养护和合理开发，以及防止和消除由于使用、开发和利用河水而造成的污染和其他有害影响。

2. 通过规范河流渔业活动的条例制度，以养护生物资源。

3. 协调引航活动的条例制度。

4. 协调采用救援行动的联合方案、手册指南、专业术语和通讯方式。

5. 规范参与对方国救援行动的部队在进出对方国领土时的行动步骤及所需提供的信息。

6. 确定搜救行动暂时需要对方国输送有关物资的规程。

7. 协调布设航行辅助工具和浮标。

8. 依据第二十八条规定，确定卸载和额外装载区域。

9. 依据本条约第一部分的有关规定，缔约一方应立即向对方传达有关对话、协商、信息和通告等情况。

10. 履行本条约赋予的其他职责，或缔约双方依据法令、往来照会或其他协定形式赋予的职责。

第六十七条

管理委员会应定期向缔约双方政府汇报其工作进展。

第十三章 调解程序

第六十八条

应缔约一方的建议，管理委员会应对缔约双方就拉普拉塔河相关事宜产生的分歧予以审议。

第六十九条

若委员会未能在 120 日内达成共识，其应告知缔约双方；缔约双方可寻求通过直接协商的方式解决分歧。

第二部分 海洋边界

第十四章 海洋横向边界

第七十条

乌拉圭东岸共和国和阿根廷共和国的海洋横向边界和大陆架横向边界应为一条依据毗邻海岸方式确定的等距线。等距线的起点为连接埃斯特角（乌拉圭东岸共和国）和蓬塔莱萨－德卡波－圣安东尼奥（阿根廷共和国）

的假想线构成的基线中点。

第七十一条

....

第十五章　航　行

第七十二条

除两国在其权限内开发、养护和利用资源，保护环境，开展科学调查，建造安装设施以及行使第八十六条中规定的权利以外，两国兹保证自其各自基线起的 12 海里以外管辖水域和拉普拉塔河河口外沿水域的航行和飞越自由，不设任何限制。

第十六章　渔　业

第七十三条

两国兹同意：在各自沿海基线起的 12 海里以外水域划定共同渔业区，服务于合法注册且悬挂旗帜的渔船作业。此区域是以 200 海里为半径划定的两道圆弧，两弧形的中心分别位于乌拉圭东岸共和国的埃斯特角以及阿根廷共和国的蓬塔莱萨－德卡波－圣安东尼奥。

第七十四条

根据科学和经济标准估算的两国渔业资源总量，各国按照相应比例分配各鱼种捕鱼量。

任一国授权悬挂有第三国旗帜的渔船可捕鱼总量应纳入此国的捕鱼份额。

第七十五条

阿根廷共和国及乌拉圭东岸共和国向悬挂有第三国旗帜的船只发放的渔业许可证中划定的在其各自管辖海域的渔业区域不能超过第七十条中规定的等分线。

第七十六条

在第七十五条提及的等分线两侧区域，两国应行使各自相应的监管职能，并在必要时协调各自职责。

两国应交换在共同渔业区作业且悬挂有各自国家旗帜的船只的名单。

第七十七条

此章节条款不适用于水栖哺乳动物的捕捞。

第十七章 污 染

第七十八条

在下列假想线圈定的范围内，禁止清洗油轮、排净舱底污水、清空压舱物及其他任何可能产生污染的行为：

1. 自埃斯特角（乌拉圭东岸共和国）至

2. 点 36°14′S，53°32′W，至

3. 点 37°32′S，55°23′W，至

4. 蓬塔莱萨－德卡波－圣安东尼奥（阿根廷共和国），直至 1 中埃斯特角之起始点。

第十八章 研 究

第七十九条

各缔约方应授权对方可在依据第七十三条划定的公共区域内各方所管辖的海域开展纯科研性质的调查研究，前提是从事调查研究的一方提前告知对方，并阐明所从事调查研究的性质、活动区域和持续时间。

只有在例外情况或特定期限内，相关方可拒绝颁发此类授权。

授权方应有权全程参与此类型调查研究，并有权获知或得到相关结果。

第十九章 联合技术委员会

第八十条

缔约双方兹同意建立一联合技术委员会。各方派出同等数量的代表，负责开展研究，采取和协调有关养护、保全和合理利用第七十三条确定的共同区域内的生物资源和海洋环保等相关计划和措施。

第八十一条

为保证联合技术委员会履行其职责,委员会应拥有法律地位和必要资金。

第八十二条

联合技术委员会履行以下职责:

1. 确定并定期调整各物种的捕捞量,并依据第七十四条规定,在缔约双方间平均分配捕捞量。

2. 推进联合科考研究,尤其是在共同区域;关注生物资源的评估、保护和合理利用,以及防止和消除污染及其他由开发利用海洋环境产生的不利影响。

3. 提出建议,提交方案,确保生物生态环境的价值和平衡得以维持。

4. 订立合理开发共同区域物种以及防止和消除污染的有关标准和措施。

5. 就保全、养护和开发共同区域的生物资源拟定方案,并提请两国政府审议。

6. 推进联合研究;提出方案,以协调双方各自就委托委员会有关职责订立的法律。

7. 依据本条约的第二部分,双方应尽快告知对方可透露的有关通话、磋商和信息。

8. 依据委员会法规、互文或其他形式的协定,履行其他缔约双方赋予的职责。

第八十三条

联合技术委员会的总部位于蒙得维的亚。委员可选择在任一缔约国会面。

第八十四条

缔约方交换照会后,同意联合技术委员会的法规,委员会应起草制定其流程规范。

第三部分 防 御

第二十章

第八十五条

关于拉普拉塔河重点区域防御的相关事宜归属于各缔约方的职责范围。

第八十六条

缔约方在行使防御权以应对入侵威胁时,在不损害对方国有关利益的前提下,可在各自位于拉普拉塔河管辖水域以外和领海基线 12 海里以外的重点区域采取必要的过渡措施。

第四部分 解决争端

第二十一章

第八十七条

若缔约双方无法通过直接协商解决因解释或适用本条约而产生的争端,任一缔约方可将其提交至国际法院。

在第六十八条和六十九条所述的情况下,依据第六十九条规定,被通知国收到通知的 180 日内若无法解决因解释或适用本条约产生的争端,任一缔约方可将其提交至国际法院。

第五部分 过渡条款和最终条款

第二十二章 过 渡 条 款

第八十八条

在管委会确定第二十八条提及的装载和额外装载区域之前,下列区域暂为此用:

A 区域:在 35°4′S 和 35°38′S 之间,56°00′W 和 56°02′W 之间;

B 区域：35°30′S 和 35°33′S 之间，56°30′W 和 56°36′W 之间。

第八十九条

缔约双方交换条约批准书后的 60 日内应设立管委会。

第九十条

缔约双方应适时在相关海图中标注海洋横向边界，以示公开。

第九十一条

缔约双方交换条约批准书后的 60 日内应设立联合技术委员会。

第二十三章　批准和生效

第九十二条

缔约各方依照本国法律批准通过本条约。双方在布宜诺斯艾利斯交换条约批准书后，条约生效。

两国授命全权代表于 1973 年 11 月 19 日在此条约上签字并盖章，以昭信守。

二、加勒比地区

美利坚合众国和委内瑞拉共和国海洋划界条约
（1978年3月28日）

美利坚合众国政府和委内瑞拉共和国政府，

重申两国的友好关系，

意识到有必要划定公正而精确的两国海洋边界，

兹达成以下共识：

第一条

本条约旨在依据国际法确定美国和委内瑞拉的海洋边界。

第二条

美国和委内瑞拉的海洋边界是由连接以下点1至点22的测量线构成的：

点号	北纬	西经
1	16°44′49″	64°01′08″
2	16°43′22″	64°06′31″
3	16°43′10″	64°06′59″
4	16°42′40″	64°08′06″
5	16°41′43″	64°10′07″
6	16°35′19″	64°23′39″
7	16°23′30″	64°45′54″
8	15°39′31″	65°58′41″

续表

点号	北纬	西经
9	15°30′10″	66°07′09″
10	15°14′06″	66°19′57″
11	14°55′48″	66°34′30″
12	14°56′06″	66°51′40″
13	14°58′27″	67°04′19″
14	14°58′45″	67°05′17″
15	14°58′58″	67°06′11″
16	14°59′10″	67°07′00″
17	15°02′32″	67°23′40″
18	15°05′07″	67°36′23″
19	15°10′38″	68°03′46″
20	15°11′06″	68°09′21″
21	15°12′33″	68°27′32″
22	15°12′51″	68°28′56″

自点 22，沿 274.23° 的正方位，美国的海洋边界向西延伸，直至同第三国的海洋边界交接。此三国海洋边界交点不应超过 15°14′28″N，68°51′44″W。

第三条

第二条确定的各点坐标是基于 1927 北美基准，1866 克拉克椭球为参照确定的。

此海洋边界标绘于本条约所附海图 25000 号，仅供说明。海图第六版于 1977 年 2 月 12 日由华盛顿国防绘图署测绘中心发行。海图亦为本条约的组成部分。

第四条

两国政府同意：美国就海洋边界的南部，委内瑞拉就海洋边界的北部，均不可在有关水域、海床或底土主张或行使主权权利或管辖权。此海洋边界不应影响或损害任一缔约国政府就其在主权权利、管辖权和在有关水域、海床或底土行使管辖权的国家法规或其他有关海洋法事宜的立场。

第五条

就解释或适用本条约产生的分歧，两国政府应通过直接协商的方式予以解决。

第六条

缔约各方依据本国法律程序，审议通过本条约。双方交换条约批准书之日，协定生效。

本协定于1978年3月28日在加拉加斯签署。协定一式两份，分别由英语和西班牙语写成，两种文本具有同等效力。

法兰西共和国政府和圣卢西亚政府海洋划界协定

（1981年3月4日）

法兰西共和国政府，

圣卢西亚政府，

希望巩固两国的睦邻友好关系，

意识到双方有必要就各自主权管辖的海域准确划定界限，

基于相关国际法的原则和条规以及第三次联合国海洋法大会的成果，

认为在现有情况下，采用等距线方法有助于公正划定分界线，

兹达成以下共识：

第一条

两国各自管辖海域的分界线为第二条中确定的等距线。

第二条

1.第一条中提及的等距线沿着恒向线依次连接以下各点：

点号	西经	北纬
L1	62°48′50″	14°04′50″
L2	62°46′38″	14°05′11″
L3	62°13′40″	14°09′16″
L4	61°46′27″	14°10′15″
L5	61°43′01″	14°10′30″
L6	61°23′58″	14°11′16″
L7	61°16′41″	14°12′27″
L8	61°16′26″	14°12′31″
L9	61°11′18″	14°13′49″
L10	61°04′35″	14°15′10″
L11	61°00′14″	14°16′21″
L12	60°53′31″	14°14′36″
L13	60°44′12″	14°13′09″

续表

点号	西经	北纬
L14	60°40′47″	14°12′16″
L15	60°44′12″	14°08′08″
L16	60°09′15″	14°08′00″
L17	60°03′40″	14°07′20″
L18	59°59′59″	14°06′51″

2.本条款中的地理坐标是参照1953年法国马提尼克国家地理研究所采用的大地测量系统确定的。

3.上述确定的分界线标绘于本协定所附海图中。

第三条

第二条确定的分界线应为两国依照国际法行使或即将行使主权权利或管辖权区域的分界线。

第四条

就解释或适用此协定产生的分歧，缔约双方应根据国际法予以和平解决。

第五条

本协定自签署之日起生效。

两国政府授命全权代表在此协定上签字并盖章，以昭信守。

本协定于1981年3月4日在巴黎签署，一式两份，分别由法语和英语写成，两种文本具有同等效力。

法兰西共和国政府和
委内瑞拉共和国政府海洋划界条约

（1980年7月17日）

法兰西共和国政府和委内瑞拉共和国政府，

希望巩固两国的睦邻友好关系，

意识到有必要准确、公正地划定各自领土沿岸的经济区管辖范围，

基于国际法的相关原则和规则以及第三次联合国海洋法大会的成果，

依照委内瑞拉政府和法国政府先后于1978年8月30日和1978年12月12日交换的照会，以及1979年11月7日委内瑞拉外长正式访问法国的最后一天两国发表的联合公告，双方先后于1980年2月18日、1980年3月11日在巴黎和加拉加斯进行了磋商，

兹达成以下共识：

第一条

法国的瓜德罗普岛和马提尼克岛与委内瑞拉间的海洋边界应为子午线62°48′50″。

第二条

鉴于本条约的订立宗旨，参考海图应为法国海军水文和海洋部的6332号海图《自波多黎各到帕里亚湾》（1963年版）。地图附于本条约后，为条约的组成部分。

第三条

上述确定的分界线应由缔约双方依据国际法行使或即将行使主权权利或管辖权海域的分界线构成。

第四条

就解释或适用本条约产生的争议，缔约双方应通过国际法认可的和平方式予以解决。

第五条

缔约各方在履行完毕国内的条约批准程序后应相互告知对方。

缔约双方完成条约批准书互换之日，条约正式生效。

授命全权代表签署此条约，以昭信守。

本条约于 1980 年 7 月 17 日在加拉加斯签署，一式两份，分别由法语和西班牙语写成，两种文本具有同等效力。

委内瑞拉共和国和多米尼加共和国海洋和海底划界条约
（1979年3月3日）

委内瑞拉共和国政府和多米尼加共和国政府，

重申两国间的友好关系，尤其是两国人民珍视的历史、社会、经济和文化联系，

希望公正、公平和准确地划定委内瑞拉和多米尼加共和国间的海洋和海底边界，

意识到来往于委内瑞拉的海洋交通的重要性，

基于现行国际法准则，尤其是海洋法的最新进展，

兹达成以下共识：

第一条

本条约划定的海洋边界构成委内瑞拉共和国和多米尼加共和国双方依据国际法已经或将确定的大陆架、专属经济区和其他海洋及海底区域的界限。

第二条

委内瑞拉和多米尼加共和国的海洋边界由连接以下各点的测量线确定。

1. A 区域

点号	北纬	西经
1	15°24′48″	69°34′38″
2	15°22′45″	69°41′50″
3	15°19′04″	69°56′18″
4	15°15′50″	70°08′09″
5	15°02′08″	70°52′50″
6	14°57′52″	71°24′19″

自点6始，测量线位于奥多·维洛（多米尼加共和国）和蒙赫斯群岛（委内瑞拉）之间，沿着方位角270°68′或沿89°N，32°W方向继续前进，直至和第三国海洋边界交接处。

2. B 区域

一测量线自点 7——15°14′28″N，68°51′44″W 开始，沿着方位角 94°13′或沿 4°E，13°S 方向延伸，直至点——15°12′51″N，68°28′56″W。

第三条

第二条中 A 区域和 B 区域的各点位置是依据 1927 北美基准，1866 克拉克椭球确定的。

分界线标绘于本条约所附海图 25000 号。此海图为第六版，于 1977 年 2 月 12 日由美利坚合众国华盛顿国防绘图署水文中心发行。海图为条约的组成部分。

第四条

两国一致同意：依据第一条的有关规定，委内瑞拉共和国政府就分界线的北部海洋和海底区域，多米尼加共和国就分界线的南部海洋和海底区域，不应出于任何目的主张或行使主权权利或管辖权。

第五条

缔约双方应采取必要措施保护海洋环境不受污染。为此，双方同意：

1. 向对方国提供有关海洋环境保护法律条款和保护经验的相关信息。

2. 向监督海洋污染的有关职能决策部门提供有关信息。

3. 告知对方国一切性质严重并可能影响对方国的现已发生或将要发生的海洋环境污染。

4. 相互合作，以控制、减少、防止和清除将影响对方国的海洋污染。

第六条

就解释或适用本条约产生的分歧，双方政府应通过直接协商的方式予以解决。

第七条

本条约用于确定海洋基线的标准不成为未来多米尼加共和国和其他国家进行海洋事务磋商的范例参照。

第八条

缔约各国依照本国法律程序审议通过此条约。条约批准书交换之日，条约正式生效。

条约于 1979 年 3 月 3 日在圣多明各签署，一式两份，两份文件具有同等效力。

委内瑞拉共和国和荷兰王国划界条约

（1978年3月31日）

委内瑞拉共和国总统和荷兰女王陛下，

重申两国的友好关系，尤其是委内瑞拉人民和荷属安的列斯群岛人民珍视的历史、社会和文化关系，

希望公正、公平和准确地划定委内瑞拉和荷属安的列斯群岛的海洋及海底边界，

鉴于有采取必要措施保护和合理利用各自管辖海域内的资源，

认识到委内瑞拉湾对委内瑞拉的基本利益以及海上交通的历史意义和重要作用，

认识到采取相关措施促进荷属安的列斯群岛的经济发展具有重要意义，

基于国际法的现有条款和海洋法的最新进展，

决定达成此条约，并为此任命各自的全权代表：

委内瑞拉共和国总统任命委内瑞拉共和国外交部部长 S. A. 康萨维（S. A. Consalvi）先生为全权代表；

荷兰女王陛下任命荷属安的列斯群岛部长 S. G. M. 罗森达尔（S. G. M. Rozendal）先生为全权代表；

双方在递交国书后，以正确合理的方式，兹达成以下共识：

第一条

本条约确定的分界线成为缔约双方依据国际法划定或将划定的领海界限、大陆架界限、专属经济区界限以及其他海洋和海底界限。

本条约提及的海洋和海底区域仅限定于位于加勒比海的海洋和海底区域。

第二条

委内瑞拉和荷属安的列斯群岛间的海洋边界如下：

1. A 区域：位于阿鲁巴岛以西和委内瑞拉领土之间：

（1）自点 3——12°21′00″N，70°25′00″W，至点 2——12°49′00″N，70°25′00″W。

（2）自点 2，经周长最长的圆弧，直至点 1——12°24′48″N，69°34′38″W，或至位于上述圆弧与第三国边界的交点。

2.B 区域：位于荷属安的列斯群岛背风岛（阿鲁巴岛、博内尔岛和库拉索岛）和委内瑞拉北部沿岸之间：

（1）自点 3——12°21′00″N，70°25′00″W，经纬线 12°21′00″N，至点 4——21°21′00″N，70°09′51″W。

（2）自点 4，经周长最长的圆弧，直至点 5——12°21′54″N，70°08′25″W。

（3）自点 5，经周长最长的圆弧，直至点 6——12°15′46″N，69°44′21″W。

（4）自点 6，经周长最长的圆弧，直至点 7——11°52′45″N，69°04′45″W。

（5）自点 7，经周长最长的圆弧，直至点 8——11°45′30″N，68°57′15″W。

（6）自点 8，经周长最长的圆弧，直至点 9——11°44′30″N，68°49′45″W。

（7）自点 9，经周长最长的圆弧，直至点 10——11°40′00″N，68°36′00″W。

（8）自点 10，经周长最长的圆弧，直至点 11——11°40′00″N，67°59′23″W。

3.C 区域：位于博内尔岛和委内瑞拉领土之间：

（1）自点 11——11°40′00″N，67°59′23″W，经子午线 67°59′23″W，至点 12——12°27′00″N，67°59′23″W。

（2）自点 12，经周长最长的圆弧，直至点 13——15°14′28″N，68°51′44″W，或至上述圆弧与第三国边界的交点。

4.D 区域：位于阿韦斯、萨巴岛和圣尤斯特歇斯岛之间：

（1）自点 15——16°40′50″N，63°37′50″W，经周长最长的圆弧，直至点 14——16°44′49″N，64°01′08″W，或至上述圆弧与第三国边界的交点。

（2）自点 15，经周长最长的圆弧，直至点 16——16°40′01″N，63°35′20″W，或至上述圆弧与第三国边界的交点。

第三条

1.第二条区域 A、B 和 C 中各点的位置是依据南美基准 1956 确定的。

2.第二条区域 D 中各点的位置是依据北美基准 1927 确定的。

3.分界线标绘于条约所附海图 25000 号，以示说明。海图为 1977 年 2 月 12 日第 6 版，由华盛顿国防部制图署水文中心发行。

第四条

1.依据国际法，若荷属安的列斯群岛将其目前自沿岸低潮线测算起的 3 海里领海范围延伸至背风群岛附近（阿鲁巴岛、博内尔岛和库拉索岛）；或若荷属安的列斯群岛欲在目前背风群岛的领海范围以外建立司法管辖权，则适用于3海里领海范围以外海域的条规应同时尊重本条款下明确的进出委内瑞拉航行自由和飞越自由的相关规定。

2. 所有委内瑞拉船只和飞机应享有航行自由和飞越自由，以便捷无阻碍地通行相关海域。此亦称作"过境通行权"。便捷无阻碍通行的前提条件不应排除进入、离开或自荷属安的列斯群岛返回而途经有关海域的情况；上述情况同样适用港口进出的相关规定。

3. 就缔约双方或在未来协商订立的附加条款，本条第2款同等适用于第三国的商船、从事贸易的政府船舶和民用飞机所享有的航行自由和飞越自由。

4. 若荷属安的列斯群岛决定在领土范围内开辟空中或海上航线，则相关航线应符合海洋法的适用条款规定。值得注意的是，上述海上和空中航道应有利于船舶和飞机安全、便利、无阻碍地通过相关海域。若荷属安的列斯群岛未开辟海上或空中航线，可使用国际航行的常规航线以行使过境通行权。

5. 上述提及的通行权不应予以停止。

6. 通行船只遵守海洋法相关条款，尤其是：

（1）普遍接受的海上安全条规、程序和国际惯例，包括国际海上避碰规则；

（2）普遍接受的船只防止、减少和控制海上污染的条规、程序和国际惯例；

（3）关于核动力船舶和载运核材料或其他物质等本质上危险或有害的船舶有义务随船携带相关文件，并采取国际认可的特殊安全措施的规定。

7. 通行飞机应遵守海洋法的相关条款，尤其是：

（1）遵守国际民航组织制定的适用于民用飞机的飞行通过标准。政府飞机应始终遵守现行的飞行安全标准；

（2）始终监测由国际空中交通管制权威机构授权的无线电频率以及相应的国际应急波段的频率。

8. 防止、减少和控制可能影响过境通行权的海洋污染的措施，尤其是针对自蒙赫斯群岛通向阿鲁巴岛的国际航道，应获得缔约双方的一致认可。就原油排放、原油垃圾或其他有害物质，荷属安的列斯群岛通过的相关法律条规无须适用上述双方同意的原则。

第五条

1. 缔约双方应公示其在领海、专属经济区或海域内的相关建设工作或已有设施（参见第四条规定），以及管辖的人工岛屿、设施或构造。相关方应设立和维护长久信号标志，以作警示。

2. 若缔约一方海域内的人工岛屿、装置、构造或环绕海域的安全区可能阻碍通向或发端于另一方的航路，且此航路意义重大，并已获得各方承认，则双方应就上述岛屿、装置或安全区的建设问题达成共识。

第六条

若一地理构造或油气田横跨分界线的两侧，且位于分界线一侧的部分构造或油气田可从分界线的另一侧被部分或全部开采，则缔约双方在进行必要的技术磋商后，应尽力就有效开采上述构造或油田的方式以及分配开采活动的成本和利益的方式达成一致。

第七条

若缔约一方决定开展或允许在分界线 1 海里以内水域的开采钻井活动，则应在相关活动前告知对方国。

第八条

若缔约双方对于在分界线或其附近的装置、其他设备或水源的位置问题存有分歧，则双方应就有关装置、设备或水源应位于分界线哪一侧的问题达成共识。

第九条

除第四条第 8 款的有关规定外，缔约各方应采取一切必要措施以保证本条约划定海域内的海洋环境不受污染。因此，双方兹达成以下共识：

1. 向对方国提供有关海洋环境保护的法律条款和有关经验的信息。

2. 提供对海洋污染有权进行监测和决策的职能部门的有关信息。

3. 告知对方任何发源于海洋边界区域的现已发生、即将到来或将要发生的性质严重的海洋污染迹象。

4. 若在此区域发生重大溢油事故或其他严重事故，则双方应尽快联合筹备应急行动方案。为此，双方应联合采取措施，相互支持，以防止或消除上述提及的海洋污染。

第十条

为保护和合理使用位于缔约双方毗邻水域的生物资源，双方同意：在可能的限度和范围内，协调各自的相关法律和法规。

第十一条

缔约双方同意鼓励和推动开展海洋科学调查研究。

第十二条

1. 就解释或适用本条约第四、第五和第六条中有关航行或地理构造和矿藏的条款产生的分歧，且缔约双方未能通过协商方式予以解决，除非双方就其他解决方式达成一致，则应任一缔约方的请求，将相关分歧提请由3名成员组成的专家委员会的审议。缔约方各任命一人参与此委员会；上述两名成员再就第三名人选达成一致。

2. 若在分歧提请专家委员会审议后的3个月内，任一缔约方尚未任命其委员会成员，或在3个月内，来自缔约双方的任命成员未就第三名人选达成共识，则任一缔约方可请求联合国秘书长任命一或两名委员会成员。若秘书长同意任命一名成员，则该成员可能不在与分歧有关联的公司，或不服务于与分歧相关联的个人。该成员的国籍必须是除缔约国以外的第三国，且第三国与此分歧间无直接或间接的利益关系。若秘书长同意任命两名成员，则第二名成员必须来自尚未任命委员会成员的国家。

3. 专家委员会应决定其审议流程。委员会的一切决定依照大多数原则，并对缔约双方具有同等法律效力。

第十三条

1. 本条约应在缔约双方国内获得审议批准。双方应尽早在加拉加斯交换协定批准书。

2. 协定批准书交换之日，协定正式生效。

缔约双方任命的全权代表签署此条约，以昭信守。

本条约于1978年3月31日在库拉索岛的威廉斯塔德市签署。

哥伦比亚共和国和海地共和国海洋划界协定

（1978年2月17日）

哥伦比亚共和国政府和海地共和国政府希望巩固两国的友好关系，并考虑：

两国政府有责任保全位于哥伦比亚海洋和海底或位于海地专属经济区和大陆架的可再生和不可再生自然资源，

鉴于在加勒比海地区的共同利益，两国需密切合作，以保全、养护和使用位于其管辖海域内的现有资源，

希望划定其各自管辖海域边界，

为此，双方特任命其全权代表：

哥伦比亚共和国政府任命外交部长安达列西奥·里耶瓦诺·阿格列（Indalecio Liévano Aguirre）阁下为全权代表；

海地共和国政府任命外交和宗教国务卿安德涅·布鲁特斯（Edner Brutus）阁下为全权代表。

双方在互换各自全权证书后，以适当方式，兹达成以下共识：

第一条

哥伦比亚共和国的海洋和海底区域同海地共和国的专属经济区和大陆架之间的边界应为一条中间线，线上各点与测算各国领海宽度的基线上最近的点距离等同。

第二条

依据第一条的划界步骤，此边界应为一条由以下各点连接而成的直线：

点号	北纬	西经
1	14°44′10″	74°30′50″
2	15°02′00″	73°27′30″

适用于本协定的线和点参见1975年版海图25000号（比例尺1∶1 800 000）。双方授命全权代表已签署此海图，确认两国各自的基线和分界线的走

向，海图附于本协定后。

第三条

两国承诺，在第三次联合国海洋大会和其他相关国际大会的框架下，合作推动本协定所设定的共同目标的实现。

第四条

两国同意合作规划并采取适当的措施，以防止、减少和控制可能影响邻国的海洋环境污染。两国亦应承诺，依据相关国际职能机构的建议，采取有效措施保护迁徙物种。

相应的合作措施不应限制各国在其管辖范围内采取其认为适当的规则的国家权利。

第五条

两国同意，依据《联合国宪章》第三十三条有关和平解决争议的程序，解决在执行此协定时可能产生的争议。

第六条

两国应依据各自的现行宪法条款批准通过本协定；协定自批准书在波哥大互换完成后立即生效。

协定原文一式两份，分别由法文和西班牙文写成，两种文本有同等效力。

协定于1978年2月17日在王子港签署。

哥伦比亚共和国和多米尼加共和国
海洋和海底区域划界以及海洋合作协定

（1978 年 1 月 13 日）

哥伦比亚共和国政府和多米尼加共和国政府，珍视两国的友好情谊，

意识到两国有责任保证其人民享有蕴藏于主权管辖范围内的海洋和海底区域的可再生和不可再生自然资源，

意识到两国在加勒比区域拥有共同利益，故应密切合作，采取适宜措施保全、养护和合理利用上述区域的资源，

双方有必要就某些迁徙物种活动频繁区域的生物资源展开联合科学研究，

故划定两国海洋和海底区域界限实为必须。

为此，双方特任命各自的全权代表：

哥伦比亚共和国主席阁下任命外交部长安达列西奥·里耶瓦诺·阿格列（Indalecio Liévano Aguirre）为全权代表；

多米尼加共和国主席阁下任命外交事务国务卿海军中将拉蒙·埃米里奥·吉梅内兹（Vice-Admiral Ramón Emilio Jiménez Jr.）为全权代表。

双方交换各自的全权证书，以恰当适宜的方式，兹达成以下共识：

第一条

依据通用准则，两国的海洋和海底区域划界遵循中线原则。中线上各点到确定两国领海宽度基线的最近点距离相等。

第二条

依据第一条确定的步骤，分界线自点——15°02′00″N，73°27′30″W 向西，依次经过点——15°00′40″N，71°40′30″W，点——15°18′00″N，69°29′30″W，直至第三国要求划界之处。

经双方认可的各点和分界线标绘于附于本协定后的美国国防绘图署海图 25000 号；双方特命全权代表签署此海图。

第三条

双方应划定一个联合科研和渔业开发区；围成此区域的 4 条直线连接以下各点，且直线均距离两国海洋边界 20 海里。

直线 A：点 1（15°22′00″N，73°19′30″W）至点 2（14°42′00″N，73°20′30″W）。

直线 B：点 2（14°42′00″N，73°20′30″W）至点 3（14°40′30″N，71°40′30″W）。

直线 C：点 3（14°40′30″N，71°40′30″W）至点 4（15°20′00″N，71°40′00″W）。

直线 D：点 4（15°20′00″N，71°40′00″W）至点 1（15°22′00″N，73°19′30″W）。

在上述划定区域内，各国在其主权管辖区域承诺采取以下措施：

1. 同意对方国国民从事渔业活动，前提是相关活动合理且符合活动所在区域管辖国的规定。

2. 向对方国提供本区域生物资源调查研究的结果，尤其是有关金枪鱼科和其他迁徙物种的调查结果。

3. 在双方同意的基础上，同对方国协调开展此类科研活动。

4. 定期向对方国提供有关捕获物类型和数量的信息。

5. 为防止第三国公民在此区域从事非法捕鱼活动，加强监管，双方应建立紧密合作关系。

经缔约双方同意后，本协定中划定的联合科考和渔业开发区域及相关管理机制可视情况修改或废除，前提是缔约一方提出有关请求，且在其后的 90 天内告知对方国外交部。

第四条

缔约双方应尽可能在最大范围内互相合作，以控制、减少和防止可能影响邻国的海洋环境污染物。

若缔约一方的油轮、船只或飞机在对方国发生意外，且污染物将威胁他国海域，则双方亦应同意互相合作。

第五条

缔约双方应尽可能协调各自在海洋和海底区域采取的保护措施，尤其是针对跨境活动的迁徙物种。为此，双方应借鉴最新最可靠的科学数据。相关合作不应影响各国在管辖范围内行使符合法律规定的主权权利。

第六条

就解释或适用本条约而产生的分歧，缔约双方应首先尽力通过外交渠道予以解决；若分歧依旧存在，双方可采用其他国际法承认的和平方式予以解决。

缔约双方在波哥大完成条约批准书互换之日起，条约正式生效。

协定一式两份,两份文件具有同等效力。缔约双方授命全权代表签署两份文本,以昭信守。

协约于 1978 年 1 月 13 日在圣多明各签署。

哥伦比亚共和国和哥斯达黎加共和国海洋和海底划界以及海洋合作条约*

（1977年3月17日）

哥伦比亚共和国和哥斯达黎加共和国，

意识到国际互惠合作是解决涉及两个友好国家利益问题的最佳途径，

同意划分两国在加勒比海海洋和海底区域的界限是明智且必要的，

就维护各自海域的主权权利和管辖权以及自由无阻碍通行权达成一致，

希望采取充分措施保全、养护和利用此区域的现有资源，防止、控制和消除污染，故决定达成相关协定，并为此任命各自的全权代表：

代表哥伦比亚共和国总统的驻哥斯达黎加特命全权大使赫拉里奥·费尔南德兹·桑多瓦尔（Heraclio Fernández Sandoval）；

代表哥斯达黎加共和国总统的外交部长冈萨罗 J. 法西奥（Gonzalo J. Facio）。

双方在互换各自的全权证书后，以适当方式，兹达成以下共识：

第一条

依据以下线段，划定或将划定两国的海洋和海底区域边界：

A. 沿方位角225°（西南45°），从点——11°00′00″N，81°15′00″W出发的一直线与平行纬线10°49′00″N相交。

自平行纬线10°49′00″N向西，直至其同子午线相交。

B. 自平行纬线10°49′00″N和子午线82°14′00″W的交点出发，分界线沿着上述子午线继续向北，直至第三国要求划界处。

附注：经由双方同意的线段和各点标绘于协定所附的海图上。两国全权代表均签署此海图，表明本条约在任意情况下均有效。

第二条

接受并尊重两国遵照现在或将来制定的国内法规，于现在或将来在依据本条约划定的毗邻各自沿岸的区域行使主权权利、管辖权、监管权或其他权利的方式。

---

* 来源：《海洋边界》，第84号（美国国务院情报和研究局地理学办公室）。

第三条

两国间开展最广泛的合作，以在两国现在或将来行使主权权利、管辖权或监督权的海洋或海底区域保护其蕴藏的可再生或不可再生自然资源，并合理使用上述资源，以为本国人民和国家发展谋福祉。

第四条

支持最广泛的国际合作，基于相关地区组织的建议以及最新最准确的科学数据，以协调两国在其主权权利或管辖权范围内海域，尤其是针对跨区域活动物种所采取的养护措施。上述合作不应有损于两国在其管辖海域内行使有关法律的主权权利。

第五条

尽可能给予对方最大程度的便利，通过信息共享、科研合作、技术合作和鼓励组建合资公司等形式，以开发利用各自管辖海域内的生物资源。

第六条

依照现实需求，缔约各方表示决定加强合作，以采取有效措施，防止、减少和控制可影响邻国的各种源头的海洋污染。

第七条

支持最广泛的合作，以推进各自主权管辖海域内的国际航运业发展。

第八条

本条约在通过前应履行各缔约国的宪法程序；自条约批准书在哥伦比亚共和国首都波哥大互换完成之日起，条约正式生效。

本条约由西班牙语写成，签署文本一式两份，两份文件同等有效。

本条约于1977年在哥斯达黎加共和国圣荷塞签署。

巴拿马共和国和哥伦比亚共和国海洋和海底区域划界及相关事宜条约

（1976年11月20日）

巴拿马共和国和哥伦比亚共和国，

意识到国际互利合作是解决两个友好国家尤其是地理位置天然毗邻的国家共同关心问题的最佳途径，

一致同意划定两国在太平洋和加勒比海的海洋和海底界限实属必要，

相信采取适宜措施以养护、保全和利用上述水域的现有资源以及防止、控制和消除污染符合两国共同利益，

确信两国均希望基于海洋法的有关最新进展采取有关措施，

决心达成条约，并为此任命各国的全权代表：

巴拿马共和国总统任命外交部长阿基里诺·柏伊德（AquilinoE. Boyd）为全权代表；

哥伦比亚共和国总统任命外交部长安达列西奥·里耶瓦诺·阿格列（Indalecio Liévano Aguirre）为全权代表。

双方交换各自的全权证书，以适当方式，兹达成以下共识：

第一条

双方不考虑相关海域已有或即将订立的法律机制，将划定两国管辖的海洋和海底区域界限：

1.加勒比海

中间线上各点到测算两国领海宽度的基线上最近点距离均相等。中间线始于国际陆地边界延伸至蒂伯龙角海域的交点（3°41′07″N，77°21′50″9W），至点——12°30′00″N，78°00′00″W。

除中间线有少数微调以方便绘图外，依据双方认可的等距原则，加勒比海的中间线应由连接以下各点的直线组成：

点号	北纬	西经
点A	8°41′07″3	77°21′50″9
点B	9°09′00″	77°13′00″

续表

点号	北纬	西经
点 C	9°27′00″	77°03′00″
点 D	10°28′00″	77°15′00″
点 E	11°27′00″	77°34′00″
点 F	12°00′00″	77°43′00″
点 G	12°19′00″	77°49′00″
点 H	12°30′00″	78°00′00″

自点——12°30′00″N，78°00′00″W，各国管辖的海洋和海底区域边界线应由连接以下各点的直线组成：

点号	北纬	西经
点 H	12°30′00″	78°00′00″
点 I	12°30′00″	79°00′00″
点 J	11°50′00″	79°00′00″
点 K	11°50′00″	80°00′00″
点 L	11°00′00″	80°00′00″
点 M	11°00′00″	81°15′00″

自点 M，分界线沿着 45° 西南方向直线延伸，至第三国要求划界之处。

2. 太平洋

中间线上各点到测算两国领海宽度的基线上最近点的距离均相等。中间线始于国际陆地边界延伸至海洋的交点（7°12′39″3N，77°53′20″W），至点——5°00′00″N，79°52′00″W。

点号	北纬	西经
点 A	7°12′39″3	77°53′20″9

续表

点号	北纬	西经
点 B	6°44′00″	78°18′00″
点 C	6°28′00″	78°47′00″
点 D	6°16′00″	79°03′00″
点 E	6°00′00″	79°14′00″
点 F	5°00′00″	79°52′00″

第二条

承认并尊重两国在依据本条约划定的毗邻沿岸的海面和海底区域行使或将行使主权权利、管辖权、监测和控制权利的流程。相关流程应遵照各自的国内法律条规，且符合各自已经或将确定的相关情形。

第三条

鉴于巴拿马共和国对其在巴拿马湾的邻国——哥伦比亚共和国是否公开承认巴拿马湾享有历史性海湾地位一事十分重视，巴拿马遂提出：请哥伦比亚共和国承认巴拿马湾享有历史性海湾的地位。

哥伦比亚共和国意识到其若公开承认巴拿马湾享有历史性海湾的地位，将对海湾地位的无可争辩性产生重要影响，故宣称：哥伦比亚共和国对巴拿马共和国1956年1月30日的第9号法案中就此问题的相应条款无异议。

第四条

巴拿马共和国和哥伦比亚共和国应在互惠基础上承认其船只在所管辖、监测或控制的海域内享有自由航行、无害通过及过境自由。两国亦应承认对方在各自领海内划定航道和交通分行带的权利，并同意遵守各国国内和国际法规。

第五条

提升两国合作，以协调各自在其管辖、监测或控制海域采取的养护措施；尤其是针对迁徙路径跨越各自海域的物种，两国应考虑相关职能部门的建议，并参照最新最真实的科学数据。

此类合作不应影响两国在各自管辖权限内行使符合法律法规的主权权利。

第六条

两国应坚定通力合作的决心，共同采取最佳措施，以防止、减少和控制任何来源的且可能影响邻国的海洋污染物。为此，两国应在各自法律框架下尽可能协调相关措施。

第七条

此条约应在通过各缔约方宪法流程后提交审议。双方在巴拿马互换相关审议文件后，协定正式生效。

哥斯达黎加共和国和巴拿马共和国海洋划界和海洋合作条约*
（1980年2月2日）

哥斯达黎加共和国和巴拿马共和国，

确信对于处于同一地区的两国而言，合作是解决涉及双方共同利益事宜的最有效途径，

认识到划定两国在加勒比海和太平洋区域的海洋界限是明智且必需的，

相信各国有必要维护所属海域的主权权利和管辖权，并保证有关海域的无障碍快速通行，

均赞同采取适宜措施保全、养护和使用蕴藏于上述海域的资源，以及防止、控制和消除有关海域的污染，

决定达成条约，并为此任命各自的全权代表：

哥斯达黎加共和国总统任命外交部长拉斐尔·安杰拉·卡尔迪隆·福尼耶（Rafael Angel Calderón Fournier）为全权代表；

巴拿马共和国总统任命外交部长卡洛斯·奥佐耶·提帕拉多斯（Carlos Ozores Typaldos）为全权代表。

第一条

哥斯达黎加共和国和巴拿马共和国决定，确定以下线段为两国海洋边界：

A. 加勒比海（1）

B. 太平洋（2）

（1）加勒比海：中间线上的任一点到两国依据国际法确定领海宽度的基线上的最近点距离均相等。中间线自两国陆地边界线的端点，即位于斯奥拉河口的点——09°34′16″N，82°34′00″W，笔直延伸，直至哥斯达黎加、哥伦比亚和巴拿马三国交界点——10°49′00″N，81°26′08.2″W。

（2）太平洋：中间线上的任一点到两国依据国际法确定领海宽度的基线上的最近点距离均相等。两国的海洋边界为一笔直线段，起点为位于布里卡角的两国陆地分界线的最南端点，终点为05°00′00″N，84°19′00″W。

---

* 来源：《海洋边界》，97号，1982年（美国国务院情报研究局地理学家办公室）。

附加条款：上述经由双方同意的各点和各线段标绘于本条约所附海图上。双方全权代表签署此海图，并同意：任何情况下，本条约文本均应被相关方所接受。

第二条

缔约双方在依据本条约划定的各自沿岸海域，遵照各国国内法规，采取已确立或将确立的措施，将接受和尊重对方现在行使或将行使的主权权利、管辖权、保护权、控制权和其他权利。

第三条

鉴于邻国哥斯达黎加共和国承认巴拿马湾为历史性海湾具有重要意义，巴拿马共和国兹请求哥斯达黎加作出相应表示。

巴拿马湾的历史性海湾性质无可争议。哥斯达黎加共和国意识到其承认巴拿马湾为历史性海湾具有特殊意义，遂声明：哥斯达黎加不反对巴拿马共和国1956年1月30日订立的第9号法律中的有关条款。

第四条

缔约双方将充分合作，以保护各自现在或将行使主权权利、管辖权或监管权的海域内的可再生和不可再生资源，并利用相关资源为国家谋福祉。

第五条

缔约双方将参考有关职能部门的建议以及最新最可靠的科学数据，推动广泛的国家合作，以协调各国在其主权和管辖海域内施行的保护措施，尤其是针对迁徙物种的保护措施。上述合作不应有损各国在其海洋管辖范围内推行适宜条规的主权权利。

第六条

缔约双方将尽可能全方位推动各自管辖海域内的生物资源的开发利用。

第七条

各方应尽力合作，采取最适宜的措施以防止、减少和控制可能影响邻国的各类海洋环境污染。为此，双方将在本国法律框架下协调合作。

第八条

缔约双方将充分合作，促进各方主权权利或管辖权范围内水域的国际航运便利。

第九条

缔约各方依照本国法律程序，审议通过本条约。双方在巴拿马城交换条约批准书之日，条约正式生效。

基于墨西哥在毗邻古巴边界水域划定专属经济区往来照会的协定

（1976 年 7 月 26 日）

墨西哥，1976 年 7 月 26 日

阁下：

鉴于墨西哥已确定的专属经济区和古巴或将确定的经济区（或同类区域）以及阁下的照会来函，墨西哥和古巴双方代表就两国在毗连区的海洋划界问题进行了对话。我荣幸地告知，我方政府同意阁下来函中提出的以下建议：

1. 墨西哥政府和古巴政府同意基于等距原则，划定墨西哥专属经济区和未来古巴经济区（或同类区域）间的分界线。

2. 上文提及的分界线为连接以下各点的圆弧。各点的测量坐标是基于已有的最新信息确定的。

点号	北纬		西经	
1	24	56°28′83″	86	56°16′69″
2	23	30°31′50″	86	24°14′70″
3	23	26°54′30″	86	22°33′80″
4	22	45°32′80″	86	06°55′00″
5	22	18°55′80″	86	00°35′20″
6	21	41°31′50″	85	52°43′40″
7	21	36°00′10″	85	51°18′20″
8	21	35°20′90″	85	51°9′30″
9	20	49°36′40″	85	07°24′25″
10	20	17°46′70″	85	07°24′25″
11	20	04°37′10″	84	57°56′30″
12	19	39°16′60″	84	42°46′50″
13	19	32°25′80″	84	38°30′66″

3. 分界线标绘于附于本照会后的地图上，以示说明。

4. 墨西哥和古巴的专属经济区分界线亦为两国的大陆架分界线。

5. 第 1 至 4 段商定的事宜不应影响各方政府就海洋法相关问题（不包括本协定确定的海洋界限）的观点或立场。

请阁下接收此照会，以兹回复。阁下来函和此封复函将成为古巴共和国和墨西哥合众国就此事宜达成的正式协定。

三、地中海地区

西班牙和意大利大陆架划界公约

（1974年2月19日）

西班牙国家元首，

意大利共和国总统，

希望划定两国在地中海各自拥有自然资源勘探和开发主权权利的大陆架区域界限，遂决定达成一公约，并为此任命各自的全权代表：

西班牙国家元首任命外交事务副国务卿胡安·约瑟·罗维拉·桑切斯－埃雷罗（Juan José Rovira y Sánchez-Herrero）为全权代表；

意大利共和国总统任命外交部长拉涅罗·万尼·阿切拉菲（Raniero Vanni d'Archirafi）为全权代表。

双方交换各自的全权证书，以适当的方式，兹达成以下共识：

第一条

1. 西班牙和意大利的大陆架分界线应到两国基线的距离均相等。

2. 缔约双方同意：当下，分界线最北端不应超过点A，最南端不应超过点L。

3. 分界线位于点A和点L之间，为连接以下各点的测量线组成的圆弧：

点号	北纬	东经
A	41°09.3′	5°56.6′
B	41°06.5′	5°57.6′
C	40°35.7′	6°07.8′
D	40°31.7′	6°08.9′

续表

点号	北纬	东经
E	40°27.3′	6°10.1′
F	40°21.5′	6°11.9′
G	40°01.7′	6°18.0′
H	39°37.5′	6°18.0′
I	39°20.8′	6°13.0′
L	38°55.0′	6°05.8′

线段 AL 标绘于附于本公约后的意大利海图 432 号。海图比例尺为 1∶1 000 000。

第二条

若自然资源分布于大陆架分界线两侧，且缔约一国可从其管辖大陆架区域部分或全部开采位于分界线另一侧并属于对方国管辖区域的自然资源，则双方在同资源开采许可证持有者进行协商后，应尽力就自然资源的开采方式达成共识，以保证开采活动可产生最大利润，且各方可保有其对位于所属大陆架的自然资源的全部权利。值得一提的是，若资源开采方式影响到位于分界线另一侧的资源开采，则双方更应采用上述方法。

若位于大陆架分界线任一侧的资源已被开采利用，则缔约双方应同开采许可证持有者进行事前协商，并就合理赔偿事宜达成一致。

第三条

1. 就解释或适用本公约产生的争议，缔约双方应努力通过外交渠道予以尽快解决。

2. 自缔约一方告知对方将履行前段规定的争议解决程序之日起的 4 个月内，若争议依旧存在，则应任一缔约方的请求，可将争议提请国际法院予以解决。

第四条

本公约的任何条款都不应影响上覆水域和领空的地位。

第五条

缔约双方应采取一切可能的措施，以保证地中海区域的大陆架开发和自然资源的开采不会危害海洋生态平衡或不合理地干扰海洋的合法利用。

第六条

协定应获得各国国内审议批准。双方在罗马交换协定批准书。自协定批准书交换之日起，协定正式生效。

双方授命全权代表签署此公约，以昭信守。

协定于1974年2月19日在马德里签署，一式两份，分别由意大利语和西班牙语写成，两种文本具有同等效力。

突尼斯共和国政府和
意大利共和国政府大陆架划界协定

（1971年8月20日）

突尼斯共和国政府和意大利共和国政府希望巩固加深双方的睦邻友好关系，兹同意订立本协定，确定两国间大陆架划界的原则和标准。

第一条

除兰皮奥内岛、兰佩杜萨岛、利诺萨岛和潘泰莱里亚岛外，两国大陆架分界线（包括岛屿、小岛和无覆盖浅滩）为一中间线，线上任一点到测算两国领海宽度的基线上的最近点距离均相等。

第二条

鉴于第一条提及的相关岛屿，大陆架分界线应符合以下规定：

1. 潘泰莱里亚岛周边区域，向突尼斯一面的分界线应由半径为13海里的圆包络组成，其中心位于此岛海岸线上。此段分界线终点为圆包络和第一条确定的中间线的交点。

2. 兰皮奥内岛周边区域，向突尼斯一面的分界线应由半径为12海里的圆包络组成，其中心位于此岛海岸线上。此段分界线终点为圆包络和以下第3款中确定的兰佩杜萨岛附近分界线的交点。

3. 兰佩杜萨岛周边区域，向突尼斯一面的分界线应由半径为13海里的圆包络组成，其中心位于此岛海岸线上。此区域位于圆包络和第2款中兰皮奥内岛附近的分界线的交点以及圆包络和第4款中利诺萨岛附近的分界线的交点之间。

4. 利诺萨岛周边区域，向突尼斯一面的分界线应由半径为13海里的圆包络组成，其中心位于此岛海岸线上。此区域位于圆包络和第3款中兰佩杜萨岛附近的分界线的交点以及圆包络和第1款中中间线的交点之间。

第三条

突尼斯－意大利技术委员会应尽快成立。委员会应着手在地图上绘制中线和周边区域，并确定构成上述线段的各点坐标。

委员会应尽可能在协定生效后的3个月内完成其相关工作。

委员会完成的地图和构成上述线段的各点坐标应由缔约双方的全权代

表签署生效。相关文件作为本协定附件。

第四条

若自然资源矿藏横跨大陆架分界线两侧，且缔约一方位于属于其管辖范围的分界线一侧可开发位于另一侧的属于对方国管辖的矿藏，在同矿藏开发许可证持有方协商后，缔约双方的职能部门应就相关资源开发利用的方式达成一致。

在协定生效之前，缔约各方应确保资源开采基于双方共同接受的程序，在最佳情况下进行。

第五条

若在本协定确定的分界线位置安装设备，其位置引发争议，缔约双方的职能部门应进行协商，就设备位于大陆架的位置问题达成一致。

第六条

缔约各方依照本国法律程序审议通过本协定。双方应尽早在罗马交换条约批准书。自批准书交换之日起，条约正式生效。

自本协定签署之日起，双方政府可颁发在本协定划定区域内开采利用矿产资源的许可证。

本协定于1971年8月20日在突尼斯签署，一式两份，由法语写成，两份文件具有同等效力。

会议纪要

1975年1月23日，突尼斯共和国全权代表——政治事务主管阿汉穆德·切斯扎尔（Ahmed GHEZAL）和意大利共和国全权代表——大使萨尔瓦多·萨拉希诺（Salvatore SARACENO），在突尼斯外交部会面。双方交换各自的全权证书，以适当方式审议并通过以下文件：

1. 本协定第一条和第二条中确定的中线和周边区域上的各点一览表；
2. 基于1971年8月20日在突尼斯签署的协定中的第一条和第二条的相关规定而确定的突尼斯共和国与意大利共和国大陆架分界线地图。

两位全权代表分别签署上述文件。文件作为突尼斯共和国政府和意大利共和国政府于1971年8月20日在突尼斯签署的大陆架划界协定的附件。

1971年8月20日突尼斯－意大利大陆架划界协定附件
（地图和地理坐标）

协定第一条和第二条确定的中间线和包络截面上的各点坐标一览

点号	北纬	格林尼治东经
0	38°00′.6	7°49′.0
1	38°04′.9	8°09′.6
2	38°07′.8	8°22′.3
3	38°10′.5	8°32′.5
4	38°13′.1	8°48′.8
5	38°15′.0	9°33′.8
6	38°13′.5	9°40′.4
7	38°14′.5	9°54′.2
8	38°24′.6	10°41′.7
9	38°03′.5	10°52′.7
10	37°47′.4	11°10′.3
11	37°41′.2	11°19′.0
12	37°24′.5	11°42′.0
13	37°22′.4	11°45′.5
14	37°20′.6	11°48′.2
15	37°14′.2	11°52′.7
16	37°08′.4	11°56′.8
17	37°03′.8	12°00′.9
18	中心位于潘泰莱里亚岛低水位处、半径13英里的圆包络同连接点17和辅助点18A的中间线的北面交点	
18A（辅助点）	36°55′.5	12°06′.5
19	中心位于潘泰莱里亚岛低水位处、半径13英里的圆包络同连接辅助点18A和点20的中间线的南面交点	

位于点 18 和点 19 间的分界线由中心位于潘泰莱里亚岛低水位处、半径 13 英里的圆包络西面的圆弧构成。

点号	北纬	格林尼治东经
20	36°25′.0	12°21′.2
21	36°23′.0	12°29′.4
22	36°21′.7	12°30′.2
23	36°15′.2	12°32′.4
24	36°08′.7	12°38′.1
25	中心位于利诺萨岛低水位处、半径 13 英里的圆包络同连接点 24 和辅助点 25A 的中间线的北面交点	
25A（辅助点）	35°52′.3	12°51′.0
26	中心位于利诺萨岛低水位处、半径 13 英里的圆包络同中心位于兰佩杜萨岛低水位处、半径 13 英里的圆包络的北面交点	

位于点 25 和点 26 间的分界线由中心位于利诺萨岛低水位处、半径 13 英里的圆包络北面的圆弧构成。

27	中心位于兰佩杜萨岛低水位处、半径 13 英里的圆包络和中心位于兰皮奥内岛低水位处、半径 12 英里的圆包络的北面交点

位于点 26 和点 27 间的分界线由中心位于兰佩杜萨岛低水位处、半径 13 英里的圆包络北面的圆弧构成。

28	中心位于兰皮奥内岛低水位处、半径 12 英里的圆包络和中心位于兰佩杜萨岛低水位处、半径 13 英里的圆包络的南面交点

位于点 27 和点 28 间的分界线由中心位于兰皮奥内岛低水位处、半径 12 英里的圆包络西面的圆弧构成。

| 29 | 中心位于兰佩杜萨岛低水位处、半径 13 英里的圆包络和中心位于利诺萨岛低水位处、半径 13 英里的圆包络的南面交点 | |

位于点 28 和点 29 间的分界线由中心位于兰佩杜萨岛低水位处、半径 13 英里的圆包络南面的圆弧构成。

30A（辅助点）	35°46′.5	13°01′.7
30	中心位于利诺萨岛低水位处、半径 13 英里的圆包络同连接辅助点 30A 和点 31 的中间线的南面交点	
31	35°39′.6	13°11′.5
32	35°15′.0	13°36′.6

分界线上各点均标绘在基于墨卡托投影的 1963 版意大利海图 260 号上。此海图比例尺为 1∶750 000，纬度 40°04′。海图于 1972 年再次印刷，由位于热那亚的海军水文研究所出版。

分界线一方面由连接以上各点的大圆弧构成；一方面由组成协议第二条中各岛屿周边的包络的截面所构成。绘图所需的辅助点不是分界线的组成部分。

虽然确定基线之前，其他法律或规范性条款已经生效，但不影响本地图和本文件基于 1971 年 8 月 20 日的协定加以订立，并成为协定的组成部分。

希腊共和国和意大利共和国大陆架划界协定

（1977年5月24日）

缔约双方基于中间线原则，决定划定两国的大陆架分界线，兹达成以下共识：

第一条

1. 鉴于本协定序文中确立的中间线原则，且微调后的中间线得到双方认同，两国的大陆架分界线应为连接以下各点的圆弧组成：

点号	北纬	格林尼治东经
1	39°57.7′	18°57.5′
2	39°52.4′	18°56.1′
3	39°49.0′	18°54.9′
4	39°17.3′	18°55.6′
5	39°02.0′	18°54.0′
6	38°30.0′	18°43.9′
7	37°52.0′	18°28.6′
8	37°21.3′	18°17.0′
9	36°59.5′	18°19.1′
10	36°54.4′	18°19.2′
11	36°45.0′	18°18.6′
12	36°26.5′	18°18.0′
13	36°24.1′	18°17.7′
14	36°11.0′	18°15.7′
15	36°09.0′	18°15.7′
16	35°34.2′	18°20.7′

2. 上述分界线标绘于附于本协定后的以下海图中：

（1）1956年版希腊海图11号，38°N，比例尺1∶1 000 000；

（2）1975年版意大利海图436号，41°N，比例尺1∶1 000 000。

3.缔约双方同意：分界线的最北端暂时不超过点1，南端不超过点16。分界线继续向南面和北面延伸，直至其到达邻国大陆架区域。

第二条

若某一矿藏（包括沙石）位于分界线两侧，且借助位于分界线一侧的装备可部分或全部开采位于另一侧的矿藏资源，则两国政府应会同开采许可证持有方尽力就矿藏开采方式达成共识，以保证开采活动利益最大化，且各方均保有对其管辖大陆架海床和底土的矿产资源的权利。

若横跨分界线的矿藏资源已被开采，缔约双方在同开采许可证持有方协商后，尽力达成一致，实现公正公平赔偿损失。

第三条

缔约双方应采取一切可能措施以确保各自的大陆架开发活动和大陆架资源的勘探和开发不会损害海洋生态平衡以及其他合法的海洋利用活动。

第四条

就解释或适用本协定产生的分歧，缔约双方应尽力通过外交渠道予以解决。

自缔约一方告知对方希望通过上文的外交方式解决有关分歧之日起，分歧在4个月内仍未解决，应缔约任一方的请求，分歧应提请国际法院或其他获得双方认可的国际机构予以解决。

第五条

本协定的任何条款不应影响上覆水域和领空的地位。

第六条

1.本协定应在缔约双方国内获得审议通过。双方应尽早在罗马交换协定批准书。

2.自协定批准书交换之日起，协定生效。

协定于1977年5月24日在雅典签署，文本语言为法语，一式两份，两份文件具有同等效力。

意大利和南斯拉夫在亚得里亚海大陆架划界的协定

（1968年1月8日）

意大利共和国政府和南斯拉夫社会主义联邦共和国政府，

希望确定各自大陆架分界线，

兹达成以下共识：

第一条

两缔约国各自大陆架分界线为由本条款所给定的经纬度连接而成的大圆弧。

相关坐标见于意大利海图 I.I.170号（1964年2月版，比例尺为1∶750 000），以及南斯拉夫海图101号（1963年2月版，比例尺为1∶750 000）和102号（1952年12月版，1966年6月修订，比例尺为1∶750 000）。

分界线上各点亦可参见附于本协定后的地图，此地图同上述3份海图极为相似。

缔约国同意分界线当下不会超过点43。

分界线上各点坐标如下（点43坐标可参见意大利语文本）：

点	意大利海图170号上的坐标	南斯拉夫海图101号上的坐标
01	45°27′.2N 13°12′.7E	45°27′.2N 13°12′.9E
02	45°25′.9N 13°11′.4E	45°25′.5N 13°11′.1E
03	45°20′.1N 13°06′.1E	45°20′.1N 13°06′.0E
04	45°16′.8N 13°03′.8E	45°16′.8N 13°03′.8E
05	45°12′.3N 13°01′.2E	45°12′.3N 13°01′.1E
06	45°11′.1N 13°00′.5E	45°11′.0N 13°00′.1E

续表

点	意大利海图 170 号上的坐标	南斯拉夫海图 101 号上的坐标
07	44°58′.5N 13°04′.7E	44°58′.4N 13°04′.3E
08	44°46′.1N 13°06′.4E	44°46′.3N 13°06′.1E
09	44°44′.3N 13°06′.8E	44°44′.1N 13°06′.6E
10	44°30′.0N 13°08′.1E	44°30′.3N 13°07′.7E
11	44°28′.6N 13°11′.0E	44°28′.5N 13°10′.7E
12	44°27′.9N 13°11′.7E	44°28′.1N 13°11′.7E
13	44°17′.8N 13°28′.3E	44°17′.7N 13°27′.8E
14	44°12′.5N 13°37′.9E	44°12′.7N 13°38′.1E
15	44°10′.8N 13°40′.0E	44°10′.7N 13°40′.3E
16	44°00′.5N 14°00′.9E	44°00′.7N 14°01′.2E
17	43°57′.5N 14°05′.0E	43°57′.7N 14°04′.9E
18	43°54′.0N 14°10′.3E	43°54′.3N 14°10′.2E
19	43°43′.0N 14°21′.4E	43°43′.0N 14°21′.4E
20	43°40′.3N 14°23′.5E	43°40′.2N 14°23′.8E
21	43°38′.4N 14°24′.5E	43°38′.6N 14°24′.9E
22	43°26′.4N 14°26′.4E	43°35′.9N 14°26′.4E

续表

点	意大利海图170号上的坐标	南斯拉夫海图101号上的坐标
23	43°31′.6N 14°30′.4E	43°32′.2N 14°30′.1E
24	43°29′.7N 14°32′.0E	43°30′.1N 14°31′.9E
25	43°25′.2N 14°34′.9E	43°25′.4N 14°35′.6E
26	43°13′.0N 14°46′.0E	43°12′.7N 14°46′.3E
27	43°10′.6N 14°47′.9E	43°10′.3N 14°48′.1E
28	43°03′.8N 14°54′.5E	43°03′.7N 14°55′.1E
29	43°00′.8N 14°57′.9E	43°00′.9N 14°58′.0E
30	42°59′.2N 15°00′.7E	42°59′.3N 15°00′.8E
31	42°47′.9N 15°09′.5E	42°47′.7N 15°09′.7E
32	42°36′.8N 15°21′.8E	42°36′.7N 15°22′.0E
33	42°29′.5N 15°44′.8E	42°29′.6N 15°45′.0E
34	位于佩拉戈萨岛灯塔处103°方位角（真方位）方向，距灯塔12英里处。 点34至点35连成的分界线为一自佩拉戈萨岛灯塔起半径12英里的圆。	
35	位于佩拉戈萨岛灯塔12英里处，即方位从佩拉戈萨岛灯塔直至维耶斯泰灯塔处 点35至点36连成的分界线为一自凯奥拉岛起半径12英里的圆。	
36	位于凯奥拉岛12英里处，即方位从佩拉戈萨岛灯塔直至点37。	
点	位于170号地图上的 意大利坐标	位于102号地图上的南斯拉夫坐标
37	42°16′.0N 16°37′.1E	42°15′.9N 16°37′.3E

续表

点	意大利海图 170 号上的坐标	南斯拉夫海图 101 号上的坐标
38	42°07′.0N 16°56′.8E	42°07′.0N 16°56′.7E
39	41°59′.5N 17°13′.0E	41°59′.4N 17°13′.1E
40	41°54′.8N 17°18′.7E	41°54′.6N 17°19.0E
41	41°50′.2N 17°37′.0E	41°49′.9N 17°37′.4E
42	41°38′.5N 18°00′.0E	41°38′.1N 18°00′.0E
43	41°30′.0N 18°13′.0E	41°30′.0N 18°12.9E

第二条

若海底或海底以下的自然资源确是分布于大陆架分界线两侧，且从位于分界线一侧的缔约一方所管辖大陆架区域可部分或全部开采分界线另一侧且属于缔约另一方管辖大陆架的资源，则缔约双方的职能部门应就此进行沟通，尽力在作出最终让步的谈判前，就上述资源的开采方式达成一致。

第三条

基于本协定第一条确定的分界线，若双方就任何装置或设备的位置存有分歧，缔约双方的职能部门应就装置或设备应位于何方管辖的大陆架问题达成一致。

第四条

本协定不影响大陆架上覆水域或领空的法律状态。

第五条

本协定应依照缔约各方法律规程，在双方国内获得审议通过。双方应尽早在贝尔格莱德交换协定批准书；自批准书交换之日起，协定生效。协定一式两份，分别由意大利语和塞尔维亚－克罗地亚语写成，两种文本具有同等效力。

苏维埃社会主义共和国联盟政府和土耳其共和国政府关于两国在黑海的领海划界协定

（1973年4月17日）

苏维埃社会主义共和国联盟政府和土耳其共和国政府，

鉴于两国的友好关系，

希望划定两国在黑海的海洋边界，

决定达成此协定，并为此授权各自的特命全权代表：

苏维埃社会主义共和国联盟特命全权大使 P. K. 艾尔莫申（P. K. Ermoshin）；

土耳其共和国特命全权大使穆塔法·克那诺格鲁（Mustafa Kenanoglu）。

双方交换各自的全权证书，以合适的方式，兹达成以下共识：

第一条

缔约方同意苏联和土耳其在黑海的海洋边界的起始点为两国在沿岸的陆地分界线端点，并沿着290°方位角的方向，直至其同苏联和土耳其两国的领海（12海里）外沿相交处。

第二条

缔约方需在平等基础上，就此海洋划界问题成立一个苏联－土耳其联合委员会，负责在分界线适宜位置标记等事宜以及准备相关文件等。各方派出5名代表。在进行分界线标记的过程中，缔约方代表团可依据需要邀请合适数量的专家和技术人员。

第三条

缔约方应平摊两国在黑海的海洋分界线标记工作中所产生的一切费用。

第四条

此协定应获得两国批准通过。批准书互换完成当日，协定生效。

两国应尽早在莫斯科互换协定批准书。

本协定于1973年4月17日在安卡拉签署，一式两份，分别由俄语和土耳其语写成，两种文本具有同等效力。

土耳其共和国政府和苏维埃社会主义共和国联盟政府关于两国在黑海的大陆架划界协定

（1978年6月23日）

土耳其共和国政府和苏维埃社会主义共和国联盟政府，

希望加深和拓展两国现有的友好合作关系，

希望依据国际法，划定两国在黑海行使各自主权权利的大陆架区域界限，以勘探和利用大陆架自然资源，

同意在公正原则的基础上，划定两国在黑海的大陆架界限，

鉴于国际法的相关原则和规则，

兹达成以下共识：

第一条

土耳其共和国和苏维埃社会主义共和国联盟在黑海的大陆架分界线为一线段。该线段起点为两国在黑海的领海分界线端点。此分界线是依据1973年4月17日两国在黑海的领海划界协定而确定的。此后，大陆架分界线总体向西延伸，途经以下各点：

纬度	经度
41°35′41″N	41°16′33″E
41°57′00″N	40°41′33″E
42°01′52″N	40°26′00″E
42°08′21″N	39°49′37″E
42°20′15″N	39°00′13″E
42°25′28″N	38°32′10″E
43°10′55″N	36°50′42″E
43°26′04″N	36°10′57″E
43°26′08″N	35°30′25″E

缔约方同意，协定签署后，两国大陆架分界线的最远端点为43°20′43″N，32°00′00″E。双方同意，就此分界线在43°20′43″N，32°00′00″E和43°26′59″N，31°20′48″E间的区域向西延伸的问题留待以后双方在合适的时间共同协商解决。

第二条

本协定第一条确定的两国的大陆架分界线标绘于附件中1977年出版的海图500号和1976年出版的海图501号。两份海图均为协定的组成部分。

本协定所涉所有地理坐标均符合上述海图使用的坐标系统。

第三条

依据《联合国宪章》第一百零二条的规定，此协定应在联合国秘书处注册。

第四条

此协定应获得缔约双方国内批准通过。批准书互换完成当日，协定生效。

两国应尽早在安卡拉互换协定批准书。

本协定于1978年6月23日在莫斯科签署，一式两份，分别由土耳其语和俄语写成，两种文本具有同等效力。

四、印度洋地区

泰国政府和印度尼西亚共和国政府关于两国在马六甲海峡以北和安达曼海区域的大陆架划界协定

（1971年12月17日）

泰国政府和印度尼西亚共和国政府，

希望加深两国的睦邻友好关系，

希望划定两国在马六甲海峡以北和安达曼海区域的大陆架边界，

兹达成以下共识：

第一条

1. 泰国和印度尼西亚在马六甲海峡以北和安达曼海区域的大陆架分界线为一直线。直线自点——6°21′.8N，97°54′.0E（即下文的点1）出发，向西面延伸至点——7°05′.8N，96°36′.5E（即下文的点2）。

2. 1970年10月15日，印度尼西亚、马来西亚和泰国政府代表于曼谷签署了谅解备忘录，其中确定了共同点的位置。点1和共同点间的分界线应在三国政府随后签署的协定中正式确定。

3. 第1款提及的各点坐标均为地理坐标。连接各点的直线标绘于本协定附件海图上。

4. 应任一政府的请求，确定上述各点在海洋中实际位置的方法应得到两国政府相关职能部门负责人的一致同意。

5. 上述提及的"职能部门负责人"在泰国应为泰国水文部部长或其任命代表，在印度尼西亚为印尼国家测绘协调局局长或其任命代表。

第二条

若任何地理石油构造或油田位置位于第一条确定的分界线两侧，且从分界线的一侧可部分或全部开采位于另一侧的地理构造或油田，则缔约方应尽力就地理构造的最有效开采方式问题达成一致。

第三条

就解释或适用本协定产生的分歧，两国政府应通过磋商对话方式予以和平解决。

第四条

本协定应依照各国相关法律规定，在国内获得审议通过。

第五条

自协定批准书交换之日起，协定生效。

两国政府授命全权代表签署此协定，以昭信守。

协定于1971年12月17日在曼谷签署，协定文本语言包括泰语、印度尼西亚语和英语；若文本间存在冲突，应以英语文本为准。

泰国政府和印度尼西亚共和国政府关于两国在安达曼海海床划界协定

（1975 年 12 月 11 日）

泰国政府和印度尼西亚共和国政府，

希望加深两国的睦邻友好关系，

希望划定两国在安达曼海的海床边界，

兹达成以下共识：

第一条

1. 泰国和印度尼西亚在安达曼海的海床分界线为一直线。直线自点 A（07°05′.8N，96°36′.5E）出发，向西北方向延伸至点 L（07°46′.1N，95°33′.1E）。点 A 为泰国政府和印度尼西亚共和国政府于 1971 年 12 月 17 日在曼谷签署的两国在马六甲海峡以北和安达曼海区域的大陆架划界协定中确定的分界线之端点。

2. 第 1 款提及的各点坐标均为地理坐标。连接各点的直线标绘于本协定附件之英版海图 830 号上。

3. 应任一政府的请求，确定上述各点在海洋中实际位置的方法应得到两国政府相关职能部门负责人的一致同意。

4. 上述提及的"职能部门负责人"在泰国应为泰国水文部部长或其任命代表，在印度尼西亚为印尼国家测绘协调局局长或其任命代表。

第二条

若任何地理构造或油气田位置横跨第一条所订立的分界线，且从分界线的一侧可部分或全部开采位于另一侧的构造，则两国政府应尽力就最有效开采构造的方式问题达成一致。

第三条

就解释或适用本协定产生的分歧，两国政府应通过磋商对话方式予以和平解决。

第四条

本协定应依照各国相关法律规定，在国内获得审议通过。

第五条

自协定批准书交换之日起,协定生效。

两国政府授命全权代表签署此协定,以昭信守。

协定于 1975 年 12 月 11 日在雅加达签署。协定文本语言包括泰语、印度尼西亚语和英语;若文本间存在冲突,应以英语文本为准。

泰国政府、印度政府和印度尼西亚政府关于三国在安达曼海划界和确定三国边界交点问题的协定

（1978年6月22日）

泰国政府，

印度政府，

以及印度尼西亚政府，

希望加深三国间的传统友谊，

并确定三国在安达曼海的相关边界交点，划定各自管辖区域的边界，

兹达成以下共识：

第一条

订立此条款意在：

1. 泰国、印度和印度尼西亚三国在安达曼海的边界交点坐标为07°47′00″N，95°31′48″E。

2. 印度和印度尼西亚的大陆架分界线应自上述交点向西南方向笔直延伸至点0。点0坐标为07°46′06″N，95°31′12″E；相关信息可参见印度和印度尼西亚于1977年1月14日在新德里签署的《印度政府和印度尼西亚政府关于延伸1974年划定的两国在安达曼海和印度海的大陆架边界的协定》的第一条。

3. 泰国和印度的海床分界线应自上述交点向东北方向笔直延伸至点1。点1坐标为07°48′00″N，95°32′48″E；详细信息可参见泰国和印度于1978年6月22日在新德里签署的《泰国政府和印度政府关于两国在安达曼海的海床划界协定》的第一条。

4. 泰国和印度尼西亚的海床分界线应自上述交点向东南方向笔直延伸至点L。点L坐标为07°46′1″N，95°33′1″E；详细信息可参见泰国和印度尼西亚于1975年12月11日在雅加达签署的《泰国政府和印度尼西亚政府关于两国在安达曼海海床划界协定》的第一条。

5. 上述提及的各点坐标均为1975年1月3日出版的英版海图830号确定的地理坐标。连接各点的直线标绘于本协定附件A的海图上。

6. 确定上述各点在海洋中实际位置的方法应得到三国政府相关职能部门负责人的一致同意。

7. 上文提及的"职能部门负责人"在泰国应为泰国水文部部长或其任命代表，在印度为印度首席水文官或其任命代表，在印度尼西亚为国家测绘协调部部长或其任命代表。

第二条

泰国政府、印度政府和印度尼西亚政府承认各政府对本协定划定的管辖海床包括底土的主权。

第三条

若任何油气田或矿床位置跨越了第一条所订立的分界线，三国政府应告知相关方所有有关信息，就有效利用油气田或矿床的方式以及公平分配开采利益等事宜达成一致。

第四条

就解释或执行此协定而产生的分歧，三国政府应通过磋商或谈判的方式予以和平解决。

第五条

此协定应依据各国法律程序在本国国内审议通过。三国应尽快在曼谷交换协定批准书；批准书件交换完成当日，协定生效。

三国政府授权代表签署此协定，以昭信守。

本协定于1978年6月22日在新德里签署，一式三份，分别为泰语、印度语和英语版本。若3个版本间有任何冲突，应以英文版为标准。

泰国政府和缅甸联邦社会主义共和国政府关于两国在安达曼海的海洋划界协定

（1980年7月25日）

泰国政府和缅甸联邦社会主义共和国政府，

希望加深两国的传统友谊，

希望确定两国在安达曼海的海洋边界，永久解决各自政府主权管辖的海域边界问题，

兹达成以下共识：

第一条

1. 泰国和缅甸在安达曼海的海洋边界为一条由一连串直线连成的等距线。直线依序连接如下9个点：

点号	北纬	东经
1	9°32′15″	97°56′20″
2	9°34′29″	97°52′10″
3	9°34′54″	97°51′12″
4	9°35′39″	97°45′29″
5	9°36′02″	97°43′29″
6	9°37′24″	97°37′36″
7	9°40′35″	97°26′36″
8	9°45′30″	96°29′35″
9	9°38′00″	95°35′25″

2. 本条第1款所提及的海洋边界自点1出发，途经点2、3和4，直至点5。上述各点相连，构成泰国领海和缅甸领海的分界线。

本条第1款所提及的海洋边界自点5出发，途经点6、7和8，直至点9。上述各点相连，构成泰国大陆架和缅甸大陆架的分界线。若泰国欲划定其专属经济区，此线亦为缅甸专属经济区和泰国专属经济区的分界线。

分界线朝泰国、缅甸和印度三国的海洋边界交点方向延伸，终止点为

此交点，此事宜参见后续协定。

第二条

第一条提及的点 1 至点 6 的地理坐标均为 1975 年再版的英版海图 3052 号划定的地理坐标；点 7 至点 9 为 1975 年 1 月 3 日出版的英版海图 830 号划定的地理坐标；连接各点的直线可参见本协定附件 A，即 1975 年 1 月 3 日出版的英版海图 830 号。

确定上述各点在海洋中实际位置和划线连接各点的方法应得到三国政府特别指定的水文专家的一致同意。

第三条

就解释或执行此协定而产生的分歧，三国政府应通过磋商或谈判的方式予以和平解决。

第四条

此协定应依据各国法律程序在本国国内审议通过。三国应尽快在曼谷交换协定批准书；批准书交换完成当日，协定生效。

三国政府授权代表签署此协定，以昭信守。

本协定于 1980 年 7 月 25 日在仰光签署。协定为英文文本。

泰国政府和印度政府关于两国在安达曼海的海床划界协定
（1978年6月22日）

泰国政府和印度政府，

希望巩固两国的传统友谊，

希望划定两国在安达曼海的海床分界线，永久确定各自主权管辖的海域界限，

兹达成以下共识：

第一条

1. 泰国和印度在安达曼海的海床分界线为数段直线，各段直线由以下各点连接而成：点1和点2、点2和点3、点3和点4、点4和点5、点5和点6以及点6和点7。

2. 上述各点坐标如下：

点号	北纬	东经
点1	07°48′00″	95°32′48″
点2	07°57′30″	95°41′48″
点3	08°09′54″	95°39′16″
点4	08°13′47″	95°39′11″
点5	08°45′11″	95°37′42″
点6	08°48′04″	95°37′40″
点7	09°17′18″	95°36′31″

3. 后续工作将确定分界线或是向泰国、印度和印度尼西亚三国海床分界线交点方向延伸，或是向泰国、印度和缅甸三国海床分界线交点方向延伸。

第二条

1. 第一条提及的各点坐标均为地理坐标。连接各点的直线标绘于本协定附件A的海图上。

2. 确定上述各点及连接各点的线段在海洋中实际位置的方法应得到两国政府相关职能部门负责人的一致同意。

3. 上述提及的"职能部门负责人"在泰国应为泰国水文部部长或其任命代表，在印度为印度政府首席水文官或其任命代表。

第三条

泰国政府和印度政府承认各政府对就本协定划定主权管辖的海床包括底土的主权权利。

第四条

若任何油气田或矿床位置跨越了第一条所订立的分界线，三国政府应告知相关方所有有关信息，并就有效利用油气田或矿床的方式以及公平分配开采利益等事宜达成一致。

第五条

就解释或执行此协定产生的分歧，两国政府应通过磋商或谈判的方式予以和平解决。

第六条

此协定应依据各国法律程序在本国国内审议通过。两国应尽快在曼谷交换协定批准书；批准书交换完成当日，协定生效。

两国政府授权代表签署此协定，以昭信守。

本协定于1978年6月22日在新德里签署，分别为泰语、印度语和英语版本。若3个版本间有任何冲突，应以英文版为标准。

泰国和马来西亚领海划界条约

（1979年10月24日）

泰国和马来西亚，

希望巩固两国的传统友谊，

注意到在马六甲海峡北部和泰国湾两国的海岸毗邻，

希望划定两国领海的边界，

兹达成以下共识，

第一条

1. 马六甲海峡处，位于布坦群岛和郎卡维岛之间的海域，泰国和马来西亚的领海边界有所重合。两国领海分界线为数条直线构成，其起点位于特鲁图岛和郎卡维岛间，处于海峡中端位置，坐标为6°28′.5N，99°39′.2E，其详细位置可参见1909年3月10日签署的《泰国和马来西亚海洋划界条约》补充条款。此后，分界线向西北方向延伸，至点——6°30′.2N，99°33′.4E。分界线继续向西南方向延伸，至点——6°28′.9N，99°30′.7E后再向西南方向延伸，直至点——6°18′.4N，99°27′.5E。

2. 布坦群岛领海外沿至上述岛屿的南部应为边界线构成。边界线连接以下各点：第1款提及的点——6°18′.4N，99°27′.5E，点——6°16′.3N，99°19′.3E和点——6°18′.0N，99°06′.7E。

3. 第1款和第2款标定的各点坐标为英版海图793号和830号标定的地理坐标。连接各点的边界线标绘于本协定附件A（1）和A（2）上。

第二条

1. 泰国和马来西亚在泰国湾的领海分界线为连接点——6°14′.5N，102°05′.6E和点——6°27′.5N，102°10′.0E的一条直线。

2. 第1款提及的各点坐标均为英版海图3961号确定的地理坐标。连接各点的直线标绘于本协定附件B的海图上。

第三条

1. 确定上述各点在海洋中实际位置的方法应得到两国政府相关职能部门负责人的一致同意。

2. 上述提及的"职能部门负责人"在泰国应为泰国水文部部长或其任

命代表，在马来西亚为马来西亚国家绘图局局长或其任命代表。

第四条

各缔约方承诺在本国采取必要措施以遵守本条约规定。

第五条

就解释或执行此条约而产生的分歧，两国政府应通过磋商或谈判的方式予以和平解决。

第六条

本条约应在两国国内依据各自的法律程序获准通过。

第七条

条约批准书交换完成当日，条约生效。

本条约于 1979 年 10 月 24 日在吉隆坡签署，分别为泰语、马来语和英语版本。若版本间有任何冲突，应以英文版为标准。

泰国和马来西亚关于两国在泰国湾大陆架划界谅解备忘录

（1979 年 10 月 24 日）

泰国和马来西亚，

希望巩固两国的传统友谊，

希望划定两国在泰国湾的大陆架分界线，

兹达成以下共识：

第一条

1. 在泰国湾，泰国和马来西亚的大陆架边界由一连串直线构成。直线依序连接如下各点：

点号	北纬	东经
（i）	6°27′.5	102°10′.0
（ii）	6°27′.8	102°09′.6
（iii）	6°50′.0	102°21′.2

2. 点（ii）的坐标系参照点 6°16′.6N，102°03′.8E 确定的。此点曾为 1909 年 3 月 10 日暹罗和英国在曼谷签署的条约附件之划界协定所确定的库拉塔巴尔的位置。

第二条

1. 第一条提及的各点坐标均为英版海图 3961 号确定的地理坐标。连接各点的直线标绘于本谅解备忘录附件的海图上。

2. 确定上述各点以及连接各点的线段在海洋中实际位置的方法应得到两国政府相关职能部门负责人的一致同意。

3. 上述提及的"职能部门负责人"在泰国应为泰国水文部部长或其任命代表，在马来西亚为马来西亚国家绘图局局长或其任命代表。

第三条

两国政府应继续协调磋商，以完成其在泰国湾的大陆架划界工作。

第四条

若任何油气田或矿床位置跨越了第一条所订立的分界线，两国政府应告知对方所有相关信息，并就有效利用油气田或矿床的方式以及公平分摊开采成本、分享开采利益等事宜达成一致。

第五条

就解释或执行此备忘录而产生的分歧或争端，两国应通过磋商或谈判的方式予以和平解决。

第六条

此备忘录应在两国国内依据各自法律程序审议通过。两国应尽快交换备忘录批准书；批准书交换完成当日，备忘录生效。

此备忘录于1979年10月24日在吉隆坡签署，一式三份，分别为泰语、马来语和英语版本。若3个版本间有任何冲突，应以英文版为标准。

斯里兰卡和印度关于两国在马纳尔湾和孟加拉湾海洋划界和相关事宜的协定

（1976年3月23日）

斯里兰卡政府和印度政府，

基于两国分别在1974年6月26日和28日签署的《斯里兰卡和印度历史水域划界和相关事宜的协定》，规定双方在保克海峡的海洋边界，*

希望延伸此边界，以划定两国在马纳尔湾和孟加拉湾的海洋边界，

兹达成以下共识：

第一条 斯里兰卡和印度在马纳尔湾的海洋边界为由以下各点构成的圆弧，各点坐标依序如下：

点号	北纬	东经
点 1m	09°06′.0	79°32′.0
点 2m	09°00′.0	79°31′.3
点 3m	08°53′.8	79°29′.3
点 4m	08°40′.0	79°18′.2
点 5m	08°37′.2	79°13′.0
点 6m	08°31′.2	79°04′.7
点 7m	08°22′.2	78°55′.4
点 8m	08°12′.2	78°53′.7
点 9m	07°35′.3	78°45′.7
点 10m	07°21′.0	78°38′.8
点 11m	06°30′.8	78°12′.2
点 12m	05°53′.9	77°50′.7
点 13m	05°00′.0	77°10′.6

此后将会划定超过点13m以外的延伸海洋边界。

---

* 文本参见第226页。

第二条　斯里兰卡和印度在孟加拉湾的海洋边界为由以下各点构成的圆弧，各点坐标依序如下：

点号	北纬	东经
点 1b	10°05′.0	80°03′.0
点 1ba	10°05′.8	80°05′.0
点 1bb	10°08′.4	80°09′.5
点 2b	10°33′.0	80°46′.0
点 3b	10°41′.7	81°02′.5
点 4b	11°02′.7	81°56′.0
点 5b	11°16′.0	82°24′.4
点 6b	11°26′.6	83°22′.0

第三条　第一条提及的各点坐标均为地理坐标。连接各点的直线标绘于本协定附件海图上；双方政府任命的测量员均已签署此海图。

第四条　确定第一条和第二条中各点在海洋和海床中实际位置的方法应得到双方政府任命的测量员的一致同意。

第五条

1. 两国均对位于上述边界线以内的历史水域、领海和岛屿拥有主权。

2. 两国均对位于上述边界线以内的大陆架、专属经济区及生物和非生物资源拥有主权权利和专属管辖权。

3. 在依照本国法律法规和国际法的基础上，两国均享有在其领海和专属经济区内的航行权利。

第六条　若任何油气田或矿床（包括沙子和砾石）位置跨越了第一条和第二条所订立的分界线，且位于边界线任一侧的油气田或矿床全部或部分可开采，则两国政府应就有效利用油气田或矿床的方式以及分享开采利益等事宜达成一致。

第七条　此协定应获得两国国内批准通过。两国应尽快交换协定批准书；批准书交换完成当日，协定生效。

新德里，1976 年 3 月 23 日

斯里兰卡和印度关于延伸两国在马纳尔湾的海洋边界自点 13m 至斯里兰卡、印度和马尔代夫三国海洋边界交点 T 的补充协定

（1976 年 12 月 22 日）

斯里兰卡政府和印度政府，

基于两国于 1976 年 3 月签署的《斯里兰卡和印度关于两国在马纳尔湾和孟加拉湾海洋划界和相关事宜的协定》（即附件 I），以及协定第一条所述"此后将会划定超过点 13m 以外的延伸海洋边界"，

基于斯里兰卡、印度和马尔代夫三国政府代表于 1976 年 7 月签署的关于确定三国在马纳尔湾的海洋边界交点的协定（即附件 II），

希望延伸斯里兰卡和印度在马纳尔湾的海洋边界，即从点 13m 直至三国海洋边界交点点 T，

兹达成以下共识：

第一条 斯里兰卡和印度在马纳尔湾的海洋边界自点 13m（附件 I 的 1976 年 3 月海洋边界协定所确定）一直延伸至三国海洋边界交点点 T（附件 II 的 1976 年 7 月三国协定所确定）。延伸部分为由以下各点组成的大圆弧，各点坐标如下：

点号	北纬	东经
点 13m	05°00′.0	77°10′.6
点 2m	04°47′.04	77°01′.40

第二条 本补充协定作为 1976 年 3 月的海洋边界协定（附件 I）的一部分，后者中的第三条和第七条条款在进行适当修改后，应同样适用于本补充协定。

地点：科伦坡

时间：1976 年 11 月 22 日

附件 I

《斯里兰卡和印度关于两国在马纳尔湾和孟加拉湾的海洋划界和相关事宜的协定》(协定文本参见第 222 页)。

附件 II

斯里兰卡、印度和马尔代夫关于确定三国在马纳尔湾的海洋边界交点的协定(协定文本参见第 228 页)。

斯里兰卡和印度
历史水域划界和相关事宜的协定

（1974 年 6 月 26/28 日）

斯里兰卡政府和印度政府，

希望划定两国历史水域的边界，以公正公平的方式解决相关事宜，

已全方面分析此问题，考虑到历史、法律因素和其他相关证据，

兹达成以下共识：

第一条

斯里兰卡和印度在自保克海峡至亚当桥水域的海洋边界线为由以下各点构成的大圆弧，各点坐标依序如下：

点号	北纬	东经
点 1	10°05′	80°03′
点 2	09°57′	79°35′
点 3	09°40.15′	79°22.60′
点 4	09°21.08′	79°30.70′
点 5	09°13′	79°32′
点 6	09°06′	79°32′

第二条

第一条提及的各点坐标均为地理坐标。连接各点的直线标绘于本协定附件的海图上。两国政府特别任命的测量员均已签署此海图。

第三条

确定上述各点在海洋和海床中实际位置的方法应得到两国特别任命测量员的一致同意。

第四条

两国均享有对上述划定边界内水域、岛屿、大陆架和底土的主权权利和专属管辖权。

第五条

依据上述规定，印度渔民和朝圣者可进入卡奇岛，无须获取斯里兰卡的旅行文件或签证。

第六条

斯里兰卡和印度船只仍将享受在对方国水域的传统权利。

第七条

若任何油气田或矿床（包括沙子和砾石）位置跨越了第一条所订立的分界线，且位于分界线任一侧的油气田或矿床全部或部分可开采，两国政府应就有效利用油气田或矿床的方式以及分享开采利益等事宜达成一致。

第八条

此协定应获得两国国内批准通过。两国应尽快交换协定批准书；批准书交换完成当日，协定生效。

科伦坡，1974 年 6 月 26 日
新德里，1974 年 6 月 28 日

斯里兰卡、印度和马尔代夫关于确定三国在马纳尔湾的海洋边界交点的协定

（1976 年 7 月 23/24/31 日）

斯里兰卡政府、印度政府和马尔代夫政府，

基于斯里兰卡和印度于 1976 年 3 月签署的两国在马纳尔湾和孟加拉湾的海洋划界协定，*

考虑到印度和马尔代夫正就两国在阿拉伯海的海洋划界问题进行协商，

希望确定三国在马纳尔湾的海洋边界交点的位置，

兹达成以下共识：

第一条 斯里兰卡、印度和马尔代夫三国在马纳尔湾以外海域的海洋边界交点应到斯里兰卡、印度和马尔代夫沿岸最近点的距离相等，此点称为点 T，其坐标如下：

点号	北纬	东经
点 T	04°47.04′	77°01.40′

第二条 第一条中点 T 的地理坐标在附件海图上标明。三国各自特别任命的测量员均已签署此海图。

第三条 测量点 T 在海洋和海床中实际位置的方法应得到三国各自特别任命的测量员的一致认可。

第四条 此协定签署后立即生效。若各国签署协定时间不同，则最后签署时间为协定生效时间。

> 科伦坡：1976 年 7 月 23 日
> 科伦坡：1976 年 7 月 24 日
> 科伦坡：1976 年 7 月 31 日

---

* 协定文本参见第 222 页。

印度共和国政府和印度尼西亚共和国政府大陆架划界协定

（1974年8月8日）

印度政府和印度尼西亚政府，

希望巩固两国的传统友谊，

希望划定两国的大陆架分界线，

兹达成以下共识：

第一条

1. 印度和印度尼西亚两国在大尼科巴岛（印度）和苏门答腊岛（印度尼西亚）间的大陆架分界线由数段直线构成。直线分别连接点1和2、点2和3以及点3和4。各点坐标如下：

点号	北纬	东经
点1	06°38′.5	94°38′.0
点2	06°30′.0	94°32′.4
点3	06°16′.2	94°24′.2
点4	06°00′.0	94°10′.3

2. 第1款中各点的坐标均为地理坐标。连接各点的直线标绘于本协定附件A的海图上。

3. 确定上述各点在海洋中实际位置的方法应得到两国政府相关职能部门负责人的一致同意。

4. 上述提及的"职能部门负责人"在印度应为印度政府首席水文官或其任命代表，在印度尼西亚为国家测绘协调局局长或其任命代表。

第二条

两国政府均应承诺在各自国内采取必要措施，以遵守本协定的条规。

第三条

若任何油气田或矿床位置跨越了第一条所订立的分界线，两国政府应告知相关方所有有关信息，并就有效利用油气田或矿床的方式以及公平分配开采利益等事宜达成一致。

第四条

就解释或执行此协定产生的分歧，两国政府应通过磋商或谈判的方式予以和平解决。

第五条

此协定在各国国内依据各自法律程序审议通过。两国应尽快在德里交换协定批准文件；批准文件交换完成当日，协定生效。

两国政府授命代表签署此协定，以昭信守。

本协定于1974年8月8日在雅加达签署，一式三份，分别为印度语、印尼语和英语版本。若三个版本间有任何冲突，应以英文版为标准。

印度共和国政府和印度尼西亚共和国政府关于延伸 1974 年划定的两国在安达曼海和印度洋大陆架边界的协定

（1977 年 1 月 14 日）

印度政府和印度尼西亚政府，

基于两国于 1974 年 8 月 8 日正式签署的《印度共和国和印度尼西亚共和国大陆架划界协定》，两国于 1974 年 12 月 17 日在新德里交换协定批准书，协定于当日生效，

希望将两国在安达曼海和印度洋的大陆架分界线延伸至划界协定未涵盖的区域，

决定以友好合作的精神，永久划定前段提及的各国政府主权管辖的区域分界线，

兹达成以下共识：

第一条

在安达曼海区域：

印度和印度尼西亚在安达曼海的海床边界为数段连接点 1 和 K、点 K 和 N 以及点 N 和 O 的直线。

上述各点的坐标如下：

点号	北纬	东经
点 1	06°38′.5	94°38′.0
点 K	07°01′24″	94°55′37″
点 N	07°40′06″	95°25′45″
点 O	07°46′06″	95°31′12″

第二条

在印度洋区域：

印度和印度尼西亚在印度洋的海床边界为数段连接点 4 和 R、点 R 和 S、

点 S 和 T 以及点 T 和 U 的直线。

上述各点的坐标如下：

点号	北纬	东经
点 4	06°00′.0	94°10′.3
点 R	05°25′20″	93°41′12″
点 S	04°27′34″	92°51′17″
点 T	04°18′31″	92°43′31″
点 U	04°01′40″	92°23′55″

第三条

1. 第一条和第二条提及的各点坐标均为地理坐标。连接各点的直线标绘于本协定附件 B 的海图上。

2. 确定上述各点和连接各点的直线在海洋中实际位置的方法应得到两国政府相关职能部门负责人的一致同意。

3. 上述提及的"职能部门负责人"在印度为印度政府首席水文官或其任命代表，在印度尼西亚为国家测绘图协调局局长或其任命代表。

第四条

印度政府和印度尼西亚政府承认对方对本协定划定范围内所属海床包括底土的主权权利。

第五条

若任何油气田或矿床位置跨越了第一条和第二条订立的分界线，两国政府应告知对方所有相关信息，并就有效利用油气田或矿床的方式以及公平分配开采利益等事宜达成一致。

第六条

就解释或执行此协定产生的分歧，两国政府应通过磋商或谈判的方式予以和平解决。

第七条

此协定应在各国国内依据各自法律程序审议通过。两国应尽快在雅加达交换协定批准书；批准书交换完成当日，协定生效。

两国政府授命代表签署此协定，以昭信守。

本协定于 1977 年 1 月 14 日在新德里签署，一式三份，分别为印度语、印尼语和英语版本。若 3 个版本间有任何冲突，应以英文版为标准。

公 约[*]
（1980年4月2日）

法兰西共和国政府和毛里求斯政府就两国在留尼汪群岛和毛里求斯群岛间的管辖经济区划定界限，

法兰西共和国政府和毛里求斯政府，

希望巩固两国的睦邻友好关系，

期望划定各自在留尼汪群岛和毛里求斯群岛间的管辖经济区界限，

鉴于第三次联合国海洋法大会所做工作和国际法律的可适用原则，

认为采用等距线方法划定经济区边界符合公正原则，

基于两国代表于1979年5月17日在路易斯港签署的勘测发现声明，

兹同意以下条款：

第一条

法国和毛里求斯在留尼汪群岛和毛里求斯群岛间水域各自管辖经济区的分界线为第二条确定的中间线。

第二条

第一条提及的中间线由点P1、P2、P3、P4、P5、P6和P7组成，各点坐标参见附件I。

此线标绘于附件II海图上。

附件I和II亦为此公约的组成部分。

第三条

此公约自签署之日起即刻生效。

此公约由两国授权代表签署并盖章，以昭信守。

本公约于1980年4月2日签署于巴黎，一式两份。

---

[*] 来源：《海洋边界》，95号，1982年（美利坚合众国情报和研究局地理学家办公室）。

附件Ⅰ

1. 第二条提及的各点坐标如下：

指定点	南纬	东经
P1	18°17′11″	55°30′20″
P2	19°00′49″	55°50′45″
P3	20°04′57″	56°17′39″
P4	20°35′55″	56°27′44″
P5	21°18′19″	56°50′09″
P6	22°00′32″	57°14′40″
P7	23°48′05″	58°14′23″

2. 上述数据均为自然地理（天文）坐标。
3. 连接上述各点的线条为罗盘方位线。

附件Ⅱ （水文海图）

梗　概

法属留尼汪岛和毛里求斯的海洋边界标绘于附录的正常页面大小的说明图上，此图是基于美版海图702号描绘的。官方地图参见本协定的附件Ⅱ。研究所用的测量尺寸基于有别于双方使用的图表和参数。因此，任何比较测量的结果将同本研究结果，尤其是所附图表，有些许出入。

依据本条约，此边界划分了缔约方各自管辖的专属经济区。海洋边界线为西北—东南走向，由7个拐点和端点组成。*此线蜿蜒穿行于外形和面积近似的留尼汪岛和毛里求斯岛间，穿越西南印度洋3 300~5 000米的深水区域。在西北部，边界线的起点为三方海洋边界的交点，此点到留尼汪、毛

---

* 此梗概虽涉及专属经济区，但并不意味着美国认同此概念。（美国认为，仅当经济区相关事宜是依照美方签署的海洋协定而确定的，美国才接受经济区的概念。）

里求斯和特罗姆兰岛（为受留尼汪管理的法属群岛之一）沿岸的距离均为153海里。

拐点4为此边界距留尼汪和毛里求斯最近的部分，其距离两岛大约为95海里。此后，边界线继续向东南方向延伸，直至地图上的点7，其距两岛均为200海里。此边界线总长为364.8海里。条约规定："两国同意，在此特殊情形下，等距线法为划定海洋边界的公正途径。"因此，此边界线为一中间线。边界线上各拐点的距离以及各拐点离最近领土的距离可参见附表。

坦桑尼亚联合共和国和肯尼亚共和国关于领海划界的往来照会

（1975年12月17日—1976年7月9日）

I

1975年12月17日

尊敬的阁下：

我获悉坦桑尼亚联合共和国和肯尼亚共和国有关官员分别于1972年5月8日在肯尼亚的蒙巴萨、1975年8月6日至8日在坦桑尼亚的阿鲁沙和1975年9月4日在坦桑尼亚的达累斯萨拉姆就两国领海划界议题进行了会面，并荣幸地宣布，基于以上会议，双方达成以下共识：

1. 边界：

基线：

（1）金博角灯塔－科斯提岛（岩石）

（2）金博角－姆万巴－万巴灯塔

（3）姆万巴－万巴灯塔－芬杜岛灯塔（岩石）

（4）芬杜岛灯塔（岩石）－基戈马沙角灯塔

（5）科斯提岛（岩石）－庞古提雅均灯塔

2. 边界概况：

（1）西面：分界线先是一条位于金博角灯塔－科斯提岛／金博角－姆万巴－万巴灯塔基线之间的中间线，此后延伸至距金博角12海里处一点，继续延伸至点A——4°49′56″S，39°20′58″E。

（2）东面：分界线始于分别距庞古提雅均灯塔和基戈马沙角灯塔半径为12海里的两个圆弧的交点，即点B——4°53′31″S，39°28′40″E和点C——4°40′52″S，39°38′18″E。

（3）南面：分界线为一圆弧，以上文提到的点A为中心、半径6海里的圆弧和自基戈马沙角灯塔和庞古提雅均灯塔出发的两个圆弧的南面交点——点B的北面交点为圆弧中心。

（4）点C为第（2）项描述的基戈马沙角灯塔和庞古提雅均灯塔延伸弧线的北部交点。东部分界线从C点出发，向东延伸后应与两国管辖领海的分界线或区域的最外沿相交。

（5）上述各点坐标标绘于比例尺为1∶250 000的海图上。海图应为此协定的一部分。

3.渔业和渔场：

（1）兹同意，两国以渔业为生的渔民，允许依据现有条例，在对方国领海12海里内捕鱼。

（2）兹同意，两国均承认对方国向本国渔民颁发的渔业许可证、条例和实践有效。第3款第（2）项明确了允许的捕鱼区域范围。

充分考虑协定的各项规定，包括附件地图中标有具体坐标的领海边界，肯尼亚政府兹确信上述建议将惠及两国，并确认接受以上建议。

若坦桑尼亚政府持相同观点，兹建议：此互文及确认回函将作为上述提及的肯尼亚和坦桑尼亚之领海划界及相关事宜协定的一部分，并自收到贵方复函之日起正式生效。

II

坦桑尼亚联合共和国
1976年7月9日

尊敬的阁下：

我荣幸地告知，1975年12月17日信函MFA.273/430/001A.120号收悉。

（参见I）

我荣幸地证实，坦桑尼亚联合共和国政府接受上述条款。

伊朗和阿曼大陆架划界协定

（1974年7月25日）

伊朗王室政府，

阿曼苏丹国政府，

希望遵照国际法，公正和精确地划定各自主权管辖的大陆架区域，

两国在交换文书后，以妥善方式，达成以下共识：

第一条 伊朗和阿曼的大陆架分界线应为由以下各点依序连成的测量线：

点（1）为最西点，其为点（0）——55°42′15″E，26°14′45″N 和点（2）——55°47′45″E，26°16′35″N 间测量线的交点。阿曼和哈伊马角间的侧向海洋边界经过点（2）。

点号	东经	北纬
点（2）	55°47′45″	26°16′35″
点（3）	55°52′15″	26°18′50″
点（4）	56°06′45″	26°28′40″
点（5）	56°08′35″	26°31′05″
点（6）	56°10′25″	26°32′50″
点（7）	56°14′30″	26°35′25″
点（8）	56°16′30″	26°35′35″
点（9）	56°19′40″	26°37′00″
点（10）	56°33′00″	26°42′15″
点（11）	56°41′00″	26°44′15″
点（12）	56°44′00″	26°41′35″
点（13）	56°45′15″	26°39′40″
点（14）	56°47′45″	26°35′15″
点（15）	56°47′30″	26°25′15″

续表

点号	东经	北纬
点（16）	56°48′05″	26°22′00″
点（17）	56°47′50″	26°16′30″
点（18）	56°48′00″	26°11′35″
点（19）	56°50′15″	26°03′05″
点（20）	56°49′50″	25°58′05″
点（21）	56°51′30″	25°45′20″

点（22）为最南点，其在自点（21）出发的测量分界线沿 190°00′00″ 方位角方向同阿曼和沙迦间的侧向海洋边界的交点。

第二条 若任何石油构造或油田，或其他地质构造和矿床位置跨越了第一条所订立的分界线，且在边界线的一侧通过定向钻井可全部或部分开采位于边界线另一侧的相应油田或矿床，则：

1.除非两缔约国达成相关共识，否则，依据第一条，位于分界线任一侧的，且生产区域距离分界线小于 125 米的矿井不得钻探。

2.若出现上述情况，双方应就如何在分界线两侧协调或开展钻探事宜尽其所能达成共识。

第三条 第一条提及的各点坐标标绘于附于本协定后的 1962 年版英版海图 2888 号。1974 年，此版接受小幅更正，更正部分用斜体标明。

此海图一式两份，由两国政府代表签署后各自保留一份。

第四条 本协定的任何内容不应影响大陆架的上覆水域或领空的地位。

第五条

1.此协定应获得两国国内批准通过。批准书互换地点为马斯喀特。

2.批准书互换完成当日，协定即可生效。

两国政府特命代表签署此协定，以昭信守。

本协定在德黑兰签署，文本语言为波斯语、阿拉伯语和英语。各语言版本的协定一式两份，所有协定文本具有同等效力。签署时间为 1974 年 7 月 25 日，或波斯历 1353 年 3 月，或伊斯兰历 1394 年 5 月。

伊朗和巴林的大陆架划界协定

（1971年6月17日）

伊朗皇室政府和巴林政府，

希望遵照国际法，公正、公平和准确地划定各自主权管辖的大陆架区域，兹达成以下共识：

第一条

伊朗和巴林各自管辖的大陆架的分界线由依序经过如下各点的数条测量线组成：

点（1）为巴林管辖大陆架的北部边界线上的最东点。其北部边界线同起点为27°02′35″N，51°23′00″E的一条线相交。此线方位角为278°14′27″，为巴林和卡塔尔的大陆架分界线。

点号	北纬	东经
点（2）	27°02′35″	51°05′54″
点（3）	27°06′30″	50°57′00″
点（4）	27°10′00″	50°54′00″

第二条

若任何石油构造或油田，或其他地质构造和矿床位置跨越了第一条所订立的分界线，且在分界线的一侧通过定向钻井可全部或部分开采位于分界线另一侧的相应油田或矿床，则：

1. 除非伊朗皇室政府和巴林政府达成相关共识，否则，依据第一条，位于分界线任一侧的，且生产区域距离分界线小于125米的矿井不得钻探。

2. 若出现上述情况，双方应就如何在分界线两侧协调或开展钻探事宜尽其所能达成共识。

第三条

第一条提及的各点坐标亦标绘于附于本协定后标红的英版海图2847号。

第四条

本协定的任何内容不应影响大陆架的上覆水域或领空的地位。

第五条

1. 此协定应获得两国国内批准通过。批准书互换地点为德黑兰。

2. 批准书互换完成当日,协定生效。

两国政府特命代表签署此协定,以昭信守。

本协定签署于巴林,一式两份,分别为阿拉伯语和英语版本,两种文本具有同等效力。签署时间为伊斯兰历1391年22日,或伊朗历1350年27日,或波斯历1971年6月17日。

伊朗和卡塔尔大陆架划界协定

（1969年9月20日）

伊朗皇室政府和卡塔尔政府，希望遵照国际法，公正、公平和准确地划定各自主权管辖的大陆架区域，

兹达成以下共识：

第一条

伊朗和卡塔尔各自管辖的大陆架分界线由依序连接如下各点的数条测量线组成：

点（1）为卡塔尔所属大陆架的北部边界线上的最西点。其北部边界线方位角为278°14′27″，位于下表点（2）的西面。

点号	北纬	东经
点（2）	27°00′35″	51°23′00″
点（3）	26°56′20″	51°44′05″
点（4）	26°33′25″	52°12′10″
点（5）	26°06′20″	52°42′30″
点（6）	25°31′50″	53°02′05″

第二条

若任何石油构造或油田，或其他地质构造和矿床位置跨越了第一条所订立的分界线，且在分界线的一侧通过定向钻井可全部或部分开采位于分界线另一侧的相应油田或矿床，则：

1.除非两国政府达成相关共识，否则，依据第一条，位于分界线任一侧的且生产区域距离分界线小于125米的矿井不得钻探。

2.若出现上述情况，双方应就如何在分界线两侧协调或开展钻探事宜尽其所能达成共识。

第三条

第一条提及的各点坐标亦标绘于附于本协定后的英版海图2837号。

此海图一式两份，由两国政府代表签署后各自保留一份。

第四条

本协定的任何内容不应影响大陆架的上覆水域或领空的地位。

第五条

1. 此协定应获得两国国内批准通过。批准书互换地点为卡塔尔多哈。

2. 批准书互换完成当日，协定生效。

两国政府特命代表签署此协定，以昭信守。

本协定在卡塔尔多哈签署，文本语言为波斯语、阿拉伯语和英语。各语言版本的协定一式两份，所有协定文本具有同等效力。协定签署时间为1969年9月20日，或伊斯兰历1389年9日，或波斯历1348年29日。

五、太平洋地区

（一）东太平洋

哥伦比亚共和国和厄瓜多尔关于海洋和海底划界以及海洋合作的协定

（1975年8月23日）

哥伦比亚共和国政府和厄瓜多尔政府，尊重两国间历久弥新的友谊，

考虑到两国在南太平洋地区有着共同利益，有必要建立紧密合作关系，以采取适宜措施保全、养护和合理使用两国现在或将要行使主权或管辖监督权的水面和水下区域的资源，

两国有责任确保其人民享有基本的生存和发展条件，因此，两国应合理利用其所有资源为其人民谋福利，防止资源滥用，

划分两国海洋和海底区域的边界是符合两国利益的，

为此，两国政府委派各自的特命全权大使：

哥伦比亚总统阁下任命哥伦比亚外交部长安达列西奥·里耶瓦诺·阿格列（Indalecio Liévano Aguirre）先生为全权大使；

厄瓜多尔总统任命厄瓜多尔外交部长安东尼奥·乔希·卢西奥·帕雷迪（Antonio José Lucio Paredes）先生为全权大使。

双方达成以下共识：

第一条 确定横贯厄瓜多尔和哥伦比亚国际土地边界和海洋交汇点的地理平行线为两国的海洋和海底分界线。

第二条 自沿岸12英里的边界起，在两国海洋边界线的两侧，划定一宽度为10英里的特别水域，以保证若两国小型私人渔船虽偶然进入此水域，

但不被认为是侵犯海洋边界。然而,这不意味着承认渔船在此特殊水域有渔业或捕鱼的权利。

第三条 承认并尊重在遵守两国国内的既定或即将订立的要求以及各自法律的前提下,两国对其沿岸 200 英里范围内行使或将要行使主权权利、管辖权和监督权的现状。

第四条 承认对方国有权基于连接各国沿岸最显著凸起点的直线基线体系,以确定测量领海宽度的基线,有权遵守各国为此所施行或将施行的条款规则。

第五条 推进最广范围的合作,以保护两国现在或将要行使主权、管辖权和监督权的海上和海底区域的可再生和不可再生资源,以使相关资源的使用可造福两国人民,促进国家发展。

第六条 就开采使用各自领海内的生物资源,两国通过交流信息、科研技术合作和鼓励建立合资公司等方式,给予对方国最大程度的便利。

第七条 就渔业许可证问题,双方应尽可能协调其各自履行法律法规的主权行动。

第八条 拓展最广范围的合作,听取地区相关机构的建议,参考最新、最准确的科学数据,以共同保护各自主权管辖的海域尤其是跨越管辖海域活动的物种。相关国际合作不应影响缔约国在各自海洋管辖权的框架中适宜条规的规范下所享有的主权权利。

第九条 拓展最广范围的合作,以提升国际航运在两国各自主权管辖海域内的效率。

第十条 自双方在波哥大交换协定批准书之日起,协定生效。

第十一条 本协定一式两份,两份文件具有同等效力。

1975 年 8 月 23 日于基多签署

巴拿马共和国和哥伦比亚共和国
海洋和海底区域划界及相关事宜条约
（1976 年 11 月 20 日）

（条约文本参见第 181 页。）

哥斯达黎加共和国和巴拿马共和国
海洋划界和海洋合作条约
（1980 年 2 月 2 日）

（条约文本参见第 185 页。）

美利坚合众国和墨西哥合众国
构成海洋划界协定的往来照会
（1976 年 11 月 24 日）

（协定文本参见第 130 页。）

（二）西太平洋

澳大利亚联邦政府和法兰西共和国政府海洋划界协定

（1982年1月4日）

澳大利亚联邦政府和法兰西共和国政府，

希望巩固两国的睦邻友好关系，

意识到双方有必要公正、精确地划定两国主权管辖的海洋边界，

基于相关条规和有关国际法原则以及第三次联合国海洋法大会的成果，

参照双方于1980年9月30日至10月2日在堪培拉召开的协商会议以及1980年10月2日双方代表团达成的共识纪要，

兹达成以下共识：

第一条

1. 依据国际法，对于澳大利亚面向珊瑚海的沿岸、诺福克岛和其他澳大利亚岛屿以及新喀里多尼亚、切斯特菲尔德群岛和其他法国岛屿间的区域，澳大利亚的渔业区和法国经济区的分界线以及两国享有主权的大陆架区域分界线由依序连接以下各点的测量线组成，各点坐标如下：

点号	南纬	东经
R1	15°44′07″	158°45′39″
R2	16°25′28″	158°22′49″
R3	16°34′51″	158°16′26″
R4	17°30′28″	157°38′31″
R5	17°54′40″	157°21′59″
R6	18°32′25″	156°56′44″
R7	18°55′54″	156°37′29″
R8	19°17′12″	156°15′20″
R9	20°32′28″	156°49′34″
R10	20°32′28″	157°03′09″

续表

点号	南纬	东经
R11	20°42′52″	157°04′34″
R12	20°53′33″	157°06′25″
R13	21°12′57″	157°10′17″
R14	21°47′21″	157°14′36″
R15	22°10′31″	157°13′04″
R16	22°31′38″	157°28′43″
R17	23°14′54″	157°48′04″
R18	25°08′48″	158°36′39″
R19	26°26′30″	163°43′30″
R20	26°12′40″	165°51′37″
R21	25°50′42″	168°44′18″
R22	25°55′51″	169°25′54″

2.本条款所涉地理坐标是参照1972世界大地测量系统(WGS 72)确定的。

3.上文确定的分界线标绘于本协定附件Ⅰ海图(题为《塔斯曼和科罗海》的国际海图602号)中。

第二条

1.依照国际法,澳大利亚赫德岛和麦克唐纳群岛沿岸渔业区和法国克尔格伦群岛沿岸经济区的分界线,以及澳大利亚和法国各自主权管辖的大陆架区域分界线由依序连接以下各点坐标的测量线组成,

点号	南纬	东经
S1	53°14′07″	67°03′20″
S2	52°42′28″	68°05′31″
S3	51°58′18″	69°44′02″
S4	51°24′32″	71°12′29″

续表

点号	南纬	东经
S5	51°03′09″	72°28′28″
S6	50°54′23″	72°49′21″
S7	49°49′34″	75°36′08″
S8	49°24′07″	76°42′17″

2.本条款所涉地理坐标是参照1972世界大地测量系统（WGS 72）确定的。

3.上文确定的分界线标绘于本协定附件2海图中。

第三条

1.此协定第一条所涉分界线的末点（点R22）和第二条所涉分界线两端点（点S1和S8）不应认为是两国政府就大陆架外沿事宜的立场。

2.若确有必要延伸此协定第一条或第二条确立的分界线，以进一步划定澳大利亚和法国所属大陆架的分界线，两国政府需依照国际法达成有关共识。

第四条

依据此协定的第三条规定，第一条和第二条确定的分界线应为两国遵照国际法行使或将会行使主权权利或管辖权区域的分界线。

第五条

就解释或适用此协定产生的分歧，两国应遵照国际法予以和平解决。

第六条

各国在国内完成协定的法律批准程序后，应告知对方国。在两国均收到对方国的协定批准书后，协定生效。

此协定由两国特命全权代表签署并盖章，以昭信守。

协定于1982年1月4日在墨尔本签署，一式两份，分别由英语和法语两种语言写成，两种文本具有同等效力。

澳大利亚联邦政府和印度尼西亚共和国政府就确定指定区域海床边界的协定

（1971年5月18日）

澳大利亚联邦政府和印度尼西亚共和国政府，

希望巩固两国友谊，

尤其希望就两国行使自然资源开采主权权利的海底区域进行划界，

兹达成以下共识：

第一条 在阿拉弗拉海133°23′E往东方向，毗邻且归属于澳大利亚联邦的海床区域和毗邻且归属于印度尼西亚共和国管辖的海床区域的分界线为本协定所附海图A上的直线。此直线起点为9°52′S，140°29′E（点A1），其依序连接以下各点：

点号	南纬	东经
点2	10°24′	139°46′
点3	10°50′	139°12′
点4	10°24′	138°38′
点5	10°22′	138°35′
点6	10°09′	138°13′
点7	9°57′	137°45′
点8	9°57′	135°29′
点9	9°17′	135°13′
点10	9°22′	135°03′
点11	9°25′	134°50′
点12	8°53′	133°23′

第二条 两国政府未在本协定中就133°23′E以西处的各自毗邻所属海床进行划界，计划未来在双方均合适的时间进一步讨论此事宜。

第三条

1. 在新几内亚群岛（伊里安）南部沿岸 140°49′30″E 往西方向，毗邻且归属于巴布亚领土的海床区域和毗邻且归属于印度尼西亚共和国管辖的海床区域的分界线为本协定所附海图 A 上的直线。此直线连接点 B1——9°24′30″S，140°49′30″E 和点 A1——9°52′S，140°29′E。

2. 就本条第 1 款确定的点 B1，以及巴布亚岛同西伊里安的陆地分界线和新几内亚群岛南部沿岸交点之间的区域，两国政府未在此份协定中划定界限，同意留待未来讨论。

第四条

1. 在新几内亚群岛（伊里安）北部沿岸，毗邻且归属于新几内亚托管的海床区域和毗邻且归属于印度尼西亚共和国管辖的海床区域的分界线为本协定所附海图 B 上的直线。此直线将新几内亚托管领土和西伊里安的陆地边界和新几内亚群岛北部海岸的交点（点 C1）和点 C2——2°08′30″S，141°01′30″E 相连接。若欲将此分界线继续向北延伸，则延伸部分仍应遵循等距原则。

2. 本条第 1 款确定的线段亦是指明各国所属海床区域边线的走向。

3. 本条款不应影响未来新几内亚托管领土和印度尼西亚共和国间就划定领海边界线达成的协定。

第五条 除文中有另行要求，此协定中的"海床"包括底土。

第六条

1. 此协定中的第一、三和四条确定的各点坐标均为地理坐标。各点实际位置和连接各点线条的实际位置应通过两国政府职能部门共同商定的办法加以确定。

2. 上述所指的职能部门的负责人，就澳大利亚联邦而言，指澳大利亚国家绘图局局长或其授权代表；就印度尼西亚共和国而言，指国家测绘总协调员或其授权代表。

第七条 若海床下任何液态烃或天然气沉积，或矿床位置跨越了本协定第一、三和四条所订立的分界线，且从分界线的一侧可以液态形式部分或全部开采位于分界线另一侧的相关沉积或矿床，两国政府应就有效开采相关沉积或矿床的方式以及公平分享开采利益等事宜达成一致。

第八条 就解释或适用此协定产生的分歧，两国政府应通过磋商协调的方式予以和平解决。

第九条 各国在国内完成协定的法律批准程序后，应告知对方国。自两国完成协定批准书互换之日起，协定生效。

两国政府授命代表签署此协定，以昭信守。

此协定于1971年5月18日在堪培拉签署，一式两份，分别为英语和印尼语两种语言写成。

澳大利亚联邦政府和印度尼西亚共和国政府
就两国在帝汶海和阿拉弗拉海的指定区域海床划界协定
（1971年5月18日）之补充协议

（1972年10月9日）

澳大利亚联邦政府和印度尼西亚共和国政府，

鉴于两国于1971年5月18日签订的双方在阿弗拉海和新几内亚岛屿（伊里安）沿海指定区域的海床划界协定，

忆及就133°23′E阿弗拉海和帝汶海水域，两国的毗邻海床分界线问题，双方政府在上述协定中同意将此问题留待以后商定，

决定基于睦邻合作的友好关系，永久划定两国各自拥有海床开发和自然资源开采主权的区域界限，

兹达成以下共识：

第一条 在塔宁巴尔群岛南面的海域，毗邻且归属于澳大利亚联邦的海床区域和毗邻且归属于印度尼西亚共和国的海床区域之间的分界线为标绘于协定附件海图上的数条直线。分界线起点位于8°53′S，133°23′E（即两国于1971年5月18日签署协定中确定的点A12）；此后，分界线向西延伸，并依序连接以下各点：

点号	纬度	经度
A13	8°54′S	133°14′E
A14	9°25′S	130°10′E
A15	9°25′S	128°00′E
A16	9°28′S	127°56′E

第二条 在罗迪和帝汶群岛南面水域，毗邻且归属于澳大利亚联邦的海床区域和毗邻且归属于印度尼西亚共和国的海床区域之间的分界线为标绘于协定附件海图上的数条直线。分界线起点位于10°28′S，126°00′E（即点A17）；此后，分界线向西延伸，并依序连接以下各点：

点号	纬度	经度
A18	10°37′S	125°41′E
A19	11°01′S	125°19′E
A20	11°07′S	124°34′E
A21	11°25′S	124°10′E
A22	11°26′S	124°00′E
A23	11°28′S	123°40′E
A24	11°23′S	123°26′E
A25	11°35′S	123°14′E

第三条 第一条中点 A15 和 A16 间的线段和第二条中点 A17 和 A18 间的线段指明某段边界线的走向。若关于在帝汶海的海底开发和自然资源开采事宜，需对上述两线段进行调整；为此，两国政府需进一步订立相关协定，以划定各自行使主权的区域，则澳大利亚联邦政府和印度尼西亚共和国政府应在磋商基础上就有关分界线的调整达成共识。

第四条 澳大利亚联邦政府和印度尼西亚共和国政府承认彼此在协定确定的海底范围内享有主权权利，并在其海底边界以外开发海底和开采自然资源的事宜上停止主张或行使主权权利。

第五条 除文中有另行要求，此协定中的"海床"包括底土。

第六条

1. 此协定第一和第二条确定的各点坐标均为地理坐标。各点实际位置和连接各点线条的实际位置应通过两国政府职能部门负责人共同商定的办法加以确定。

2. 上述所指的"职能部门负责人"，就澳大利亚联邦而言，指澳大利亚国家绘图局局长或其授权代表；就印度尼西亚共和国而言，指国家测绘总协调员或其授权代表。

第七条 若海床下任何液态烃或天然气沉积或矿床位置跨越了本协定第一条和第二条所订立的分界线，且从分界线的一侧可以液态形式部分或全部开采位于分界线另一侧的相关沉积或矿床，则两国政府应就有效开采相关沉积或矿床的方式以及公平分享开采利益等事宜达成一致。

第八条

1. 基于《澳大利亚联邦石油（下沉陆地）法案》，鉴于本协定的有关规定，在澳大利亚政府停止行使主权的海底区域，若澳大利亚联邦政府已经颁发了石油开采或生产许可证，且许可证生效日期早于本协定生效日期，则应许可证持有者的申请或多个持有者的联合申请，印度尼西亚共和国政府或其授权机构在其本国的法律框架下，愿意报价，并商定产量分成合同，以在同样海床区域开采和生产石油和天然气。合同相关条款不应劣于基于印尼法律的允许在其他印尼管辖海域从事生产的产量分成合同条款。

2. 依据本条第 1 款的要求，转让申请应由登记持有者在本协定生效后的 9 个月内提出。若此期限内未提出申请，或根据本条第 1 款的要求提出的报价在协商后未被许可证持有者接受，印度尼西亚政府对适用于本条第 1 款的登记持有者或许可证持有者不再负有责任。

3. 依据此协定生效前已施行的《澳大利亚联邦石油（下沉陆地）法案》，视具体情况而言，此条款中的"登记持有者"为持有石油开采或生产许可的登记注册公司。

第九条 就解释或适用此协定过程中产生的分歧，两国应通过协调磋商解决。

第十条 协定应依据各国法律要求获得批准。两国完成协定批准书互换之日起，协定生效。

此协定由两国特命全权代表签署并盖章，以昭信守。

协定于 1972 年 10 月 9 日在雅加达签署，分别为英语和印尼语写成，一式两份。

法兰西共和国政府和汤加王国政府关于经济区划界的公约
（1980年1月11日）

法兰西共和国政府和汤加王国政府，

希望加深两国的睦邻友好关系，

已为此续签 1855 年 1 月 9 日签署的《法国和汤加友好关系协定》，

决定划定各自管辖的 200 海里经济区，

鉴于第三次联合国海洋法大会和相应的国际法准则，

汤加政府建议划界时采取等距线方式，

法国政府接受此建议，认为在当下其符合公正原则，

参照汤加政府和法国政府分别于 1979 年 11 月 7 日和 1979 年 12 月 24 日互换的照会，

兹达成以下共识：

第一条
法兰西共和国所属瓦利斯群岛和富图纳群岛沿岸的经济区和汤加专属经济区的分界线应为中间线或等距线。

第二条
从测量领海宽度的基线量起，上述提及的分界线上的各点到基线的距离均相等。

第三条
1. 两国政府应尽快在达成共识的基础上，拟定合理的图表文件。
2. 相关文件在拟定过程中，应考虑现有的制图和测绘数据。
3. 双方可通信交流，就上述数据的技术性错误作出更正，使其符合实际。

第四条
此公约自签署之日起即生效。

两国政府授命代表签署此公约，以昭信守。

此公约于 1980 年 1 月 11 日在努库阿洛法签署，一式两份，分别由法语和汤加语写成，两种文本具有同等效力。

法兰西共和国政府和斐济政府关于海洋经济区划界的协定*

（1983年1月19日）

法兰西共和国政府和斐济政府，

希望巩固两国的睦邻友好关系，

决定划定各自管辖的经济区范围，

考虑到第三次联合国海洋法大会和国际法的相关原则，

斐济政府建议基于等距线方法划定经济区边界，

法国政府接受此建议，认为在当前情况下，这是符合公正原则的方法，

鉴于双方政府代表于1979年3月8日和1980年10月25日在巴黎会面以及1981年1月30日在布鲁塞尔会面的成果，

兹达成以下共识：

第一条

法属新喀里多尼亚、瓦利斯群岛和富图纳群岛周边的法国海洋经济区和斐济专属经济区的分界线是基于一等距线确定的；出于管理需要，等距线有微调。等距线由测量领海宽度的基线上的最近点确定。法国的基线应符合1971年12月24日和1976年12月28日的法案规定。斐济的基线为群岛基线，其应符合1977年12月15日《斐济海洋空间法案》的规定。

第二条

1. 据第一条划定的分界线是由数条测量线构成的圆弧。测量线依序连接本协定附件I标注的各点；此附件同为协定的组成部分。

2. 分界线标绘于本协定附件II上，以示说明。

第三条

本协定不损害此地区适用本协定的任何邻国的主权权利。

第四条

两国在完成各自国内批准协定的法律程序后，应告知对方国。自任一国收到最后一次相关通知之日起，协定生效。

---

* 来源：斐济政府。

两国授命代表签署此协定,以昭信守。

此协定于 1983 年 1 月 19 日在苏瓦签署,一式两份,分别由英语和法语写成,两种文本具有同等效力。

附件 I

1. 位于法国(新喀里多尼亚)和斐济之间

点号	南纬	东经
1	25°04′23″	174°16′32″
2	20°01′21″	172°45′53″

2. 位于法国(瓦利斯群岛和富图纳群岛)和斐济之间

点号	南纬	东经
1	15°56′12″	177°22′35″
2	15°17′47″	178°31′00″
3	14°48′18″	179°14′23″
4	13°19′41″	179°29′39″
5	13°14′05″	179°31′48″

本附件中各点的经纬度均依照世界大地测量系统 1972(WGS 72)确定。

法兰西共和国政府和
大不列颠及北爱尔兰联合王国政府海洋划界公约

(1983年10月25日)

法兰西共和国政府和大不列颠及北爱尔兰联合王国政府,

希望巩固两国的睦邻友好关系,

意识到有必要公正、精确地划定土阿莫土群岛附近和皮特凯恩岛、汉德森、迪西和奥埃诺岛周边的两国各自行使主权权利的海洋边界,

兹达成以下共识:

第一条

法国位于土阿莫土群岛附近的经济区和皮特凯恩岛及附近的3个环礁——亨德森、迪西和奥埃诺岛周边的渔区的分界线是基于一等距线确定的。此等距线由测量国家领海的基线确定。就法国而言,此基线是依据1971年12月24日和1976年12月28日的相关法律规定划定的。就皮特凯恩岛及附近的3个环礁——亨德森、迪西和奥埃诺岛而言,此基线为低潮线。

第二条

第一条中确定的分界线由依序连接以下各点的斜弧构成。各点坐标如下:

点号	西经	南纬
点 V1	133°25′29″	26°34′05″
点 V2	132°59′32″	25°40′40″
点 V3	132°41′11″	24°04′08″
点 V4	132°23′23″	22°22′55″
点 V5	132°08′37″	21°03′05″
点 V6	131°58′43″	20°45′54″

此条款所列地理坐标参照大地测量体系72(WGS 72)。

此分界线标绘于此公约附件的海图中,以示说明。

第三条

此公约第二条所确定的线条构成了第一条提及的经济区分界线。

第四条

各缔约国应在完成本国批准公约生效的法律程序后告知对方国。自任一国收到最后一份相关通知起,公约生效。

两国授命全权代表签署此公约,以昭信守。

本公约于 1983 年 10 月 25 日在巴黎签署,一式两份,分别由英语和法语写成,两种文本具有同等效力。

日本和韩国关于划定毗邻两国的大陆架北部边界的协定
（1974年1月30日）

日本和韩国，

希望推进两国的友好关系，

希望划定两国各自享有开发开采矿产资源主权权利的毗邻两国的大陆架北部边界，

兹达成以下共识：

第一条

1. 在毗邻日本和韩国的大陆架的北部区域，两国所属的大陆架分界线为依序连接以下各点的直线：

点号	北纬	东经
点1	32°57.0′	127°41.1′
点2	32°57.5′	127°41.9′
点3	33°01.3′	127°44.0′
点4	33°08.7′	127°48.3′
点5	33°13.7′	127°51.6′
点6	33°16.2′	127°52.3′
点7	33°45.1′	128°21.7′
点8	33°47.4′	128°25.5′
点9	33°50.4′	128°26.1′
点10	34°08.2′	128°41.3′
点11	34°13.0′	128°47.6′
点12	34°18.0′	128°52.8′
点13	34°18.5′	128°53.3′
点14	34°24.5′	128°57.3′
点15	34°27.6′	128°59.4′
点16	34°29.2′	129°00.2′

续表

点号	北纬	东经
点 17	34°32.1′	129°00.8′
点 18	34°32.6′	129°00.8′
点 19	34°40.3′	129°03.1′
点 20	34°49.7′	129°12.1′
点 21	34°50.6′	129°13.0′
点 22	34°52.4′	129°15.8′
点 23	34°54.3′	129°18.4′
点 24	34°57.0′	129°21.7′
点 25	34°57.6′	129°22.6′
点 26	34°58.6′	129°25.3′
点 27	35°01.2′	129°32.9′
点 28	35°04.1′	129°40.7′
点 29	35°06.8′	130°07.5′
点 30	35°07.0′	130°16.4′
点 31	35°18.2′	130°23.3′
点 32	35°33.7′	130°34.1′
点 33	35°42.3′	130°42.7′
点 34	36°03.8′	131°08.3′
点 35	36°10.0′	131°15.9′

2. 分界线标绘于本协定附件的海图上。

第二条

若海底任何地质构造和矿床位置跨越了第一条所订立的分界线，且从分界线的一侧可部分或全部开采位于分界线另一侧的地质构造或矿床，则双方应就开采利用的最有效方式尽力达成一致；若某一方未能同意对于相关事宜的安排，则在另一方的请求下，可将其提请第三方仲裁。仲裁结果对双方均具有法律效力。

第三条

本协定的任何内容不应影响大陆架的上覆水域或领空的地位。

第四条

此协定应获得两国批准通过。双方应尽早在东京互换批准书。批准书互换完成当日,协定生效。

两国政府特命代表签署此协定,以昭信守。

本协定于 1974 年 1 月 13 日在首尔签署,由英语写成,一式两份。

《日本和韩国关于划定毗邻两国的大陆架北部边界的协定》的商定纪要

就今日签署的《日本和韩国关于划定毗邻两国的大陆架北部边界的协定》(以下简称《协定》),两国政府代表希望记录为达成《协定》双方磋商中所达成的共识:

1. 第一条第 1 款所涉地理坐标是基于日本海上保安厅 1958 年 11 月第 5 版的海图 302 号以及 1958 年 7 月第 2 版的海图 1200 号。

2. 基于任一国政府的请求,就在此协定所涉范围内开展矿产资源开发开采中所产生的问题,包括渔业问题,双方政府应进行磋商。

1974 年 1 月 30 日,首尔

美利坚合众国和库克群岛关于两国友谊和海洋划界的协定*
（1980年6月11日）

两国政府希望巩固双方友谊，尤其是巩固库克群岛人民和美属萨摩亚人民的友谊，

鉴于库克群岛1977年的《领海和专属经济区法案》，

希望划定两国的海洋边界，

意识到美国对普卡普卡岛（危险岛）、马尼希基群岛、拉卡杭阿岛和彭林岛主张拥有主权，

但库克群岛不承认美国的上述主张，

兹达成以下共识：

第一条

美国和库克群岛的海洋边界应由连接以下各点的测量线确定：

南纬	西经
17°33′28″	166°38′35″
16°45′30″	166°01′39″
16°23′29″	165°45′11″
16°18′30″	165°41′29″
16°08′42″	165°34′12″
15°44′58″	165°16′36″
15°38′47″	165°12′03″
15°14′04″	165°18′29″
15°00′09″	165°22′07″

---

* 来源：《海洋边界》，100号，1983年（美国国务院情报和研究局地理学家办公室）。

续表

南纬	西经
14°03′30″	165°37′20″
13°44′56″	165°58′44″
13°35′44″	166°09′19″
13°21′25″	166°25′42″
13°14′03″	166°34′03″
13°11′25″	166°37′02″
12°57′51″	166°52′21″
12°41′22″	167°11′01″
12°28′40″	167°25′20″
12°01′55″	168°10′24″
11°43′53″	168°27′58″
11°02′40″	168°29′21″
10°52′31″	168°29′42″
10°12′49″	168°31′02″
10°12′44″	168°31′02″
10°01′26″	168°31′25″

第二条

本协定参照的测量和计算基准为 1972 世界大地测量系统（WGS 72）以及以下列举的海图和航空计划：

玫瑰岛——美国海图第 6 版 83484 号

3 月 26/77，1∶80 000——本地基准；

马努阿岛——美国海图第 6 版 83484 号

3 月 26/77，1∶80 000——依照 1972 世界大地测量系统修正，1980 年；

斯温斯岛——美国海图第 6 版 83484 号

3 月 26/77，1∶40 000——1939 天文基准；

帕默斯顿环礁——航空计划 1036/8H 号

（N.Z. 土地调查），1∶50 400，1976——本地基准；

苏沃洛夫环礁——航空计划 1036/8E 号

（N.Z. 土地调查），1∶50 400，1975——本地基准；

拿骚岛——航空计划 1036/8B 号

（N.Z. 土地调查），1∶148 000，1974——本地基准；

普卡普卡（危险）环礁——航空计划 1036/8D 号

（N.Z. 土地调查），1∶28 800，1975——本地基准；

纽埃——英版海图第 16 版 BA968 号

1979 年 3 月，1∶150 000，1979 年修正——依本地基准；

法考福环礁——航空计划 1036/7C 号

（N.Z. 土地调查），1∶18 000，1974——本地基准。

第三条

在分界线毗邻库克群岛的一侧区域，美利坚合众国不应主张或行使该水域和海床及底土的主权权利和管辖权；同理，在分界线毗邻美属萨摩亚的一侧区域，库克群岛不应主张或行使该水域和海床及底土的主权权利和管辖权。

第四条

依据国际法规定，本协定确定的海洋边界不应影响或损害任何国家政府对其所属水域、海床和底土行使管辖权或其他有关海洋法规的事宜。

第五条

美利坚合众国承认库克群岛对彭林岛、普卡普卡岛（危险岛）、马尼希基岛和拉卡杭阿岛享有主权。

第六条

美利坚合众国政府和库克群岛政府基于两政府和两国人民之间的和平

友谊的精神，旨在促进库克群岛的社会和经济发展，以期实现南太平洋地区的整体发展，双方同意进行合作。为此，双方应推进其人民间和相关政府机构的对话，尤其是库克群岛人民和美属萨摩亚人民间的对话。

第七条

此条约应履行各缔约国国内批准程序；待双方交换批准书后，协定生效。

本协定于1980年6月11日在拉罗汤加签署，文本原件为英语写成。协定一式两份，分别由英语和毛利语写成。

美利坚合众国和新西兰就位于托克劳群岛和美利坚合众国间海域的划界条约[*]

（1980年12月2日）

两国政府，

忆及在托克劳等待其人民可依据联合国《给予殖民地国家和人民独立宣言》行使自主决定权期间，新西兰所履行的责任，

鉴于托克劳人民通过托克劳议会请求新西兰采取措施划定托克劳的海洋边界，

希望巩固托克劳群岛和美国间，尤其是托克劳人民和美属萨摩亚人民间的友谊，

鉴于1977年《托克劳领海和专属经济区法案》，

以及1976年《美利坚合众国渔业保护和管理法案》，

注意到美国对阿塔富岛、努库诺努岛和法考福岛声称享有主权，但新西兰和托克劳人民并不承认其主权主张，

并进一步注意到美国对美属萨摩亚行使主权和管理权，但新西兰并未像美国一样，对托克劳群岛的任何岛屿声称主权或进行管理，

希望划定托克劳和美国的海洋边界，

经托克劳人民同意，双方达成以下共识：

第一条

托克劳和美国的海洋边界由连接以下各点的测量线组成：

南纬	西经
10°01′26″	168°31′25″
10°07′52″	169°46′50″
10°10′18″	170°16′10″
10°15′17″	171°15′32″

---

[*] 来源：《海洋边界》，100号，1983年（美国国务院情报和研究局地理学家办公室）。

续表

南纬	西经
10°17′50″	171°50′58″
10°25′26″	172°11′01″
10°46′15″	173°03′53″
11°02′17″	173°44′48″

第二条

确定第一条中各点坐标值的测算依据为1972世界大地测量体系（WGS 72）以及以下的海图和航空计划：

1977年3月26日美国国家海洋调查出版的第6版海图83484号；

1976年5月8日美国国防绘图署出版的第7版海图83478号；

1974年新西兰土地调查部出版的航空计划1036/7C和1036/7B2以及1975年的1036/8d。

第三条

对于位于海洋边界一侧属于托克劳管辖的水域、海床和底土，美国不应出于任何目的主张或行使主权和管辖权；就位于海洋边界另一侧属于美属萨摩亚管辖的水域、海床和底土，托克劳不应出于任何目的主张或行使主权和管辖权。

第四条

本条约确立的海洋边界不应影响或损害两国政府依据相关国际法准则对其水域、海床和底土行使管辖权，或其他有关海洋法事宜的两国政府的立场。

第五条

在托克劳等待依据《联合国宪章》制定的民族自决法案出台期间，美国承认由阿塔富岛、努库诺努岛和法考福岛组成的托克劳群岛的主权属于托克劳人民，新西兰政府代为行使主权。

第六条

美利坚合众国政府和新西兰政府秉承两国政府和人民间的和平友谊精

神，同意携手合作，在尊重托克劳群岛和美属萨摩亚人民的意愿前提下，推进其社会经济发展，并进而实现南太平洋地区的整体进步。为此，两国政府应推进其人民和相关政府机构间，尤其是托克劳群岛和美属萨摩亚人民间的对话协商。

第七条

此条约应通过各自国内法律批准程序。两国完成协定批准书交换后，协定生效。

协定于1980年12月2日在阿塔富签署，分别由英语和托克劳语写成，一式三份，英语文本为权威文本。

两国政府授命全权代表于1980年11月26日在惠灵顿签署此协定并盖章，以昭信守。

第三篇　海上边界协定

（1985—1991）

一、大西洋地区

（一）北大西洋

1. 北　　海

**法兰西共和国政府与大不列颠及北爱尔兰联合王国政府
关于多佛海峡领海划界协议**

（1988年11月2日）

（原文：法文和英文）

法兰西共和国政府与大不列颠及北爱尔兰联合王国政府，

鉴于双方1982年6月24日在伦敦签署的协议已确立了西经30分以东区域分属法国和英国的大陆架边界，

期望在多佛海峡确立法兰西共和国和联合王国领海之间的边界界限，

达成协议如下：

第一条

1. 法兰西共和国领海和联合王国领海之间的边界线应是由一条依次连接以下坐标表示的点的恒向线构成：

点	纬度	经度
I	50°49′30″95 N	01°15′53″43 E
II	50°53′47″00 N	01°16′58″00 E

续表

点	纬度	经度
III	50°57′00″00 N	01°21′25″00 E
IV	51°02′19″00 N	01°32′53″00 E
V	51°05′58″00 N	01°43′31″00 E
VI	51°12′00″72 N	01°53′20″07 E

2. 第 1 款中点 I 至点 VI 的位置由欧洲基准（1950 年第一次调整）确定。

3. 第 1 款确立的边界线在本协议附图中单独示例画出。

第二条

上述确定的点 I 和点 VI 应是划分西经 30 分以东区域分属法国和英国的部分大陆架的边界新终点。

该边界线由 1982 年 6 月 24 日协议和本协议确定的以下方位线组成：

（1）点 1、2、3、4、5、6、7 和 I，以及

（2）点 VI、12、13、和 14。

第三条

每个协议方完成本协议生效必需的宪法程序时应通知另一方，本协议应自收到最后通知之日起生效。

双方特命全权代表经各自政府正式授权签署本协议，以昭信守。

协议于 1988 年 11 月 2 日在巴黎签署，一式两份，用法文和英文写成，两种文本具有同等效力。

法兰西共和国政府与大不列颠及北爱尔兰联合王国政府关于完成北海南部大陆架划界的协议

（1991年7月23日）

（原文：英文和法文）

法兰西共和国政府与大不列颠及北爱尔兰联合王国政府，

忆及1982年6月24日两国政府关于西经30分以东区域大陆架划界协议的第二条第2款，根据该条款规定，从点4至双方及比利时王国大陆架边界交界处的划界将在适当时间通过适用确定点1至点14边界线同样的方式完成，

注意到用于1982年彼瑞德滩的坐标系出现材料误差，因此，1990年3月21日通过外交部向英国驻法大使馆提交的照会和1990年3月27日使馆回复的照会修改了点13和点14的坐标，

期望完成点14以远的边界划界，

达成协议如下：

第一条

1. 双方和比利时王国三国大陆架边界的交界处应以欧洲基准（1950年第一次调整）确定如下：

点号	纬度	经度
点15	51°33′28″N	2°14′18″E

2. 北海南部区域分属联合王国和法兰西共和国的部分大陆架边界应是包括点14和点15的一条恒向线。

3. 第2款确定的边界见本协议附图。

第二条

特此记录已修改正确的点13和点14的坐标如下：

点号	纬度	经度
点 13	51°20′11″N	2°02′18″E
点 14	51°30′14″N	2°07′18″E

第三条

1. 每个协议方完成本协议生效必需的宪法程序时应通知另一方。

2. 本协议应自收到最后通知之日起生效。

由双方政府正式授权代表签署本协议，以昭信守。

本协议于 1991 年 7 月 23 日在伦敦签署，一式两份，由英文和法文写成，两种文本具有同等效力。

大不列颠及北爱尔兰联合王国政府与爱尔兰共和国政府关于两国间大陆架划界的协议

（1988年11月7日）

（原文：英文）

大不列颠及北爱尔兰联合王国政府与爱尔兰共和国政府，

希望通过确立双方各自的大陆架边界来促进各自的近海石油开发，发展相关工业，

达成协议如下：

第一条 爱尔兰海和西南区域

1. 53°39′N以南区域分属联合王国和爱尔兰共和国的大陆架部分的分界线应是由纬度线和经度线的交点组成的一条线，本协议的方案A给出了组成该线的序列点。

2. 该线称为"A线"，见本协议附图A。

第二条 西北区域

1. 6°45′W以西区域分属联合王国和爱尔兰共和国的大陆架部分的分界线应是由纬度线和经度线的交点组成的一条线，本协议的方案B给出了组成该线的序列点。

2. 该线称为"B线"，见本协议附图B。

第三条 跨边界区域

如果任何油气田或凝析气田跨越A线或B线，并且位于分界线一侧的该油气田整体或部分可以从分界线另一侧被开发，则两国政府应努力作出决定，达成该油气田开发协议。

第四条 大陆边缘

本协议的任何规定不影响双方政府关于各自大陆外边缘的立场。

第五条 生效

本协议应自双方政府接受本协议的通知交换之日起生效。

由双方政府正式授权代表签署本协议，以昭信守。

本协议于1988年11月7日在都柏林签署，一式两份。

方案 A

点号	纬度	经度
1	53°39′.00 N	5°17′.00 W
2	53°32′.00 N	5°17′.00 W
3	53°32′.00 N	5°19′.00 W
4	53°26′.00 N	5°19′.00 W
5	53°26′.00 N	5°20′.00 W
6	53°09′.00 N	5°20′.00 W
7	53°09′.00 N	5°19′.00 W
8	52°59′.00 N	5°19′.00 W
9	52°59′.00 N	5°22′.50 W
10	52°52′.00 N	5°22′.50 W
11	52°52′.00 N	5°24′.50 W
12	52°44′.00 N	5°24′.50 W
13	52°44′.00 N	5°28′.00 W
14	52°32′.00 N	5°28′.00 W
15	52°32′.00 N	5°22′.80 W
16	52°24′.00 N	5°22′.80 W
17	52°24′.00 N	5°35′.00 W
18	52°16′.00 N	5°35′.00 W
19	52°16′.00 N	5°39′.00 W
20	52°12′.00 N	5°39′.00 W
21	52°12′.00 N	5°42′.00 W
22	52°08′.00 N	5°42′.00 W
23	52°08′.00 N	5°46′.00 W
24	52°04′.00 N	5°46′.00 W
25	52°04′.00 N	5°50′.00 W
26	52°00′.00 N	5°50′.00 W
27	52°00′.00 N	5°54′.00 W
28	51°58′.00 N	5°54′.00 W
29	51°58′.00 N	5°57′.00 W
30	51°54′.00 N	5°57′.00 W

续表

点号	纬度	经度
31	51°54′.00 N	6°00′.00 W
32	51°50′.00 N	6°00′.00 W
33	51°50′.00 N	6°06′.00 W
34	51°40′.00 N	6°06′.00 W
35	51°40′.00 N	6°18′.00 W
36	51°30′.00 N	6°18′.00 W
37	51°30′.00 N	6°33′.00 W
38	51°20′.00 N	6°33′.00 W
39	51°20′.00 N	6°42′.00 W
40	51°10′.00 N	6°42′.00 W
41	51°10′.00 N	6°48′.00 W
42	51°00′.00 N	6°48′.00 W
43	51°00′.00 N	7°03′.00 W
44	50°50′.00 N	7°03′.00 W
45	50°50′.00 N	7°12′.00 W
46	50°40′.00 N	7°12′.00 W
47	50°40′.00 N	7°36′.00 W
48	50°30′.00 N	7°36′.00 W
49	50°30′.00 N	8°00′.00 W
50	50°20′.00 N	8°00′.00 W
51	50°20′.00 N	8°12′.00 W
52	50°10′.00 N	8°12′.00 W
53	50°10′.00 N	8°24′.00 W
54	50°00′.00 N	8°24′.00 W
55	50°00′.00 N	8°36′.00 W
56	49°50′.00 N	8°36′.00 W
57	49°50′.00 N	8°45′.00 W
58	49°40′.00 N	8°45′.00 W
59	49°40′.00 N	8°54′.00 W
60	49°30′.00 N	8°54′.00 W
61	49°30′.00 N	9°03′.00 W

续表

点号	纬度	经度
62	49°20′.00 N	9°03′.00 W
63	49°20′.00 N	9°12′.00 W
64	49°10′.00 N	9°12′.00 W
65	49°10′.00 N	9°17′.00 W
66	49°00′.00 N	9°17′.00 W
67	49°00′.00 N	9°24′.00 W
68	48°50′.00 N	9°24′.00 W
69	48°50′.00 N	9°36′.00 W
70	48°30′.00 N	9°36′.00 W
71	48°30′.00 N	9°48′.00 W
72	48°20′.00 N	9°48′.00 W
73	48°20′.00 N	10°00′.00 W
74	48°10′.00 N	10°00′.00 W
75	48°10′.00 N	10°24′.00 W
76	48°00′.00 N	10°24′.00 W
77	48°00′.00 N	10°38′.00 W
78	47°50′.00 N	10°38′.00 W
79	47°50′.00 N	10°46′.00 W
80	47°40′.00 N	10°46′.00 W
81	47°40′.00 N	10°59′.00 W
82	47°30′.00 N	10°59′.00 W
83	47°30′.00 N	11°12′.00 W
84	47°20′.00 N	11°12′.00 W
85	47°20′.00 N	11°25′.00 W
86	47°10′.00 N	11°25′.00 W
87	47°10′.00 N	11°38′.00 W
88	47°00′.00 N	11°38′.00 W
89	47°00′.00 N	11°51′.00 W
90	46°50′.00 N	11°51′.00 W
91	46°50′.00 N	12°04′.00 W

续表

点号	纬度	经度
92	46°40′.00 N	12°04′.00 W
93	46°40′.00 N	12°12′.00 W
94	46°34′.00 N	12°12′.00 W

点 1 至点 94 的位置由世界大地测量系统 1984 基准（WGS 84）的经纬度坐标系确定。

方案 B

点号	纬度	经度
95	55°28′.00 N	6°45′.00 W
96	55°28′.00 N	6°48′.00 W
97	55°30′.00 N	6°48′.00 W
98	55°30′.00 N	6°51′.00 W
99	55°35′.00 N	6°51′.00 W
100	55°35′.00 N	6°57′.00 W
101	55°40′.00 N	6°57′.00 W
102	55°40′.00 N	7°02′.00 W
103	55°45′.00 N	7°02′.00 W
104	55°45′.00 N	7°08′.00 W
105	55°50′.00 N	7°08′.00 W
106	55°50′.00 N	7°15′.00 W
107	55°55′.00 N	7°15′.00 W
108	55°55′.00 N	7°23′.00 W
109	56°00′.00 N	7°23′.00 W
110	56°00′.00 N	8°13′.00 W
111	56°05′.00 N	8°13′.00 W
112	56°05′.00 N	8°39′.00 W
113	56°10′.00 N	8°39′.00 W
114	56°10′.00 N	9°07′.00 W

续表

点号	纬度	经度
115	56°21′.50 N	9°07′.00 W
116	56°21′.50 N	10°30′.00 W
117	56°32′.50 N	10°30′.00 W
118	56°32′.50 N	12°12′.00 W
119	56°42′.00 N	12°12′.00 W
120	56°42′.00 N	14°00′.00 W
121	56°49′.00 N	14°00′.00 W
122	56°49′.00 N	15°36′.00 W
123	56°56′.00 N	15°36′.00 W
124	56°56′.00 N	17°24′.00 W
125	57°05′.50 N	17°24′.00 W
126	57°05′.50 N	19°30′.00 W
127	57°14′.00 N	19°30′.00 W
128	57°14′.00 N	21°32′.00 W
129	57°22′.00 N	21°32′.00 W
130	57°22′.00 N	23°57′.40 W
131	57°28′.00 N	23°57′.40 W
132	23°28′.40 W	25°31′.50 W

点 95 至点 132 的位置由世界大地测量系统 1984 基准（WGS 84）的经纬度坐标系确定。

法兰西共和国政府和比利时王国政府
关于领海划界的协议
（1990年10月8日）

（原文：法文）

法兰西共和国政府和比利时王国政府，

期望确立法兰西共和国和比利时王国的领海分界线，

期望考虑到适用于海洋空间划界的所有现行规定，以期实现公平解决，

达成协议如下：

第一条

1. 法兰西共和国领海和比利时王国领海之间的边界应由连接以下各序列点的方位线组成：

点号	东经	北纬
点1	02°32′37″	51°05′37″
点2	02°23′25″	51°16′09″

2. 第1款规定中点的坐标由欧洲基准（1950年第一次调整）确定。

3. 第1款规定的线的示例见本协议附图。

第二条

上述确定的点已考虑到法国和比利时沿岸的低潮高度，然而，法国和比利时采用不同的计算低潮高度的方法导致了两个不同的划界方案。因此，双方同意应将两个划界方案涵盖的区域分成相等的两部分。

第三条

每个协议方完成本协议生效所必需的宪法程序时应通知另一方。本协议应自收到最后通知之日起生效。

由双方政府正式授权代表签署本协议，以昭信守。

本协议于1990年10月8日在布鲁塞尔签署。

法兰西共和国政府和比利时王国政府
关于大陆架划界的协议

（1990年10月8日）

（原文：法文）

法兰西共和国政府和比利时王国政府，

期望确立法兰西共和国和比利时王国的大陆架分界线，

期望考虑到适用于海洋空间划界的所有现行规定，以期实现公平解决，

达成协议如下：

第一条

1. 法兰西共和国大陆架和比利时王国大陆架之间的边界应由连接以下各序列点的方位线组成：

点号	东经	北纬
点2	02°23′25″	51°16′09″
点3	02°14′18″	51°33′28″

2. 第1款规定中点的坐标由欧洲基准（1950年第一次调整）确定。

3. 第1款规定的线的示例见本协议附图。

第二条

基于以下两种假设的折中方案试图达成公平解决，然后确定上述规定的各点：一是考虑到法国和比利时沿岸的低潮高度，二是考虑到海岸的低潮线。

第三条

每个协议方完成本协议生效必需的宪法程序时应通知另一方。本协议应在收到最后通知之日起生效。

由双方政府正式授权签署本协议，以昭信守。

本协议于1990年10月8日在布鲁塞尔签署。

2. 波罗的海

芬兰和瑞典形成协议确认两国间部分国家边界的互换照会
（1985年6月14日）

（原文：英文）

I
瑞典驻赫尔辛基大使提交给芬兰外交部的照会

先生：

很荣幸地通知您：瑞典议会批准了除欧沃特尼亚地区瓦哈纳拉激流附近区域以外的1981年瑞典-芬兰国家边界勘测，勘测报告是由胜任此项工作的瑞典和芬兰边界委员会准备的边界文件。

未批准的边界部分北起现国家边界与65°56′00″N的交点，南止现国家边界与65°55′28″N的交点。该纬度值采用的是芬兰系统，根据瑞典系统相应的纬度值是65°56′05.8″N和65°55′33.8″N。

瑞典政府建议：根据边界委员会的联合建议，作为1981年边界勘测的成果，不包括上文提及的瓦哈纳拉激流附近边界部分的国家边界应于1985年8月1日生效。

关于瓦哈纳拉激流附近的边界问题，瑞典政府建议开展新的边界勘测，确定河流中间线的位置。深泓线的确定应依据1981年边界勘测同样的原则，由瑞典边界委员会和芬兰边界委员会尽快于1985年联合开展勘测，每个国家应为其边界委员会提供指导。

很荣幸地建议本照会与您的回复应形成瑞典与芬兰政府之间就此事项的协议。

先生，请接受我最崇高的敬意！

C.K.Thyberg
赫尔辛基
1985年6月14日

Ⅱ
芬兰外交部回复瑞典驻赫尔辛基大使的照会

先生：

很荣幸收到您今天的照会，内容如下：

（见照会Ⅰ）

作为回复，很荣幸地通知您：芬兰政府同意您照会中的建议，并确认您的照会与本回复应形成瑞典与芬兰政府之间就此事项的协议。

先生，请接受我最崇高的敬意！

Paavo Väyrynen
赫尔辛基
1985年6月14日

瑞典王国政府和苏维埃社会主义共和国联盟政府关于波罗的海大陆架划界及瑞典渔业区和苏联经济区划界的协议（附议定书）

（1988年4月18日）

（原文：瑞典文和俄文）

瑞典王国政府和苏维埃社会主义共和国联盟政府，

在1988年1月13日《瑞典王国和苏维埃社会主义共和国联盟关于波罗的海海洋区域划界原则的协议》的基础上，

达成协议如下：

第一条

瑞典和苏联分别行使主权、勘探开采自然资源权利的大陆架之间的分界线以及瑞典渔业区和苏联经济区之间的分界线应是连接第二条规定的地理坐标系各点的直线（恒向线）。

分界线的划定一方面遵循1988年发行的第7号和第8号瑞典海图采用的现行瑞典坐标系（RT 38），另一方面遵循1987年发行的第1150号苏联海图采用的苏联坐标系，上述海图应附后，并成为本协议不可分割的一部分。

第二条

第一条所指的坐标如下：

瑞典坐标系：

点号	北纬	东经
A1	58°46,836′	20°28,672′
A2	58°29,000′	20°26,590′
A3	58°12,000′	20°22,502′
A4	57°54,691′	20°24,920′
A5	57°44,000′	20°14,139′

续表

点号	北纬	东经
A6	57°33,800′	20°03,965′
A7	57°26,717′	20°02,160′
A8	57°14,192′	19°53,565′
A9	56°58,000′	19°40,270′
A10	56°45,000′	19°31,720′
A11	56°35,000′	19°25,070′
A12	56°27,000′	19°21,070′
A13	56°15,000′	19°13,565′
A14	56°02,433′	19°05,669′
A15	55°58,863′	19°04,876′
A16	55°57,300′	19°04,049′
A17	55°53,482′	18°56,777′

苏联坐标系：

点号	北纬	东经
A1	58°46,836′	20°28,582′
A2	58°29,000′	20°26,500′
A3	58°12,000′	20°22,412′
A4	57°54,691′	20°24,830′
A5	57°44,000′	20°14,049′
A6	57°33,800′	20°03,875′
A7	57°26,717′	20°02,070′

续表

点号	北纬	东经
A8	57°14,192′	19°53,475′
A9	56°58,000′	19°40,200′
A10	56°45,000′	19°31,650′
A11	56°35,000′	19°25,000′
A12	56°27,000′	19°21,000′
A13	56°15,000′	19°13,500′
A14	56°02,433′	19°05,604′
A15	55°58,863′	19°04,811′
A16	55°57,300′	19°03,984′
A17	55°53,482′	18°56,717′

两个坐标系应具有同等效力，北部从点 A1、南部从点 A17 延伸到与相关第三国达成协议的点。

第三条

本协议以 1988 年 1 月 13 日《瑞典王国和苏维埃社会主义共和国联盟关于波罗的海海洋区域划界原则的协议》为基础签订，接受双方法律批准。

本协议于交换批准书之日起生效。

本协议于 1988 年 4 月 18 日在莫斯科签署，一式两份，用瑞典文和俄文写成，两种文本同等作准。

议 定 书

以当日签署的《瑞典王国政府和苏维埃社会主义共和国联盟政府关于波罗的海大陆架划界及瑞典渔业区和苏联经济区划界协议》为参考，就渔业管辖权，双方同意本协议应暂时生效至 1988 年 5 月 16 日。

以当日签署的《瑞典王国政府和苏维埃社会主义共和国联盟政府关于波罗的海前争议区域渔业区相互关系协议》为参考，双方进一步同意协议条款应暂时生效至 1988 年 5 月 16 日。1988 年配额应在本协议签署日期后三星期内根据鱼类种类达成协议。

1988 年 4 月 18 日在莫斯科签署，一式两份，用瑞典文和俄文写成，两种文本同等作准。

二、加勒比地区

哥伦比亚和洪都拉斯海洋划界条约
（1986年8月2日）

（原文：西班牙文）

哥伦比亚共和国政府和洪都拉斯共和国政府，

重申两国之间的友好关系，并意识到需要确定两国海洋边界；

决定签署条约，并为此任命全权代表：

哥伦比亚共和国总统阁下任命外交部长奥格斯特·拉米雷斯·奥坎波（August Ramírez Ocampo）博士为全权代表，洪都拉斯共和国总统阁下任命外交秘书、律师卡洛斯·洛佩兹·孔特雷拉斯（Carlos López Contreras）先生为全权代表，

达成协议如下：

第一条

哥伦比亚共和国和洪都拉斯共和国之间的海洋边界由连接以下各坐标点的大地测量线构成：

点号	纬度	经度
1	14°59′08″N	82°00′00″W
2	14°59′08″N	79°56′00″W
3	15°30′10″N	79°56′00″W
4	15°46′00″N	80°03′55″W
5	15°58′40″N	79°56′40″W

在点 4 和点 5 之间的海洋边界应是一条环形线，其半径从点 15°47′50″N，79°51′20″W 测量。

点号	纬度	经度
6	16°04′15″N	79°50′32″W

从上述点开始，海洋边界沿 16°04′15″N 的平行线向东延伸，直到同必须与第三国划界的点相交。

达成协议的海洋边界在国防测绘局水文／地形测绘中心 1985 年 3 月 30 日华盛顿特区出版的第 74 版第 28000 号海图中加以说明，且仅为说明。该图由全权代表签署并作为本条约的附件，理解为所有活动以相同的内容为准。

第二条

上述划界不应否决双方中任一方与第三国已确立的或可能在未来确立的海洋边界布局，只要该布局不影响前述法律文件中其他缔约方的管辖权。

第三条

跨界线的碳氢化合物或天然气矿或油气田应以以下方式开采：该矿床或油气田资源量的分配应与分界线两侧相应的资源量成比例。

第四条

缔约方对本条约的解释和适用有任何的异议都应以国际法确立的和平方式解决。

1986 年 8 月 2 日

特立尼达和多巴哥共和国与委内瑞拉共和国
关于海洋与海底区域划界的条约*
（1990年4月18日）

（原文：英文和西班牙文）

特立尼达和多巴哥共和国政府与委内瑞拉共和国政府，以下简称"缔约方"，

作为友好邻国，本着合作与友好的精神，通过确定两国之间精确、公平的海洋分界线，永久解决海洋和海底区域划界问题，缔约方政府各自在边界内行使主权、主权权利和管辖权，

考虑到国际法规章及海洋法的新发展，

达成协议如下：

第一条

本条约所指的特立尼达和多巴哥共和国与委内瑞拉共和国之间的海洋边界是指领海、大陆架和专属经济区的分界线以及缔约方根据国际法已确立的或可能确立的其他海洋和海底区域的分界线。

第二条

1. 加勒比海、帕里亚湾、蛇口海峡和大西洋海域的海洋和海底区域划界分界线是连接以下地理坐标的测地线。

点号	纬度	经度
1	11°10′30″N	61°43′46″W
2	10°54′40″N	61°43′46″W
3	10°54′15″N	61°43′52″W
4	10°48′41″N	61°45′47″W
5	10°47′38″N	61°46′17″W

---

* 1991年11月5日由委内瑞拉常驻代表团传达，1991年7月23日生效。

续表

点号	纬度	经度
6	10°42′52″N	61°48′10″W
7	10°35′20″N	61°48′10″W
8	10°35′19″N	61°51′45″W
9	10°02′46″N	62°04′59″W
10	10°00′29″N	61°58′25″W
11	09°59′12″N	61°51′18″W
12	09°59′12″N	61°37′50″W
13	09°58′12″N	61°30′00″W
14	09°52′33″N	61°13′24″W
15	09°50′55″N	60°53′27″W
16	09°49′55″N	60°39′51″W
17	09°53′26″N	60°16′02″W
18	09°57′17″N	59°59′16″W
19	09°58′11″N	59°55′21″W
20	10°09′59″N	58°49′12″W
21	10°16′01″N	58°49′12″W

点1向北沿61°43′46″W方向延伸至与第三国管辖权区域相交的点，点21沿67°方位角延伸至专属经济区的外部界限，然后至约位于大陆外边缘的点22——11°24′00″N，56°06′30″W，该分界线划分了特立尼达和多巴哥共和国与委内瑞拉共和国的国家管辖区域以及作为人类共同遗产的国际海洋区域的国家管辖区域。

2.在大陆外边缘接近从任一方基线向海350海里的情况下，双方保留遵循国际法规则确定和协商各自权利至该边缘的权利，本条约的所有条款不应以任何方式侵害或限制这些权利或第三方的权利。

第三条

缔约方的理解是：在加勒比海和帕里亚湾，上述海洋边界以西和以南的特立尼达和多巴哥共和国，该边界以东和以北的委内瑞拉共和国，以及在大西洋，上述海洋边界以南的特立尼达和多巴哥共和国，该边界以北的委内瑞拉共和国，为任何目的都不应对本条约第一条规定的海洋和海底区域宣称或行使主权、主权权利或管辖权。

第四条

1. 上述各点的位置由1956年南美暂行基准（1924国际椭球体）确定。

2. 上述各点和分界线已在双方接受的地图上示例并作为本条约附件附后。

第五条

1. 缔约方同意组建特立尼达和多巴哥/委内瑞拉联合划界委员会，该委员会应尽可能负责上述各点和分界线的具体划界工作及所有相关活动。

2. 本条第1款所指的划界应受委员会认定适当的助航标志的影响。

3. 委员会应由每个国家的3名代表与认为必要的观察员组成，人员姓名应通过外交渠道正式交流沟通。

4. 委员会应于本条约生效后3个月内和此后应任一缔约方或委员会本身的要求开始工作，委员会会议应在特立尼达和多巴哥共和国及委内瑞拉共和国轮流举办。

第六条

在不侵害国际法认可的缔约方在其他区域的航行权和飞越领空权的情况下，委内瑞拉船只和飞机应享有在特立尼达岛和多巴哥岛之间的海峡仅为快速、不间断通过存有争议的海洋区域为目的的航行和飞越领空的自由，自此该项权利称为"过境通行权"。过境通行不排除遵守港口进入规定及其他通行规定的为进入或离开特立尼达和多巴哥目的经过或越过海洋区域的通行。无害通过应适用于帕里亚湾的其他海峡。

第七条

如果任何单一的地质石油结构或油田，或包括沙子和砾石在内的任何其他矿藏的任何单一的地质结构或矿田，延伸跨越划界界线，并且位于划界界线一侧的该矿藏结构或矿田可完全或部分从该界线另一侧开采，则缔约方应在适当的技术磋商之后寻求达成协议，以最有效的方式开采该矿藏结构或矿田，并且分摊该开采活动的成本与效益。

第八条

任一缔约方决定在划界界线 500 米以外的区域开展或允许钻探活动，都应将该活动告知另一方。

第九条

缔约方应采取一切措施保护本条约涉及的海洋区域的海洋环境，因此，双方同意：

1. 向对方提供法律条款信息及海洋保护经验信息。

2. 提供查明污染事件并作出决定的主管机构信息。

3. 互相通知发生在海洋边界区的实际、即将或潜在严重污染的任何迹象。

第十条 争议的解决

本条约解释或适用中出现的任何异议或争议应通过缔约方之间的直接磋商或协商和平解决。

第十一条

1. 本条约应经过批准并于批准书交换之日起生效，缔约方应尽快在西班牙港交换批准书。

2. 因本条约的约束，1942 年 2 月 26 日在加拉加斯签署的《英国国王陛下与委内瑞拉合众国总统关于帕里亚湾海底区域条约》和 1989 年 8 月 4 日在西班牙港签署的《特立尼达和多巴哥共和国政府与委内瑞拉共和国政府关于海洋和海底区域划界协议（第一阶段）》应在缔约方之间停止生效。

本条约于 1990 年 4 月 18 日在加拉加斯签署，一式两份，由英文和西班牙文写成，两种文本具有同等效力。

三、地中海地区

法兰西共和国政府和意大利共和国政府关于博尼法乔海峡区域海洋划界协议

（1986年11月28日签署于巴黎）

（原文：法文和意大利文）

法兰西共和国政府和意大利共和国政府，

期望加强两国间的睦邻友好关系，

意识到有必要对两国行使或应行使各自主权和主权权利的海洋空间进行准确和公平的划界，

依照适用于这一事项的国际法法规及原则，

考虑到1908年1月18日法国和意大利为法国和意大利渔民在科西嘉岛和撒丁岛之间海域确定各自专属渔业区签署的协议，

达成协议如下：

第一条

1. 两国在博尼法乔海峡海域领海之间的划界界线应由连接以下各点的方位曲线确定，各点的坐标按顺序列出：

点号	东经	北纬
点1	008°48′49,2″	41°15′31,2″
点2	009°08′09,1″	41°19′09,0″

续表

点号	东经	北纬
点 3	009°16′15,0″	41°17′34,2″
点 4	009°19′03,0″	41°20′13,8″
点 5	009°27′03,6″	41°24′27,0″
点 6	009°37′54,0″	41°26′04,8″

2. 本条款提及的地理坐标由补充版欧洲测地系统（欧洲 50）表示。

3. 第 1 款确定的分界线见本协议附图。

第二条

1. 为确保本协议不会妨碍两国专业渔民已确立的捕捞实践，双方同意以睦邻友好的方式允许法国和意大利沿海捕捞船只继续在位于以下区域的传统渔业区进行渔业活动：

北部边界：41°20′40″N

西部边界：9°E

东部边界：9°6′E

南部边界：4°16′20″N

2. 第 1 款确定的区域见上述第一条提及的附图。

第三条

1. 点 2 和点 3 应依据 1908 年 1 月 18 日的协议在意大利国土上由两根建造的漆白石柱标记如下：

——柱 8 米高，矗立在 Guardia del Turco 的三角形标记上；

——柱 10 米高，矗立在布代利岛南端的岩石上。

2. 点 3 和点 4 应依据 1908 年 1 月 18 日的协议在意大利国土由两根建造的漆白石柱标记如下：

——柱 10 米高，矗立在 Contro di li Scala 信号站前 500 米处的岩石上；

——柱 12 米高，矗立在 Punta Marmorata 附近的岸边。

第四条

每个协议方完成本协议生效所必需的宪法程序时应通知另一方。本协议应自收到后一份通知之日起生效。

1908年1月18日法国和意大利为法国和意大利渔民在科西嘉岛和撒丁岛之间海域确定各自专属渔业区签署的协议应在上述生效之日废除。

由双方政府正式授权代表签署本协议,以昭信守。

本协议于1986年11月28日在巴黎签署,一式两份,由法文和意大利文写成,两种文本具有同等效力。

摩纳哥王子政府与法兰西共和国政府海洋划界协议

（1984年2月16日）

（原文：法文）

主 权 令

在摩纳哥执行1984年2月16日在巴黎签署的摩纳哥王子政府与法兰西共和国政府海洋划界协议（附后）的1985年9月30日第8.403号主权令
摩纳哥王子政府与法兰西共和国政府海洋划界协议

摩纳哥王子政府与法兰西共和国政府，
鉴于摩纳哥公国和法国之间特别的友好关系，
鉴于关于摩纳哥公国领海界限的1967年4月20日《法国–摩纳哥宣言》，
注意到依据法国和摩纳哥的领海界限延伸至12海里，有必要对上述海域进行新的划界，
达成协议如下：
第一条
两国的领海分界线应由以下线组成：
1. 西面，由连接点B0和点B2的等角航线组成分界线，两点坐标如下：

点号	东经	北纬
B0	7°25′10.5″	43°43′32.9″
B2	7°29′48″	43°31′46″

2. 东面，由如下两条线组成分界线：
第一条线应是连接点A0和点A1的等角航线，两点坐标如下：

点号	东经	北纬
A0	7°26′22.14″	43°45′01.49″
A1	7°27′12.6″	43°44′35.5″

第二条线应是连接点 A1 和点 A2 的等角航线，点 A2 的坐标如下：

点号	东经	北纬
A2	7°31′42″	43°33′09″

3.摩纳哥领海应延伸至法国领海外部界限，摩纳哥领海的边界线应是连接点 A2 和点 B2 的等角航线。

第二条

依据国际法，摩纳哥公国行使或应行使主权权利的摩纳哥领海以远的海洋区域的界限如下：

1.西面，连接点 B2 和点 B3 的等角航线，点 B3 坐标如下：

点号	东经	北纬
B3	7°43′26″	42°56′47″

2.东面，连接点 A2 和点 A3 的等角航线轴线，点 A3 坐标如下：

点号	东经	北纬
A3	7°45′25″	42°57′59″

3. 南面，连接点 A3 和点 B3 的等角航线。

点 A3 和点 B3 离法国（科西嘉）海岸和摩纳哥海岸等距离。

第三条

1. 上述分界线的点的坐标应依据补充版欧洲测地系统（欧洲 50）确定。
2. 上述分界线见本协议附图。

第四条

为确保本协议不会妨碍两国专业渔民已确定的捕捞实践，双方同意以睦邻友好的方式允许法国和摩纳哥沿海捕捞船只继续在位于摩纳哥领海和毗邻的法国领海内的传统渔业区进行渔业活动。

然而，这些条款不应阻碍每个协议方在其领海建立一个或多个海洋动植物养护或保护区，每个协议方的国民应在上述区域享有同样的权利，承担同样的义务。

第五条

每个协议方完成本协议生效所必需的宪法程序时应通知另一方。本协议应自收到后一份通知之日起生效。

1967 年 4 月 20 日《法国 – 摩纳哥宣言》应在上述生效之日废除。

由双方政府正式授权代表签署本协议，以昭信守。

本协议于 1984 年 2 月 16 日在巴黎签署，一式两份。

四、印度洋地区

缅甸联邦社会主义共和国*与印度共和国关于安达曼海、科科海峡和孟加拉湾海洋边界划界的协议

（1986 年 12 月 23 日）

（原文：缅甸文、英文和印地语）

缅甸联邦社会主义共和国与印度共和国，

期望加强两国间友谊的历史纽带，

期望通过双方协议对两国在安达曼海、科科海峡和孟加拉湾的海洋边界进行划界，

达成协议如下：

第一条

缅甸和印度在安达曼海和科科海峡的海洋边界是连接点 1 至点 14 的直线，各点地理坐标顺序如下：

点号	北纬	东经
1	09°38′00″	95°35′25″
2	09°53′14″	95°28′00″
3	10°18′42″	95°16′02″

---

* 1988 年 10 月 18 日，Burma（缅甸）正式更名为"Myanmar"（缅甸）。

续表

点号	北纬	东经
4	10°28′00″	95°15′58″
5	10°44′53″	95°22′00″
6	11°43′17″	95°26′00″
7	12°19′43″	95°30′00″
8	12°54′07″	95°41′00″
9	13°48′00″	95°02′00″
10	13°48′00″	93°50′00″
11	13°34′18″	93°40′59″
12	13°49′11″	93°08′05″
13	13°57′29″	92°54′50″
14	14°00′59″	92°50′02″

海洋边界从点 1 延伸至缅甸、印度和泰国海洋边界三接点的边界线将在三国协议确定该三接点后确立。

第二条

缅甸和印度在孟加拉湾的海洋边界是连接点 14 至点 16 的直线，各点地理坐标顺序如下：

点号	北纬	东经
14	14°00′59″	92°50′02″
15	14°17′42″	92°24′17″
16	15°42′50″	90°14′01″

孟加拉湾海洋边界的点16以远延伸线将随后确定。

第三条

第一条和第二条确定的各点的坐标为地理坐标，连接各点的直线如1979年12月1日印度第41号海图（安达曼海）和附后的1976年11月1日印度第31号海图（孟加拉湾）所示，两幅海图是本协议不可分割的一部分，已由双方授权部门签署。

第四条

第一条和第二条规定的各点在海洋、海底和大陆架上的准确位置应由双方为此目的任命的水文勘测人员以双方同意的方法确定。

第五条

每个协议方对其边界一侧的现有岛屿和任何可能出现的岛屿享有主权。

第六条

根据1982年《联合国海洋法公约》的有关条款，每个协议方对其边界一侧的各自海洋区域享有主权、主权权利和管辖权。

第七条

任何有关本协议解释或执行方面的争议应通过双方之间的磋商和协商和平解决。

第八条

本协议应依据每一方宪法要求获得批准，自交换批准书之日起生效，批准书交换将尽快在新德里进行。

由双方政府正式授权代表签署本协议，以昭信守。

本协议于1986年12月23日在仰光签署，一式两份，每份由缅甸文、英文和印地语写成，具有同等效力，如果文本之间有矛盾，应以英文文本为准。

五、太平洋地区

（一）北太平洋

美利坚合众国与苏维埃社会主义共和国联盟海洋边界协议
（1990年6月1日）

（原文：英文和俄文）

美利坚合众国与苏维埃社会主义共和国联盟（以下称"双方"），

忆及1867年3月18—30日《美国–俄罗斯公约》（以下称《1867年公约》），

期望解决美国和苏联之间的海洋边界问题，

期望确保沿海国家依据国际法在缺少海洋边界的情况下在所有为任何目的能行使管辖权的海洋区域行使管辖权；

达成协议如下：

第一条

1. 双方同意《1867年公约》第一条所称的"西部界限"，也是本协议第二条确定的边界线，是美国和苏联之间的海洋边界。

2. 每一缔约方应尊重国际法允许的，为任何目的限制沿海国家管辖权范围的海洋边界。

第二条

1. 海洋边界从起点65°30′N，168°58′37″W 沿 168°58′37″W 子午线向北延伸，穿过白令海峡和楚科奇海，进入北冰洋直到国际法允许的范围。

2. 海洋边界从同样的起点向南延伸，由连接本协议附件规定的各点的线确定，该附件是本协议不可分割的一部分。

3. 所有的地理位置由 1984 年世界大地测量系统（WGS 84）确定，除非特别说明，都由测地线连接。

第三条

1. 该海洋边界以东、从测量苏联领海宽度的基线起 200 海里内并且从测量美国领海宽度的基线起 200 海里以远的任何区域（"东部特别区"），在无双方海洋边界协议的情况下，苏联同意从此美国可以行使源自专属经济区管辖权的主权权利和管辖权，而苏联依据国际法享有行使这些权利的权利。

2. 该海洋边界以西、从测量美国领海宽度的基线起 200 海里内并且从测量苏联领海宽度的基线起 200 海里以远的任何区域（"西部特别区"），在无双方海洋边界协议的情况下，美国同意从此苏联可以行使源自专属经济区管辖权的主权权利和管辖权，而美国依据国际法享有行使这些权利的权利。

3. 任一方在本条规定的特别区和海洋边界己方区域行使的主权权利或管辖权均源自双方协议，并且不能形成延伸的专属经济区。为此目的，每一方应采取必要措施确保在特别区和海洋边界己方区域行使主权权利或管辖权应在其相关法律、法规和海图中加以说明。

第四条

本协议确定的海洋边界应不以任何方式影响或损害任一方与海洋法相关的国际法地位，包括行使与海域、海床和底土有关的主权、主权权利或管辖权的法规。

第五条

为本协议目的，"沿海国管辖权"指沿海国家依据国际海洋法行使的与海域、海床和底土有关的主权、主权权利或其他形式的管辖权。

第六条

任何有关本协议解释或执行方面的争议应通过协商或双方同意的其他和平方式解决。

本协议应经批准，自交换批准书之日起生效。

由双方政府正式授权代表签署本协议，以昭信守。

本协议于 1990 年 6 月 1 日在华盛顿签署，一式两份，每份由英文和俄文写成，两种文本具有同等效力。

附 件

本协议规定的地理位置使用1984年世界大地测量系统（WGS 84）确定，除非特别说明，以测地线连接。1海里等于1852米。

海洋边界确定如下：

从起点65°30′N，168°58′37″W沿168°58′37″W子午线向北延伸，穿过白令海峡和楚科奇海，进入北冰洋直到国际法允许的范围。

海洋边界从同样的起点连接以下各点向南延伸：

点号	纬度	经度
2	65°19′58″N	169°21′38″W
3	65°09′51″N	169°44′34″W
4	64°99′41″N	170°07′23″W
5	64°49′26″N	170°30′06″W
6	64°39′08″N	170°52′43″W
7	64°28′46″N	171°15′14″W
8	64°18′20″N	171°37′40″W
9	64°07′50″N	172°00′00″W
10	63°59′27″N	172°18′39″W
11	63°51′01″N	172°37′13″W
12	63°42′33″N	172°55′42″W
13	63°34′01″N	173°14′07″W
14	63°25′27″N	173°32′27″W
15	63°16′50″N	173°50′42″W
16	63°08′11″N	174°08′52″W
17	62°59′29″N	174°26′58″W
18	62°50′44″N	174°44′59″W

续表

点号	纬度	经度
19	62°41′56″N	175°02′56″W
20	62°33′06″N	175°20′48″W
21	62°24′13″N	175°38′36″W
22	62°15′17″N	175°56′19″W
23	62°06′19″N	176°13′59″W
24	61°57′18″N	176°31′34″W
25	61°10′11″N	176°49′04″W
26	61°39′08″N	177°06′31″W
27	61°29′59″N	177°23′53″W
28	61°20′47″N	177°41′11″W
29	61°11′33″N	177°58′26″W
30	61°02′17″N	178°15′38″W
31	60°52′57″N	178°32′42″W
32	60°43′35″N	178°49′45″W
33	60°34′11″N	179°06′44″W
34	60°24′44″N	179°23′38″W
35	60°15′14″N	179°40′30″W
36	60°11′39″N	179°46′49″W

然后，沿以点 60°38′23″N，173°06′54″W 为圆心，半径为 200 海里的弧形延伸至

点号	纬度	经度
37	59°58′22″N	179°40′55″W

然后，沿由点 64°05′08″N，172°00′00″W 和点 53°43′42″N，170°18′31″E 确定的等角线向西南延伸至

点号	纬度	经度
38	58°57′18″N	178°33′59″E

然后，沿以点 62°16′09″N，179°05′34″E 为圆心，半径为 200 海里的弧形延伸至

点号	纬度	经度
39	58°58′14″N	178°15′05″E
40	58°57′58″N	178°14′37″E
41	58°48′06″N	177°58′14″E
42	58°38′12″N	177°41′53″E
43	58°28′16″N	177°25′34″E
44	58°18′17″N	177°09′18″E
45	58°08′15″N	176°53′04″E
46	57°58′11″N	176°36′52″E
47	57°48′04″N	176°20′43″E
48	57°37′54″N	176°04′35″E
49	57°27′42″N	175°48′31″E
50	57°17′28″N	175°32′28″E
51	57°07′11″N	175°16′27″E
52	56°56′51″N	175°00′29″E
53	56°46′29″N	174°44′32″E
54	56°36′04″N	174°28′38″E
55	56°25′37″N	174°12′46″E

续表

点号	纬度	经度
56	56°15′07″N	173°56′56″E
57	56°04′34″N	173°41′08″E
58	55°53′59″N	173°25′22″E
59	55°43′22″N	173°09′37″E
60	55°32′42″N	172°53′55″E
61	55°21′39″N	172°38′14″E
62	55°11′14″N	172°22′36″E
63	55°00′26″N	172°06′59″E
64	54°49′36″N	171°51′24″E
65	54°38′43″N	171°35′51″E
66	54°27′48″N	171°20′20″E
67	54°16′50″N	171°04′50″E
68	54°05′50″N	170°49′22″E
69	53°54′47″N	170°33′56″E
70	53°43′42″N	170°18′31″E
71	53°32′46″N	170°05′29″E
72	53°21′48″N	169°52′32″E
73	53°10′49″N	169°39′40″E
74	52°59′48″N	169°26′53″E
75	52°48′46″N	169°14′12″E
76	52°37′43″N	169°01′36″E
77	52°26′38″N	168°49′05″E
78	52°15′31″N	168°36′39″E
79	52°04′23″N	168°24′17″E

续表

点号	纬度	经度
80	51°53′14″N	168°12′01″E
81	51°42′03″N	167°59′49″E
82	51°30′51″N	167°47′42″E
83	51°19′37″N	167°35′40″E
84	51°11′22″N	167°26′52″E
85	51°12′17″N	167°15′35″E
86	51°09′09″N	167°12′00″E
87	50°58′39″N	167°00′00″E

照 会

1990 年 6 月 1 日

阁下：

很荣幸地提及由美利坚合众国和苏维埃社会主义共和国联盟政府的代表于今天签署的两国海洋边界协议，更荣幸地建议：在等待该协议生效期间，两国政府同意遵守该协议的条款直到 1990 年 6 月 15 日。

依据前述，很荣幸地向阁下建议：如果苏维埃社会主义共和国联盟政府可以接受前述约定，本照会与阁下的回复将形成两国政府间的协议，在您回复之日生效。

顺致，崇高敬意！

James Baker III

Eduard A. Shevardnadze 阁下
苏维埃社会主义共和国联盟外交部长

（二）中南部太平洋

所罗门群岛政府和澳大利亚政府确立某些海洋和海底边界的协议[*]

（1988年9月13日）

（原文：英文）

所罗门群岛政府和澳大利亚政府，

期望加强两国之间的友谊，

认识到对两国行使主权权利的海洋区域进行准确、公平划界的必要性，

立足相关国际法规定及原则，并考虑到《联合国海洋法公约》，

达成协议如下：

第一条

1. 一方是珊瑚海澳大利亚礁群向海方向，另一方是所罗门群岛礁群向海方向，两个国家依据国际法分别行使主权权利的澳大利亚渔业区和所罗门群岛专属经济区之间和大陆架之间的分界线是依次连接以下坐标点的测地线：

点号	南纬	东经
U	14°04′00″	157°00′00″
V	14°41′00″	157°43′00″
R1	15°44′07″	158°45′39″

2. 本条所规定的地理坐标中，点 U 采用 1966 年澳大利亚大地基准（AGD 66）表示，点 V 和点 R1 采用 1972 年世界大地测量系统（WGS 72）表示。为本协议目的，有必要确定一点、一线或一区域的地表位置，该位置可以采用 AGD 66 或 WGS 72 确定。如果采用 AGD 66，应依据一个以地球中心为中心，大（赤道）半径为 6 378 160 米，扁平率为 100/29825 的椭球体为基准。如果采用 WGS72，应依据一个以地球中心为中心，长（赤道）半径

---

[*] 由澳大利亚常驻联合国代表团通过 1988 年 10 月 2 日的普通照会向联合国提交。

为 6 378 135 米，扁平率为 100/29826 的椭球体为基准。

3. 本条第 1 款规定的分界线见作为本协议附图的附件 1 和附件 2。

第二条

如果海床以下的液体碳氢化合物或天然气积聚或其他矿床延伸跨越本协议第一条规定的分界线，且位于分界线一侧的这种积聚或矿床的一部分可以从分界线的另一侧整体或部分开采，则两国政府应寻求达成协议，使该积聚或矿床可以得到最有效的开采，并公平分享开采获取的利益。

第三条

两国政府之间任何有关本协议解释或执行方面的争议应通过磋商或协商和平解决。

第四条

每个协议方完成本协议生效所必需的宪法程序时应通知另一方。本协议应自收到后一份通知之日起生效。

由双方政府正式授权代表签署本协议，以昭信守。

本协议于 1988 年 9 月 13 日在霍尼亚拉签署，一式两份，用英文写成。

修改 1983 年 1 月 19 日法兰西共和国政府与斐济政府关于其经济区划界协议*的附录

（1990 年 11 月 8 日）

（原文：法文和英文）

法兰西共和国政府和斐济共和国政府，

期望议定 1983 年 1 月 19 日在苏瓦签署的法兰西共和国政府和斐济政府关于其经济区划界协议的附录修改，

达成协议修改上述协议的附录 1 的 B 如下：

附录 1

B. 法国（瓦利斯群岛和富图纳群岛）和斐济之间：

点号	纬度	经度
1	15°53′56″S	177°25′04″W
2	15°17′44″S	178°29′42″W
3	14°47′33″S	179°14′44″W
4	13°19′04″S	179°30′18″W
5	13°14′25″S	179°32′05″W

本附件中各点的位置由 1972 年世界大地测量系统（WGS 72）的经度和纬度确定。

本附录自签署之日起生效。

由双方政府正式授权代表签署本附录，以昭信守。

本附录于 1990 年 11 月 8 日在苏瓦签署，一式两份，每份由法文和英文写成，两种文本具有同等效力。

---

* 1983 年 1 月 19 日协议于 1984 年 8 月 21 日生效，汇编在《海洋法：海洋边界协议(1970—1984)》(联合国出版)，第 276—279 页。

澳大利亚和巴布亚新几内亚独立国关于两国间包括托雷斯海峡区域在内的海洋边界和主权以及相关事宜条约*

（1978年12月18日）

（原文：英文）

期望就两国之间包括托雷斯海峡在内的区域内某些岛屿的各自主权、海洋划界的确立及其他相关事务达成协议，

认识到保护托雷斯海峡区域澳大利亚岛民和居住在托雷斯海峡及其附近的巴布亚新几内亚沿海的巴布亚新几内亚人的传统生活方式和谋生之道的重要性，

也认识到保护托雷斯海峡区域海洋环境以及确保各自船只和飞机航海和飞越领空自由的重要性，

也期望在该区域与另一方在渔业资源保护、管理和共享方面进行合作，以及在海底矿产资源勘探和开发管理方面进行合作，

作为友好邻邦，本着合作、友好和亲善的精神，

达成协议如下：

第一部分 定 义

第一条 定义

1. 本条约中：

（1）"沿海毗邻区域"，就澳大利亚而言，是指保护区附近的澳大利亚大陆沿海区域和澳大利亚岛屿；就巴布亚新几内亚而言，指保护区附近的巴布亚新几内亚大陆沿海区域和巴布亚新几内亚岛屿；

（2）"渔业管辖权"是指以勘探、开采、保护和管理除静止物种以外的渔业资源为目的的主权权利。

---

* 虽然本协议于1978年签署，但于1985年2月15日生效，联合国海洋事务和海洋法司在此时才得到该协议文本用于出版。

（3）"渔业资源"是指所有海洋和海床的自然生物资源，包括所有游动和静止的物种。

（4）"自由迁徙"是指传统居民在传统活动过程中的移动。

（5）"本土动植物"包括迁徙动物。

（6）"海里"指国际海里，长1852米。

（7）"保护区"指第十条规定的区域。

（8）"保护区商业渔业"意思是保护区内具有商业意义或商业潜力的渔业资源，并且如果一种这样的资源大部分在保护区内，但是延伸至保护区以外的附近区域，则在该界限内该区域的这种资源的延伸部分有时由双方责任部门议定。

（9）"海底管辖权"指依据国际法对大陆架的主权权利，并且包括依据国际法对低潮高地的管辖权，以及行使这种管辖权的权利。

（10）"静止物种"指在收获期静止不动或在海床下或除非与海床或底土有持续的身体接触才能移动的生物。

（11）"传统活动"指由传统居民遵循当地传统开展的活动，包括以下活动：

（a）陆上活动，包括园艺活动、食物搜集和狩猎；

（b）水上活动，包括传统渔业；

（c）宗教和风俗仪式或社会集会，如结婚庆典和解决争端的集会；

（d）易货和市场贸易。

本定义除应用于商业性活动外，"传统"应依据盛行的风俗自由进行解释。

（12）"传统渔业"指传统居民因自己或其赡养者或因在其他传统活动中的需要而捕获海洋、海床、河口和沿海潮汐区的自然生物资源，包括儒艮和海龟。

（13）"传统居民"就澳大利亚而言，指具有以下特征的人：

（a）居住在保护区或附近的澳大利亚沿海地区的托雷斯海峡岛民；

（b）澳大利亚公民；

（c）维护与其生存、生计、社会、文化或宗教活动有关的地区传统习俗或保护区内或附近地区特征。

就巴布亚新几内亚而言，指具有以下特征的人：

（a）居住在保护区或附近的巴布亚新几内亚沿海地区；

（b）巴布亚新几内亚公民；

（c）维护与其生存、生计、社会、文化或宗教活动有关的地区传统习俗或保护区内或附近地区特征。

2. 为本条约目的，有必要确定地球表面一点、线或区域的位置，该位置应参考澳大利亚大地测量基准（Australia Geodetic Datum）确定，即以一个以地球中心为中心，长（赤道）半径为 6 378 160 米，扁平率为 100/29825 的椭球体为基准，并以位于澳大利亚北部领土的约翰斯顿大地测量站的位置为参考，该站位于澳大利亚北部领地，经纬度为 25°56′54.5515″S，133°12′30.0771″E，地平面高出上述椭球体 571.2 米。

3. 本条约中短语"在保护区及其附近"描述的区域的外部边界可能依据使用本短语的上下文有所变化。

第二部分　主权和管辖权

第二条　岛屿主权

1. 巴布亚新几内亚承认澳大利亚对以下岛屿享有主权：

（1）被称为安科礁、奥布斯岛、布莱克岩、博伊古岛、布兰布尔礁、达万岛、德利韦兰克岛、东礁、考马格岛、克尔岛、莫伊米岛、皮尔斯礁、塞巴伊岛、特纳盖恩岛和图鲁礁的岛屿；

（2）位于两国大陆之间和本条约第四条第1款规定的分界线以南的所有岛屿。

2. 除本条第1款第（1）项规定的岛屿外，澳大利亚对位于本条约第四条第1款规定的分界线以北的岛屿无主权。

3. 澳大利亚承认巴布亚新几内亚对以下岛屿享有主权：

（1）被称为卡瓦伊岛、马塔卡瓦伊岛和库萨岛；

（2）位于两国大陆之间和本条约第四条第1款规定的分界线以北除本条第1款第（1）项规定的岛屿外的其他所有岛屿。

4.本条约中，享有的对岛屿的主权应包括以下主权权利：

（1）其领海；

（2）岛屿以上领空及其领海；

（3）领海下的海床及其底土；

（4）位于其领海内的任何岛屿、礁石或低潮高地。

第三条 领海

1.奥布斯岛、博伊古岛和莫伊米岛与巴布亚新几内亚之间的领海边界以及达万岛、考马格岛和塞巴伊岛与巴布亚新几内亚之间的领海边界应是本条约附件1规定的分界线，见本条约附件2的地图，塞巴伊岛领海外部边界的其他部分由本条约附件3规定，毗邻巴布亚新几内亚领海。

2.本条约第二条第1款第（1）项规定的岛屿的领海不应从测量每个岛屿领海宽度的基线延伸至3海里以远。即使海岸线形态有任何变化或任何进一步的测量得出不同的结果，这些领海也不应被扩大或缩小。

3.本条第2款的规定不应适用于皮尔斯礁位于本条约第四条第1款规定的分界线以南的领海部分。

4.除皮尔斯礁位于本条约第四条第1款规定的分界线以南的领海部分，本条约第二条第1款第（1）项规定的岛屿的领海的外部边界见本条约附件3的规定，规定的分界线见本条约附件2和附件4的地图。

5.澳大利亚不应向北延伸其领海跨越本条约第四条第1款规定的分界线。

6.巴布亚新几内亚不应：

（1）延伸其南部海岸线在142°03′30″E至142°51′00″E的领海至从测量领海宽度的基线起3海里以远；

（2）延伸其领海或群岛水域至以本条约第四条第2款规定的部分分界线为边界的区域，即从点9°45′24″S，142°03′30″E至点9°40′30″S，142°51′00″E以及本条约第四条第1款规定的分界线在两点之间的部分；

（3）在本款第（2）项规定的区域内或穿过该区域建立群岛基线；

（4）向南延伸其领海越过本条约第四条第1款规定的分界线。

第四条 海事管辖权

1.根据本条约第二条的规定，澳大利亚享有海床管辖权的隶属及毗邻澳大利亚的海床与底土区域和巴布亚新几内亚享有海床管辖权的隶属及毗邻巴布亚新几内亚的海床与底土区域之间以本条约附件 5 规定的分界线为边界，该分界线见本条约附件 6 的地图，还有一部分分界线见本条约附件 7 的地图。

2. 根据本条约第二条的规定，澳大利亚享有渔业管辖权的隶属及毗邻澳大利亚的海域和巴布亚新几内亚享有渔业管辖权的隶属及毗邻巴布亚新几内亚的海域之间以本条约附件 8 规定的分界线为边界，该分界线见本条约附件 6 的地图，还有一部分分界线见本条约附件 2 和附件 7 的地图。

3. 关于以本条约第二条第 2 款规定的部分分界线为边界的区域，即从点 9°45′24″S,142°03′30″E 至点 9°40′30″S,142°51′00″E 和本条第 1 款规定的、位于两点之间的部分分界线，不包括奥布斯岛、博伊古岛、达万岛、考马格岛、莫伊米岛、塞巴伊岛和特纳盖恩岛的领海：

（1）任何一方不经另一方的同意不应行使剩余管辖权；

（2）双方应以达成协议为目的协商涉及行使剩余管辖权的各项措施实施的最有效方法。

4. 本条第 3 款中的"剩余管辖权"的意思是

（1）除海床管辖权或渔业管辖权以外的区域管辖权，包括除海床管辖权或渔业管辖权以外的与以下有关的管辖权及其他：

（a）海洋环境保护；

（b）海洋科学研究；

（c）水能、海流能和风能开发。

（2）与资源勘探和开发无直接关系的海床和渔业管辖权，或根据该管辖权应禁止或拒绝授权的活动。

第三部分　主权和管辖权——相关事宜

第五条　现行石油许可证

1.1975 年 9 月 16 日前澳大利亚依据澳大利亚法律批准的与本条约规定澳大利亚停止行使主权权利的部分海床有关的石油勘探许可证，持证人保留与许可证有关的权利直到本条约生效。巴布亚新几内亚根据该持证人的申请，应依据巴布亚新几内亚法律向该持证人提供与该部分海床有关的石油勘探证书，该证书应具有不少于根据巴布亚新几内亚法律授予其他持证人的海床石油勘探优惠。

2. 应申请本条第 1 款规定的证书：

（1）与位于保护区外的部分海床有关的，本条约生效日期后 6 个月内申请；

（2）与位于保护区内的部分海床有关的，在第十五条规定的期限内申请，可以延期到双方同意的期限。

第六条　某些海底矿床的开采

如果液态碳氢化合物或天然气的单独累积或海底其他矿产矿床延伸跨越双方海床管辖权界限规定的分界线，并且如果位于该分界线一侧的该累积或矿床的一部分可全部或部分从另一侧以液体形式开采，则双方应本着达成协议的目的协商最有效开采该累积或矿床的方式以及公平的利益分享方式。

第七条　航行和飞越领空自由

1. 位于以下区域的保护区水面或水面上空——

（1）本条约第四条第 1 款规定的分界线以南，每一方陆地领土低水位线向海方向，和

（2）该分界线以南，且领海外部界限以远

每一方应依据本条第 2 款和第 3 款给予另一方船只或飞机与公海海面或上空船只和飞机运行相关的航行和飞越领空自由。

2. 每一方应采取一切必要措施确保在行使本条第 1 款规定的给予其船只和飞机的航行和飞越领空自由时：

（1）这些船只遵守普遍公认的海上安全国际规定、程序和实践及船只污染防治和管控国际规定、程序和实践。

（2）这些民用飞机遵守国际民用航空组织规定的适用于民用飞机的空中规则，国家飞机通常遵守与安全有关的规定，并在任何时候运行时都要适当考虑航行安全。

（3）只要另一方的相关法律法规不产生否认、妨碍或损害本条第 1 款规定的航行和飞越领空自由的实际效果，本条约第四条第 1 款规定的分界线以北的船只和飞机不应从事违反另一方海关、财政、移民或卫生法律法规的商品、货币或人员的装载或卸载。

（4）本条约第四条第 1 款规定的分界线以北的船只和飞机不应开展损害另一方和平、良好秩序或安全的行动。

3. 一方在另一方管辖区域内进行资源勘探和开采的船只应继续遵守另一方制定的与本条约一致的资源管辖相关法律法规，包括与船只的登临、检查和逮捕有关的法律法规条款。

4. 在本条约第四条第 1 款规定的分界线以北的本条第 1 款不适用的保护区区域，一方从事定期或不定期空中服务的民用飞机依据适用的航空安全法律法规应享有飞越领空的权利以及非交通目的经停的权利，而不必事先得到另一方的同意。

5. 在本条第 1 款不适用的保护区区域，一方的船只应享有无害通过的权利。该权利不应中止，并且任何一方均不应批准适用于该区域的可能阻止或妨碍船只在一方领土内的两点之间正常通过的法律法规。

6. 在本条第 1 款与第 5 款均不适用的情况下，用于在两国之间区域（包括被称为"托雷斯海峡"的区域）国际航行路线的通行制度不应比第三次联合国海洋法大会文件 A/CONF.62/WP.10 中第三十四条至第四十四条规定的用于国际航行的、通过海峡的过境通行有更多的限制。一方在批准一项可能阻止或妨碍船只通过这些路线驶向或驶离另一方领土的法律或法规之前，应与另一方进行协商。如果这些条款进行了修订，并且没有在任何海洋法公约中体现或没有成为普遍认可的国际法原则，则双方应以达成另一项通行制度为目的进行协商，依据国际实践达成协议，代替本条款规定的通行制度。

7. 本条规定的航行和飞越领空的权利是对其他条约或国际法通用原则规定的对相关区域的航行和飞越领空权利的补充，不能因此废除其他条约或国际法通用原则的相关规定。

第八条　助航

为维护和促进两国之间水域航行安全，双方应就技术和其他双方可用的方式进行合作，应在达成协议的基础上在助航和海图及地图绘制方面互相提供适当协助。

第九条　失事

1. 位于一方海床管辖区域内海床上、下和其中的船只和飞机失事残骸应服从该方管辖权。

2. 如果是一方具有特别意义的或历史上的失事残骸位于或发现于两国之间另一方管辖的区域，则双方应就对该残骸采取的行动进行协商，达成协议。

3. 本条的规定不应损害缔约方法院为了该方法律目的在本条规定范围内针对残骸的海事行动的能力。

4. 本条款不应适用于本条约生效之日后失事的任一方的任何军事船只或飞机。

第四部分　保护区

第十条　保护区的建立与目的

1. 特此建立托雷斯海峡保护区，包括以本条约附件9规定的线为分界线的所有陆地、海洋、空域和底土。该分界线见作为本条约附件6和附件7的地图，还有一部分见本条约附件2的地图。

2. 双方应采用和应用根据本条约条款制定的与保护区有关的措施。

3. 双方建立保护区并确定其东、西、南、北边界的主要目的是承认并保护传统生活方式和传统居民的生计，包括他们的传统捕捞和自由迁徙。

4. 双方建立保护区更进一步的目的是保护和保全保护区及附近海洋环境和本土动植物。

第十一条　自由迁徙和包括传统捕捞在内的传统活动

1. 依据本条约其他条款，每一方应继续允许另一方的传统居民在保护区及附近自由迁徙和进行合法的传统活动。

2. 本条第1款不应解释为鼓励一方传统居民的传统捕捞在本条约生效之日前向另一方管辖之下的保护区外的非传统捕捞区域扩展。

3. 本条约本条款和本条约与传统捕捞有关的其他条款应依从本条约第十四条和第二十条第2款的规定。

第十二条　传统习惯权利

一方的传统居民享有进入和使用另一方管辖之下的保护区或附近陆地、海床、海洋、河口和沿海感潮地区的传统习惯权利，并且依据当地传统，这些权利得到生活在这些区域或附近的传统居民的认可，另一方应允许其在享有不低于本方传统居民相似权利的条件下继续行使这些权利。

第十三条　海洋环境的保护

1. 每一方应采取立法或其他必要措施保护和保全保护区及附近的海洋环境，制定这些措施时每一方应考虑国际上议定的已被外交会议或相关国际组织采用的规则、标准和建议的实践。

2. 每一方依据本条第 1 款采取的措施应包括防治来自其管辖与控制下的所有源头和活动的污染或对海洋环境的其他损害，应特别包括将下列活动减少到最充分可行的范围：

（1）从陆源、河流、大气或通过大气，或通过倾废排放有毒有害物质；

（2）来自船只的污染或其他损害；

（3）来自海床和底土自然资源勘探开发使用的装置的污染或其他损害。

3. 每一方依据本条第 1 款采取的措施应与国际法规定的其义务相一致，包括不损害外国船只和飞机的权利，应遵从本条约第七条款的规定。

4. 双方应一方要求为以下目的应进行协商：

（1）协调与根据本条款制定的措施有关的政策；

（2）确保这些措施协调有效执行。

5. 如果一方有充分理据相信在其管辖与控制下的任何计划中的活动可能导致对保护区及附近海洋环境的污染或其他损害，该方经过适当调查后应向另一方沟通该活动对海洋环境潜在影响的评估。

6. 如果一方有充分理据相信在另一方管辖与控制下的现有或计划中的活动正导致或可能导致对保护区及附近海洋环境的污染或其他损害，该方可以要求与另一方协商，并且随后双方应尽快协商采取措施防治该活动对环境的任何污染或其他损害。

第十四条　动植物保护

每一方在保护区及其附近应全力：

（1）确定和保护那些正濒临灭绝或可能濒临灭绝的本土动植物种类；

（2）防止引进可能对本土动植物有害的动植物品种；

（3）控制有毒动植物品种。

2. 尽管需要遵守本条约除本条第 4 款外的其他条款，一方可以在其管辖区域内采取措施，保护正濒临灭绝或可能濒临灭绝的本土动植物，保护依据国际法任一方有义务保护的本土动植物。

3.双方应交换与正濒临灭绝或可能濒临灭绝的本土动植物品种有关的适当且必要的信息，并应一方要求为以下目的进行协商：

（1）协调双方的政策，为执行本条第1款和第2款制定措施；

（2）确保这些措施协调有效执行。

4.执行本条规定时，每一方应全力减少对传统居民的传统活动的任何制约性影响。

第十五条 禁止海底采矿和钻探

本条约生效之日后10年内，任何一方都不应为勘探或开采液态碳氢化合物、天然气或其他矿产资源在保护区内进行或允许海床和底土采矿及钻探，双方可以协商同意延长该期限。

第十六条 移民、海关、检疫和健康

1.除本条约另有规定外，每一方采用的移民、海关、检疫和健康程序不应防止或阻碍另一方传统居民在保护区和附近自由迁徙或进行传统活动。

2.每一方在执行与人员和货物进出保护区及附近管辖区域有关的法律和政策时，应本着睦邻友好的精神，谨记国际法和既定国际惯例的相关原则以及阻止假借自由迁徙或进行传统活动非法入境的重要性，阻止逃避司法制裁以及损害有效保护和控制移民、海关、健康和检疫的实践。

3.尽管有本条第1款的规定，但是

（1）一方的传统居民如果希望入境另一方国家，除非是为进行传统活动作短暂停留，应遵守与该方非传统居民公民同样的移民、海关、健康和检疫要求与程序；

（2）每一方保留因控制涉及非法入境或逃避司法制裁的恶行而限制自由迁徙的权利；

（3）当认为是解决出现的问题所必需时，每一方保留暂时或永久应用移民、海关、健康和检疫措施，特别是在流行病爆发或流行病蔓延的情况下，每一方可以采取措施限制或防止保护区及附近的自由迁徙及迁徙过程中的货物和动植物运输。

第十七条 执行与协调

为了促进本条约各条款的执行，一方的授权机构应另一方授权机构的

要求，在适当并必要的情况下，应

1.使另一方授权机构获取该方与移民、公民权、海关、健康、检疫、渔业、环境保护和其他事项有关的法律法规和程序的信息；

2.与另一方授权机构协商，作出适当的管理或其他安排解决执行这些条款时出现的任何问题。

第十八条　联络安排

1.每一方应指派一名代表,该代表应推动本条约各条款在地方上的执行。

2.两名指派的代表应

（1）交流保护区及附近的相关发展信息；

（2）共同协商并采取与其各自职能相适应的行动，推动本条约各条款在地方上的实际执行，解决执行中出现的问题；

（3）审查一方传统居民自由迁徙进入另一方管辖区域以及与自由迁徙有关的当地安排；

（4）吸引政府的关注，对影响本条约各条款执行的或执行中出现的当地无法解决的或可能需要双方考虑的任何问题提出适当的建议。

3.每个代表在行使其职责时应

（1）与本国传统居民代表紧密协商，尤其是协商本条约规定的自由迁徙、传统活动和行使传统习惯的权利引起的任何问题，然后将他们的观点传达给本国政府；

（2）在属于其各自职责范围内的所有事务上与本国国家、州、省和地方层面的授权机构保持紧密联系。

4.除非情况特殊需要不同的地点，澳大利亚代表应位于星期四岛，巴布亚新几内亚代表应位于达鲁。

第十九条　托雷斯海峡联合咨询理事会

1.双方应联合建立和维护一个咨询顾问机构，称作"托雷斯海峡联合咨询理事会"（本条款称作"咨询理事会"）。

2.咨询理事会的职责应是

（1）寻求地方上出现的问题以及依据本条约第十八条无法解决的问题的解决方法；

（2）就可能影响本条约规定的传统生活方式和传统居民生计保护及其

自由迁徙、传统活动、传统习惯权利的任何发展与提议向双方提出建议；

（3）必要时就本条约有效执行的相关事宜，包括与海洋环境保护与保全、动植物和保护区及附近等有关的条款的执行，向双方提供评论、报告和建议。

3. 咨询理事会不应具有管理和治理的责任，这些责任应继续由在每一方各自管辖区域内的国家、州、省和地方授权机构承担。

4. 咨询理事会行使职责时应确保与传统居民进行了协商，及时给予了他们充分的机会就与其相关的事宜发表了看法，并且他们的观点已在咨询理事会提交的报告和建议中传达给双方。

5. 咨询理事会应将其报告和建议传送给双方外交部长，经双方适当的授权机构考虑后，组织协商解决咨询理事会提请关注的事宜。

6. 除非双方另有约定，咨询理事会应由 18 名成员组成，每一方 9 名成员，包括：

（1）至少两名国家层面的代表；

（2）至少 1 名成员代表澳大利亚的昆士兰政府，1 名代表巴布亚新几内亚的弗莱河省政府；

（3）至少 3 名成员代表传统居民。

上述成员以外的其他成员每一方可自由决定。

7. 咨询委员会应一方要求在必要时召开会议，连续会议应由一名澳大利亚代表和一名巴布亚新几内亚代表轮流主持，会议应轮流在澳大利亚和巴布亚新几内亚召开，或另有安排。

第五部分　保护区商业渔业

第二十条　传统捕捞的优先权和传统捕捞措施的应用

1. 本部分条款的执行不应损害本条约第四部分与传统捕捞有关的规定。

2. 一方可以采取与本部分条款相一致的保护措施，只要该方全力减小这些措施对传统捕捞的制约作用。保护某一品种所必要时，这些保护措施可以应用于传统捕捞。

第二十一条　保护、管理和最佳利用

双方应在保护区商业渔业的保护、管理和最佳利用方面进行合作，为

此目的，双方应在一方要求下进行协商，并为本部分条款的执行作出安排。

第二十二条　个别鱼类渔业的保护与管理

1.双方应在适当时候协商有关保护区个别鱼类商业渔业的附属保护和管理。

2.如果任一方书面通知另一方，认为保护区某项商业渔业应实施共同保护和管理，双方应从接到通知书之日起90天内进行协商，就与该项渔业相关的措施达成安排。

3.双方应在适当时候就与本条第1款所指的渔业直接相关的补充性资源保护与管理进行协商，包括保护区内不受本条约规定管理的鱼类资源。

第二十三条　保护区商业渔业渔获量分享

1.双方应依据本条以及本条约第二十四条和第二十五条的规定分享保护区商业渔业的可捕量。

2.保护区商业渔业可捕量，即最佳可持续产量，作为本条约第二十二条第1款所规定的附属保护和管理的一部分应由双方联合确定。

3.如果一方有合理理据相信保护区商业渔业中一种品种的商业开发将会或潜在导致对海洋环境的严重损害，或可能危及其他品种，该方可以要求与另一方协商，就是否以不损害或不危及其他品种的方式开展该商业开发达成协议。

4.关于在任何相关时期保护区某种特别商业渔业的完全可捕量，依据本条第5款、第6款和第8款以及本条约第二十四条和第二十五条，一方应有权根据以下规定分享可捕量份额：

（1）在澳大利亚管辖区域，除以下第（2）项的规定：

澳大利亚：　　　　　75%

巴布亚新几内亚：　　25%

（2）在安科礁、布莱克岩、布兰布尔礁、德利韦兰克岛、东礁、克尔岛、皮尔斯礁和图鲁礁领海：

澳大利亚：　　　　　50%

巴布亚新几内亚：　　50%

（3）在巴布亚新几内亚管辖区域：

澳大利亚：　　　　　25%

巴布亚新几内亚： 75%

5. 巴布亚新几内亚海岸附近除奥布斯岛、博伊古岛、达万岛、考马格岛、莫伊米岛和塞巴伊岛领海以外的尖吻鲈（澳洲肺鱼）商业捕捞，巴布亚新几内亚应单独享有可捕量，本条第 4 款第（1）项不适用于该鱼类捕捞。

6. 分配与某种鱼类有关的可捕量配额时，双方通常应考虑可捕量的重量和数量。在计算保护区商业渔业的全部可捕量配额时，双方应考虑个别鱼类渔业的相关价值，并为此就问题时期每项个别鱼类渔业生产的共同价值达成协议，该价值应基于加工厂初级产品的价值或其他可以达成协议的价值，但应是经过加工提升前的价值，包括在珍珠养殖场的处理加工或进一步的运输或销售。

7. 双方可以就改变本条约第二十二条第 1 款规定的附属保护和管理安排中个别鱼类渔业确定的可捕量配额达成协议，但应保持本条第 4 款规定的每一方在保护区商业渔业整体可捕量的配额。

8. 在计算保护区商业渔业整体可捕量时，应不包括本条第 5 款规定的尖吻鲈商业渔业可捕量。

第二十四条　过渡性权利

1. 作为本条约第二十二条第 1 款规定的附属保护和管理安排的一部分，在可捕量范围内，每一方被赋予的保护区商业渔业捕获量——

（1）在本条约生效后 5 年期间不应减少到低于本条约生效前该方的水平；

（2）在本条约生效后第二个 5 年期间，可以逐步调整，直到第二个 5 年末达到本条约第二十三条规定的每一方的配额。

2. 在可捕量的限制使其必要时，本条赋予一方的权利优先于本条约第二十三条赋予另一方的权利，但应考虑评估第一方的权利。

第二十五条　优先权

在任何相关时期，如果一方自己没有提出获取赋予该方的某种保护区商业渔业的全部可捕量，无论是在其管辖区域内的或另一方管辖区域内的，另一方应优先获取第一方没有获取的渔业可捕量。

第二十六条　许可安排

1. 在本条约第二十二条第 1 款规定的保护和管理安排协商和执行时——

（1）双方应就允许在保护区进行商业捕捞的许可证问题和认可进行协商并合作；

（2）双方责任部门可以发放任何保护区商业渔业的捕捞许可证；

（3）获得一方责任部门许可的在任何相关时期捕捞某种保护区商业鱼类的人或船只，如果由该方责任部门指定，还应得到另一方责任部门的批准，必要时得到许可证认可，才能在相关渔业所在的另一方管辖区域内进行捕捞。

2.依据本条第1款的规定获得一方许可的已经或将要得到批准在另一方管辖水域进行捕捞的人或船只，应遵守另一方相关渔业法律法规，除非他们应免除另一方对该捕捞活动收取的许可费、税收和其他费用。

3.依据本条第1款发放许可证时，双方责任部门应关注推动托雷斯海峡区域经济发展和提高传统居民就业机会。

4.双方责任部门应确保经常与传统居民就保护区商业渔业的许可安排进行协商。

第二十七条 保护区商业渔业的第三国捕捞

1.双方责任部门应互相交流信息并在任一方要求时就建议的保护区商业渔业开发进行协商——

（1）由第三国参股的合资企业进行的开发；

（2）或者由第三国注册的船只或船员基本上是第三国国籍的船只进行的开发。

2.如果没有双方责任部门在特殊情况下的一致同意，由第三国国民控制经营的船只不应获得许可开发保护区商业渔业。

第二十八条 监督和执行

1.双方应在监督与执行方面进行合作，包括人员交流，防止违反保护区商业渔业安排，并对违反行为采取适当的执法措施。

2.必要时双方应经常协商，确保一方根据本条第1款制定的法律法规与另一方的法律法规尽可能一致。

3.每一方应根据其法律法规对使用本国国籍的船只在保护区商业渔业活动中在另一方管辖区域内捕捞某种渔业资源的个人进行惩罚——

（1）没有得到另一方正式许可或授权；

（2）或者得到许可或授权的船只违反了该区域内另一方的渔业法律法规。

4. 每一方应就其管辖区域内的渔业资源品种——

（1）调查违反其渔业法律法规的嫌疑违法行为；

（2）除本条的规定外，对违反法律法规的违法者采取必要的正确行动。

5. 在本条中，"正确行动"的意思是：经过调查后对嫌疑违法行为采取的正常行动，包括适当拘捕违法嫌疑人，起诉指控的违法者，执行法庭判处的刑罚，或者取消或中止违法者的许可证。

6. 依据本条的规定以及其他双方同意的情况下，对违反双方渔业法律法规的违法行为或嫌疑违法行为应由船只或个人国籍所在国一方（本条称"第一方"）的授权部门而不是发生违法行为或嫌疑违法行为的区域的管辖国一方（本条称"第二方"）采取正确行动。

7. 双方认识到本条第 6 款规定的原则不应适用于阻挠执行渔业法律法规的行为或使违反这些法律法规的违法者逍遥法外的行为。

8. 被指控已在保护区内及附近违法的嫌疑违法行为，如果该违法行为是或合理地认为是在传统捕捞过程中发生，应由第一方授权部门而不是第二方授权部门采取正确行动或其他措施。被指控的违法者及其船只如果被第二方授权部门滞留，在避免造成第二方授权部门不必要的费用或不便的情况下，应被释放或移交给第一方的授权部门。

9. 本条第 8 款适用的情况下，第二方授权部门在特殊情况下可以要求保证第一方授权部门采取正确行动或其他措施，适当确保投诉的行为不重复。

10. 本条第 8 款不适用的情况下，被指控已卷入保护区嫌疑违法行为或被嫌疑违法行为利用的个人或船只由第一方授权部门发放保护区捕捞许可证的，应由第一方授权部门而不是第二方授权部门采取正确行动，而且，被指控的违法者及其船只如果被第二方授权部门滞留，在避免造成第二方授权部门不必要的费用或不便的情况下，应被释放或移交给第一方的授权部门，并且应适用本条第 13 款和第 14 款的规定。

11. 本条第 10 款的规定也适用于第一方的个人或船只在保护区以外第二方管辖区域实施的嫌疑违法行为——

（1）根据本条约第二十二条第 1 款的规定，由第二方授权的个人或船只在实施嫌疑违法行为的区域进行捕捞的；

（2）实施的嫌疑违法行为与授权的渔业有关，而不涉及其他品种或对其他渔业不造成潜在伤害的。

12. 在本条第 8 款和第 10 款规定的情况下，只要能使授权部门对违法行为进行迅速调查并得到证据，被第二方授权部门拘留的第一方的个人或船只可以拘留必要时长，然后依据条款规定移交这些个人或船只。他们除非是因其他原因被依法拘留，否则不应继续被拘留。

13. 如果本条第 10 款所规定的被指控的违法者在第二方管辖水域的行为——

（1）被宣判是违反第一方渔业法律法规的违法行为；

（2）或者基于充分有效的证据被第一方授权部门发现违反或没有遵守其或其船只许可证或授权条件；

第一方授权部门应适当注意到本条第 7 款，只要与保护区商业渔业有关，就取消或中止其或其船只许可证或授权。

14. 本条第 10 款所指的已卷入指控的违法行为或被违法行为利用的个人或船只，也由第二方发放许可证或授权在保护区区域进行捕捞的，当案情必要时，第二方授权部门在收到第一方授权部门报告（如果有）后可以依据其法律取消或中止该个人或船只的该时期的许可证或授权。

15. 每一方应向另一方提供依据本条对涉及另一方个人或船只的嫌疑违法行为进行调查期间获得的任何证据。每一方应采取适当措施推动该证据进入与嫌疑违法行为有关的诉讼程序。

16. 本条所指的一方的个人或船只或国籍，包括该方依据本条约第二十六条第 1 款第（2）项发放许可证的个人或船只以及许可船只的船员，除非该个人或船只已依据上述条款从另一方优先获得了许可证。

第六部分　最后条款

第二十九条　争端的解决

双方之间因对本条约的解释和执行引起的任何争议应通过磋商或协商解决。

第三十条 协商

应任何一方的要求，双方应协商与本条约有关的任何事宜。

第三十一条 附件

本条约附件是本条约不可分割的一部分，具有同等效力和影响。

第三十二条 批准

本条约须经批准，并于交换批准书之日起生效。

由双方正式授权代表签署本条约并盖章，以昭守信。

本条约于1978年12月18日在悉尼签署，一式两份。

附件 1

奥布斯岛、博伊古岛和莫伊米岛与巴布亚新几内亚之间的领海边界以及达万岛、考马格岛和塞巴伊岛与巴布亚新几内亚之间的领海边界

奥布斯岛、博伊古岛和莫伊米岛与巴布亚新几内亚之间的领海边界

A 线——

起点 9°15′43″S，142°03′30″E（点1）；

然后向东北方向沿测地线至点 9°12′50″S，142°06′25″E（点2）；

然后向东北方向沿测地线至点 9°11′51″S，142°08′33″E（点3）；

然后向东南方向沿测地线至点 9°11′58″S，142°10′18″E（点4）；

然后向东北方向沿测地线至点 9°11′22″S，142°12′54″E（点5）；

然后向东南方向沿测地线至点 9°11′34″S，142°14′08″E（点6）；

然后向东南方向沿测地线至点 9°13′53″S，142°16′26″E（点7）；

然后向东南方向沿测地线至终点 9°16′04″S，142°20′41″E（点8）。

达万岛、考马格岛和塞巴伊岛与巴布亚新几内亚之间的领海边界

A 线——

起点 9°22′04″S，142°29′41″E（点9）；

然后向东北方向沿测地线至点 9°21′48″S，142°31′29″E（点10）；

然后向东北方向沿测地线至点 9°22′33″S，142°33′28″E（点11）；

然后向东北方向沿测地线至点 9°21′25″S，142°35′29″E（点 12）；
然后向东北方向沿测地线至点 9°20′21″S，142°41′43″E（点 13）；
然后向东北方向沿测地线至点 9°20′16″S，142°48′18″E（点 14）；
然后向东北方向沿测地线至终点 9°19′26″S，142°48′18″E（点 15）。

附件 3　领海的外部界限

奥布斯岛、博伊古岛和莫伊米岛的领海

奥布斯岛、博伊古岛和莫伊米岛领海的外部界限应是一条连续线——
1. 起点为本条约附件 1 中规定的点 1。
2. 然后沿测地线依次连接本条约附件 1 中规定的点 1 至点 8。
3. 然后沿半径为 3 海里的圆弧依次连接以下各点：

点号	纬度（S）	经度（E）
（i）	9°15′53″	142°17′39″
（ii）	9°16′26″	142°17′36″
（iii）	9°16′28″	142°17′36″
（iv）	9°16′31″	142°17′30″
（v）	9°17′06″	142°17′30″
（vi）	9°17′15″	142°17′30″
（vii）	9°17′26″	142°17′15″
（viii）	9°17′50″	142°16′46″
（ix）	9°17′55″	142°16′39″
（x）	9°17′56″	142°16′30″
（xi）	9°17′53″	142°16′11″
（xii）	9°17′52″	142°16′07″
（xiii）	9°17′44″	142°14′52″
（xiv）	9°17′45″	142°14′49″
（xv）	9°17′44″	142°14′38″

续表

点号	纬度（S）	经度（E）
（xvi）	9°17′44″	142°14′30″
（xvii）	9°17′38″	142°14′06″
（xviii）	9°17′38″	142°13′59″
（xix）	9°17′36″	142°13′47″
（xx）	9°17′34″	142°13′31″
（xxi）	9°17′33″	142°13′20″
（xxii）	9°17′32″	142°12′56″
（xxiii）	9°17′32″	142°12′46″
（xxiv）	9°17′33″	142°12′26″
（xxv）	9°17′38″	142°11′56″
（xxvi）	9°17′39″	142°11′51″
（xxvii）	9°17′38″	142°11′34″
（xxviii）	9°17′37″	142°11′30″
（xxix）	9°17′33″	142°10′20″
（xxx）	9°17′30″	142°10′13″
（xxxi）	9°17′15″	142°09′08″
（xxxii）	9°17′13″	142°09′00″
（xxxiii）	9°17′02″	142°08′35″
（xxxiv）	9°16′56″	142°08′23″
（xxxv）	9°16′52″	142°08′15″
（xxxvi）	9°16′47″	142°08′01″
（xxxvii）	9°16′46″	142°07′58″
（xxxviii）	9°16′21″	142°06′52″
（xxxix）	9°16′19″	142°06′51″
（xl）	9°15′08″	142°06′28″

然后回到起点。

达万岛、考马格岛和塞巴伊岛的领海

达万岛、考马格岛和塞巴伊岛领海的外部界限应是一条连续线——

1. 起点为本条约附件 1 中规定的点 9。
2. 然后沿测地线依次连接本条约附件 1 中规定的点 9 至点 15。
3. 然后沿半径为 3 海里的圆弧依次连接以下各点：

点号	纬度（S）	经度（E）
（i）	9°22′24″	142°47′49″
（ii）	9°22′28″	142°47′53″
（iii）	9°22′39″	142°47′57″
（iv）	9°22′48″	142°48′00″
（v）	9°22′58″	142°48′01″
（vi）	9°23′02″	142°48′01″
（vii）	9°23′06″	142°47′59″
（viii）	9°23′12″	142°47′55″
（ix）	9°23′28″	142°47′46″
（x）	9°23′44″	142°47′41″
（xi）	9°25′46″	142°46′36″
（xii）	9°25′48″	142°46′36″
（xiii）	9°25′53″	142°46′29″
（xiv）	9°26′05″	142°46′12″
（xv）	9°26′10″	142°46′03″
（xvi）	9°26′15″	142°45′47″
（xvii）	9°26′15″	142°45′34″
（xviii）	9°26′12″	142°45′25″
（xix）	9°26′09″	142°45′12″
（xx）	9°26′06″	142°45′07″
（xxi）	9°25′57″	142°44′39″
（xxii）	9°25′48″	142°43′07″
（xxiii）	9°25′54″	142°42′42″

续表

点号	纬度（S）	经度（E）
（xxiv）	9°25′53″	142°42′13″
（xxv）	9°25′52″	142°41′59″
（xxvi）	9°25′51″	142°41′51″
（xxvii）	9°25′48″	142°41′15″
（xxviii）	9°25′47″	142°41′04″
（xxix）	9°25′46″	142°40′55″
（xxx）	9°25′43″	142°40′20″
（xxxi）	9°25′44″	142°40′04″
（xxxii）	9°25′50″	142°39′30″
（xxxiii）	9°25′51″	142°39′22″
（xxxiv）	9°25′50″	142°39′13″
（xxxv）	9°25′48″	142°39′03″
（xxxvi）	9°25′35″	142°38′05″
（xxxvii）	9°25′31″	142°37′46″
（xxxviii）	9°25′28″	142°37′36″
（xxxix）	9°25′23″	142°37′22″
（xl）	9°25′22″	142°37′19″
（xli）	9°25′04″	142°36′35″
（xlii）	9°24′50″	142°36′03″
（xliii）	9°25′25″	142°33′03″
（xliv）	9°25′27″	142°32′58″
（xlv）	9°25′54″	142°32′17″
（xlvi）	9°26′11″	142°33′00″
（xlvii）	9°26′15″	142°31′55″
（xlviii）	9°26′17″	142°31′52″
（xlix）	9°26′17″	142°31′48″
（l）	9°26′15″	142°31′46″
（li）	9°26′06″	142°31′47″

续表

点号	纬度（S）	经度（E）
（lii）	9°25′38″	142°31′35″
（liii）	9°25′28″	142°31′34″
（liv）	9°25′24″	142°31′33″
（lv）	9°25′05″	142°31′27″
（lvi）	9°24′39″	142°31′18″
（lvii）	9°24′37″	142°31′17″
（lviii）	9°24′32″	142°31′24″

然后回到起点。

安科礁和东礁的领海

安科礁和东礁的领海外部界限应是一条连续线，该线沿半径为 3 海里的圆弧依次连接以下各点，包围两岛——

点号	纬度（S）	经度（E）
（i）	9°21′27″	144°07′30″
（ii）	9°21′25″	144°07′28″
（iii）	9°21′25″	144°07′38″
（iv）	9°21′26″	144°07′44″
（v）	9°21′29″	144°07′50″
（vi）	9°21′31″	144°07′55″
（vii）	9°21′44″	144°08′24″
（viii）	9°21′45″	144°08′27″
（ix）	9°21′49″	144°08′33″
（x）	9°21′54″	144°08′37″
（xi）	9°23′09″	144°12′43″
（xii）	9°23′02″	144°12′55″
（xiii）	9°23′02″	144°13′23″
（xiv）	9°23′04″	144°13′29″
（xv）	9°23′06″	144°13′33″

续表

点号	纬度（S）	经度（E）
（xvi）	9°23′09″	144°13′40″
（xvii）	9°23′13″	144°13′44″
（xviii）	9°23′30″	144°13′59″
（xix）	9°23′40″	144°14′11″
（xx）	9°23′44″	144°14′18″
（xxi）	9°23′50″	144°14′25″
（xxii）	9°23′59″	144°14′30″
（xxiii）	9°24′05″	144°14′31″
（xxiv）	9°24′19″	144°14′33″
（xxv）	9°24′29″	144°14′37″
（xxvi）	9°24′40″	144°14′40″
（xxvii）	9°24′44″	144°14′40″
（xxviii）	9°24′49″	144°14′35″
（xxix）	9°24′53″	144°14′33″
（xxx）	9°24′57″	144°14′27″
（xxxi）	9°24′57″	144°14′20″
（xxxii）	9°24′56″	144°14′14″
（xxxiii）	9°24′44″	144°13′19″
（xxxiv）	9°24′40″	144°13′02″
（xxxv）	9°24′36″	144°12′58″
（xxxvi）	9°24′31″	144°12′56″
（xxxvii）	9°23′47″	144°12′34″
（xxxviii）	9°22′06″	144°08′38″
（xxxix）	9°22′07″	144°08′31″
（xl）	9°21′59″	144°07′57″
（xli）	9°21′47″	144°07′32″
（xlii）	9°21′44″	144°07′29″
（xliii）	9°21′40″	142°07′26″
（xliv）	9°21′35″	144°07′24″

布莱克岩和布兰布尔礁的领海

布莱克岩和布兰布尔礁的领海外部界限应是一条连续线,该线沿半径为3海里的圆弧依次连接以下各点,包围两岛——

点号	纬度(S)	经度(E)
(i)	9°10′28″	143°49′59″
(ii)	9°08′40″	143°52′19″
(iii)	9°08′33″	143°52′22″
(iv)	9°08′26″	143°52′32″
(v)	9°08′24″	143°52′41″
(vi)	9°08′23″	143°52′48″
(vii)	9°08′24″	143°52′54″
(viii)	9°08′27″	143°53′06″
(ix)	9°08′32″	143°53′12″
(x)	9°08′43″	143°53′19″
(xi)	9°08′48″	143°53′19″
(xii)	9°08′52″	143°53′17″
(xiii)	9°09′00″	143°53′13″
(xiv)	9°09′04″	143°53′07″
(xv)	9°09′08″	143°53′00″
(xvi)	9°09′07″	143°52′49″

德利韦兰克岛和克尔岛的领海

德利韦兰克岛和克尔岛的领海外部界限应是一条连续线,该线沿半径为3海里的圆弧依次连接以下各点,包围两岛——

点号	纬度(S)	经度(E)
(i)	9°32′39″	141°32′15″
(ii)	9°32′35″	141°32′11″
(iii)	9°32′07″	141°31′50″
(iv)	9°32′02″	141°31′54″

续表

点号	纬度（S）	经度（E）
（ⅴ）	9°31′56″	141°31′58″
（ⅵ）	9°31′51″	141°32′02″
（ⅶ）	9°31′29″	141°32′17″
（ⅷ）	9°31′27″	141°32′19″
（ⅸ）	9°31′24″	141°32′21″
（ⅹ）	9°30′40″	141°33′32″
（ⅺ）	9°30′08″	141°34′01″
（ⅻ）	9°30′01″	141°34′05″
（ⅹⅲ）	9°29′57″	141°34′08″
（ⅹⅳ）	9°29′51″	141°34′14″
（ⅹⅴ）	9°29′51″	141°34′19″
（ⅹⅵ）	9°29′58″	141°36′13″
（ⅹⅶ）	9°30′04″	141°36′16″
（ⅹⅷ）	9°30′12″	141°36′16″
（ⅹⅸ）	9°30′28″	141°36′18″
（ⅹⅹ）	9°30′47″	141°36′18″
（ⅹⅹⅰ）	9°31′00″	141°36′15″
（ⅹⅹⅱ）	9°31′11″	141°36′10″
（ⅹⅹⅲ）	9°31′29″	141°36′02″
（ⅹⅹⅳ）	9°31′38″	141°35′55″
（ⅹⅹⅴ）	9°31′47″	141°35′46″
（ⅹⅹⅵ）	9°31′50″	141°35′42″
（ⅹⅹⅶ）	9°32′02″	141°35′21″
（ⅹⅹⅷ）	9°36′21″	141°34′33″
（ⅹⅹⅸ）	9°36′24″	141°34′34″
（ⅹⅹⅹ）	9°36′35″	141°34′33″
（ⅹⅹⅹⅰ）	9°36′49″	141°34′26″
（ⅹⅹⅹⅱ）	9°36′56″	141°34′21″
（ⅹⅹⅹⅲ）	9°37′05″	141°34′02″

续表

点号	纬度（S）	经度（E）
（xxxiv）	9°37′14″	141°33′47″
（xxxv）	9°37′15″	141°33′28″
（xxxvi）	9°37′13″	141°33′25″
（xxxvii）	9°37′09″	141°33′22″
（xxxviii）	9°37′03″	141°33′21″
（xxxix）	9°36′58″	141°33′22″
（xl）	9°36′52″	141°33′27″

皮尔斯礁的领海

皮尔斯礁位于本条约第四条第1款规定的分界线以北的领海部分外部界限应是一条连续线——

1. 起点为9°33′00″S，143°14′51″E。

2. 然后，沿半径为3海里的圆弧依次连接以下各点——

点号	纬度（S）	经度（E）
（i）	9°30′56″	143°17′03″
（ii）	9°30′53″	143°17′03″
（iii）	9°30′50″	143°17′08″
（iv）	9°30′46″	143°17′19″
（v）	9°30′43″	143°17′26″
（vi）	9°30′42″	143°17′34″
（vii）	9°30′41″	143°17′43″
（viii）	9°30′48″	143°17′42″
（ix）	9°30′50″	143°17′40″

直到点9°33′00″S，143°19′46″E。

3. 然后，沿9°33′00″S平行线直到起点。

特纳盖恩岛的领海

特纳盖恩岛的领海外部界限应是一条连续线，该线沿半径为3海里的圆弧依次连接以下各点，包围该岛——

点号	纬度（S）	经度（E）
（i）	9°32′54″	142°10′47″
（ii）	9°32′54″	142°10′44″
（iii）	9°32′54″	142°10′40″
（iv）	9°32′52″	142°10′36″
（v）	9°32′49″	142°10′35″
（vi）	9°32′44″	142°10′36″
（vii）	9°32′23″	142°10′54″
（viii）	9°32′11″	142°11′39″
（ix）	9°32′10″	142°11′45″
（x）	9°32′15″	142°11′54″
（xi）	9°32′37″	142°14′59″
（xii）	9°32′36″	142°15′08″
（xiii）	9°32′37″	142°15′14″
（xiv）	9°32′40″	142°15′24″
（xv）	9°32′44″	142°15′40″
（xvi）	9°32′44″	142°15′47″
（xvii）	9°32′45″	142°15′53″
（xviii）	9°32′48″	142°16′04″
（xix）	9°32′51″	142°16′16″
（xx）	9°32′53″	142°16′28″
（xxi）	9°32′54″	142°16′34″

续表

点号	纬度（S）	经度（E）
（xxii）	9°32′56″	142°16′39″
（xxiii）	9°32′58″	142°16′49″
（xxiv）	9°33′02″	142°17′01″
（xxv）	9°33′03″	142°17′12″
（xxvi）	9°33′05″	142°17′18″
（xxvii）	9°33′11″	142°17′30″
（xxviii）	9°33′14″	142°17′40″
（xxix）	9°33′16″	142°17′50″
（xxx）	9°33′18″	142°18′00″
（xxxi）	9°33′21″	142°18′09″
（xxxii）	9°33′23″	142°18′16″
（xxxiii）	9°33′28″	142°18′27″
（xxxiv）	9°33′33″	142°18′42″
（xxxv）	9°33′35″	142°18′51″
（xxxvi）	9°33′38″	142°19′03″
（xxxvii）	9°33′41″	142°19′12″
（xxxviii）	9°33′42″	142°19′19″
（xxxix）	9°33′44″	142°19′25″
（xl）	9°33′47″	142°19′38″
（xli）	9°33′49″	142°19′40″
（xlii）	9°34′15″	142°20′11″
（xliii）	9°34′19″	142°20′16″
（xliv）	9°34′23″	142°20′17″

续表

点号	纬度（S）	经度（E）
（xlv）	9°34′29″	142°20′14″
（xlvi）	9°34′34″	142°20′10″
（xlvii）	9°34′42″	142°20′03″
（xlviii）	9°34′46″	142°19′58″
（xlix）	9°34′49″	142°19′52″
（l）	9°34′52″	142°19′32″
（li）	9°34′52″	142°19′24″
（lii）	9°34′52″	142°19′15″
（liii）	9°34′50″	142°19′05″
（liv）	9°34′48″	142°18′54″
（lv）	9°34′46″	142°18′39″
（lvi）	9°34′43″	142°18′28″
（lvii）	9°34′40″	142°18′11″
（lviii）	9°34′38″	142°18′05″
（lix）	9°34′52″	142°17′56″
（lx）	9°34′30″	142°17′39″
（lxi）	9°34′23″	142°17′09″
（lxii）	9°34′21″	142°16′55″
（lxiii）	9°34′19″	142°16′39″
（lxiv）	9°34′16″	142°16′29″
（lxv）	9°34′07″	142°15′58″
（lxvi）	9°34′05″	142°15′49″
（lxvii）	9°34′01″	142°15′41″

续表

点号	纬度（S）	经度（E）
（lxviii）	9°33′50″	142°15′17″
（lxix）	9°33′48″	142°15′10″
（lxx）	9°33′44″	142°15′00″
（lxxi）	9°33′35″	142°14′48″
（lxxii）	9°33′24″	142°14′31″
（lxxiii）	9°33′09″	142°13′59″
（lxxiv）	9°33′08″	142°13′53″

图鲁礁的领海

图鲁礁的领海外部界限应是一条连续线，该线沿半径为 3 海里的圆弧依次连接以下各点，包围该岛——

点号	纬度（S）	经度（E）
（i）	9°49′53″	141°24′42″
（ii）	9°49′39″	141°24′44″
（iii）	9°49′31″	141°24′52″
（iv）	9°49′25″	141°25′02″
（v）	9°49′23″	141°25′13″
（vi）	9°49′20″	141°25′25″
（vii）	9°49′19″	141°25′36″
（viii）	9°49′18″	141°25′43″
（ix）	9°49′18″	141°25′53″
（x）	9°49′17″	141°26′07″
（xi）	9°49′23″	141°26′09″
（xii）	9°49′26″	141°26′06″

续表

点号	纬度（S）	经度（E）
（xiii）	9°49′32″	141°25′58″
（xiv）	9°49′38″	141°25′49″
（xv）	9°49′44″	141°25′38″
（xvi）	9°49′47″	141°25′31″
（xvii）	9°49′53″	141°25′19″
（xviii）	9°49′56″	141°25′09″
（xix）	9°49′57″	142°24′54″
（xx）	9°49′56″	141°24′45″

附 件 5

海床管辖权分界线

A 线——

（a）起点为 10°50′00″S，139°12′00″E；

（b）然后向东北方向沿测地线至点 11°09′00″S，139°23′00″E；

（c）然后向东北方向沿测地线至点 10°59′00″S，140°00′00″E；

（d）然后向东北方向沿测地线至点 9°46′00″S，142°00′00″E；

（e）然后向东北方向沿测地线至点 9°45′24″S，142°03′30″E；

（f）然后向东北方向沿测地线至点 9°42′00″S，142°23′00″E；

（g）然后向东北方向沿测地线至点 9°40′30″S，142°51′00″E；

（h）然后向东北方向沿测地线至点 9°40′00″S，143°00′00″E；

（i）然后向东北方向沿测地线至点 9°33′00″S，143°05′00″E；

（j）然后向东北方向沿测地线至点 9°33′00″S，143°20′00″E；

（k）然后向东北方向沿测地线至点 9°24′00″S，143°30′00″E；

（l）然后向东北方向沿测地线至点 9°22′00″S，143°48′00″E；

（m）然后向东北方向沿测地线至点 9°30′00″S，144°15′00″E；

（n）然后向东北方向沿测地线至点 9°51′00″S，144°44′00″E；

（o）然后向东北方向沿测地线至点 12°20'30"S，146°30'00"E；

（p）然后向东北方向沿测地线至点 12°38'30"S，147°08'30"E；

（q）然后向东北方向沿测地线至点 13°10'30"S，148°05'00"E；

（r）然后向东北方向沿测地线至点 14°38'00"S，152°07'00"E；

（s）然后向东北方向沿测地线至点 14°45'00"S，154°15'00"E；

（t）然后向东北方向沿测地线至点 14°05'00"S，156°37'00"E；

（u）然后向东北方向沿测地线至终点 14°04'00"S，157°00'00"E。

附 件 8

渔业管辖权分界线

A 线——

（a）起点为 10°50'00"S，139°12'00"E；

（b）然后向东南方向沿测地线至点 11°09'00"S，139°23'00"E；

（c）然后向东北方向沿测地线至点 10°59'00"S，140°00'00"E；

（d）然后向东北方向沿测地线至点 9°46'00"S，142°00'00"E；

（e）然后向东北方向沿测地线至点 9°45'24"S，142°03'30"E；

（f）然后向北沿经线 142°03'30"E 至与纬线 9°15'43"S 的交点；

（g）然后向东北方向沿测地线至点 9°12'50"S，142°06'25"E；

（h）然后向东北方向沿测地线至点 9°11'51"S，142°08'33"E；

（i）然后向东北方向沿测地线至点 9°11'58"S，142°10'18"E；

（j）然后向东北方向沿测地线至点 9°11'22"S，142°12'54"E；

（k）然后向东北方向沿测地线至点 9°11'34"S，142°14'08"E；

（l）然后向东北方向沿测地线至点 9°13'53"S，142°16'26"E；

（m）然后向东北方向沿测地线至点 9°16'04"S，142°20'41"E；

（n）然后向东北方向沿测地线至点 9°22'04"S，142°29'41"E；

（o）然后向东北方向沿测地线至点 09°21'48"S，142°31'29"E；

（p）然后向东北方向沿测地线至点 09°22'33"S，142°33'28"E；

（q）然后向东北方向沿测地线至点 09°21'25"S，142°35'29"E；

（r）然后向东北方向沿测地线至点 09°20'21"S，142°41'43"E；

（s）然后向东北方向沿测地线至点 09°20′16″S，142°43′53″E；

（t）然后向东北方向沿测地线至点 09°19′26″S，142°48′18″E，在此点连接塞巴伊岛 3 海里领海外部界限；

（u）然后沿该外部界限经过塞巴伊岛东部至点 9°23′40″S，142°51′00″E；

（v）然后向南沿经线 142°51′00″E 至与纬线 9°40′30″S 的交点；

（w）然后向东北方向沿测地线至点 9°40′00″S，143°00′00″E；

（x）然后向东北方向沿测地线至点 9°33′00″S，143°05′00″E；

（y）然后向东沿经线 9°33′00″S 至与纬线 143°20′00″E 的交点；

（z）然后向东北方向沿测地线至点 09°24′00″S，143°30′00″E；

（za）然后向东北方向沿测地线至点 09°22′00″S，143°48′00″E；

（zb）然后向东北方向沿测地线至点 09°30′00″S，144°15′00″E；

（zc）然后向东北方向沿测地线至点 09°51′00″S，144°44′00″E；

（zd）然后向东北方向沿测地线至点 12°20′00″S，146°30′00″E；

（ze）然后向东北方向沿测地线至点 12°38′30″S，147°08′30″E；

（zf）然后向东北方向沿测地线至点 13°10′30″S，148°05′00″E；

（zg）然后向东北方向沿测地线至点 14°38′00″S，152°07′00″E；

（zh）然后向东北方向沿测地线至点 14°45′00″S，154°15′00″E；

（zi）然后向东北方向沿测地线至终点 14°05′00″S，156°37′00″E。

附 件 9

保护区

A 线——

（a）起点为 10°28′00″S，144°10′00″E；

（b）然后向西沿纬线 10°28′00″S 至与经线 141°20′00″E 的交点；

（c）然后向北沿该经线至与纬线 9°33′00″S 的交点；

（d）然后向东北方向沿测地线至点 9°13′00″S，141°57′00″E；

（e）然后向北沿经线 141°57′00″E 至与新几内亚岛南部低潮海岸线交点；

（f）然后大体上向东沿新几内亚岛南部海岸线，即沿该海岸的低潮线并穿过任何河口，在麦库萨河口沿纬线 9°09′00″S，然后沿新几内亚岛南部海岸线，即沿该海岸的低潮线并穿过任何河口至与经线 142°36′00″E 的交点；

（g）然后向南沿该经线至与纬线 9°21′00″S 的交点；

（h）然后向东北方向沿测地线至点 9°09′00″S，143°47′20″E；

（i）然后沿布莱克岩 3 海里领海外部界限，经过该岛西北部至与布兰布尔礁 3 海里领海外部界限的交点；

（j）然后沿该外部界限，依次经过布兰布尔礁的北部和东部，至点 9°10′50″S，143°55′40″E；

（k）然后向东北方向沿测地线至点 9°18′40″S，144°06′10″E；

（l）然后沿安科礁 3 海里领海外部界限，经过安科礁北部至与东礁 3 海里领海外部界限的交点；

（m）然后沿该外部界限，依次经过东礁的北部和东部，至点 9°26′50″S，144°16′50″E；

（n）然后向东南方向沿测地线至点 9°35′15″S，144°28′41″E；

（o）然后向南沿经线 144°28′00″E 至与纬线 9°54′00″S 的交点；

（p）然后向西南方向沿测地线至点 10°15′00″S，144°12′00″E；

（q）然后向西南方向沿测地线至起点。

库克群岛政府和法兰西共和国政府关于海洋划界的协议

（1990年8月3日）

（原文：英文和法文）

库克群岛政府和法兰西共和国政府，

期望加强两国之间的睦邻友好关系，

认识到需要对两国行使主权权利的海洋区域进行精确和公平的划界，

基于相关国际法规则和原则以及1982年12月10日《联合国海洋法公约》，

达成协议如下：

第一条

1. 库克群岛和法兰西共和国之间海洋区域划界分界线是沿方位线连接以下坐标确定的各点的线：

点号	西经	南纬
点1	158°07′41″	15°52′08″
点2	157°52′07″	16°24′18″
点3	157°14′45″	17°19′06″
点4	156°02′31″	18°20′44″
点5	155°10′28″	18°55′11″
点6	154°48′20″	19°15′26″
点7	156°19′23″	21°24′20″
点8	156°08′33″	24°53′40″

该线在库克群岛和法属波利尼西亚之间近似等距离。

上述地理坐标依据1984年世界大地测量系统（WGS 84）确定。

上述分界线见本协议附图*。

---

* 本协议一直没有附图。

第二条

本协议第一条规定的分界线应是上述第一条所指的双方依据国际法行使或将要行使任何主权权利或管辖权的区域之间的海洋边界。

第三条

如果新的调查或结果图和地图表明基点坐标的变化足够要求调整海洋边界，双方应同意在确定本海洋边界所依据的同样原则的基础上进行调整，调整内容应作为本协议的一个议定书。

第四条

双方之间与本协议解释和应用有关的争议应依据国际法通过和平方式解决。

第五条

本协议于签署之日起生效。

由双方政府正式授权的代表签署本协议，以昭信守。

本协议于1990年8月3日在拉罗汤加岛签署，由英文和法文写成，两种文本具有同等效力。

法兰西共和国政府和所罗门群岛政府海洋划界协议

（1990年11月12日）

（原文：法文和英文）

法兰西共和国政府和所罗门群岛政府，

期望加强两国之间的睦邻友好关系，

认识到需要对两国行使主权权利的海洋区域进行精确和公平的划界，

基于相关国际法规则和原则以及1982年12月10日的《联合国海洋法公约》，

达成协议如下：

第一条

1. 所罗门群岛和法兰西共和国之间的海洋区域划界分界线是沿方位线连接以下坐标确定的各点的线：

点号	南纬	东经
点23	15°44′07″	158°45′39″
点24	16°07′37″	160°14′54″
点25	15°12′17″	162°19′26″
点26（a）	14°50′03″	163°10′

2. 该线在法属新喀里多尼亚附近区域和所罗门群岛之间近似等距。

3. 上述地理坐标依据1984年世界大地测量系统（WGS 84）确定。

4. 上述分界线见本协议附图。

第二条

本协议第一条规定的分界线应是上述第一条所指的双方依据国际法行使或将要行使任何主权权利或管辖权的区域之间的海洋边界。

第三条

双方之间与本协议解释和应用有关的争议应依据国际法通过和平方式解决。

第五条

本协议于签署之日起生效。

由双方政府正式授权的代表签署本协议并盖章,以昭信守。

本协议于 1990 年 11 月 12 日在霍尼亚拉签署,由法文和英文写成,两种文本具有同等效力。

Law of the Sea: Maritime Boundary Agreements 1942—1969 (UNDOALOS) — ISBN 978-9-2113-3416-6
Law of the Sea: Maritime Boundary Agreements 1970—1984 (UNDOALOS) — ISBN 978-9-2113-3302-2
Law of the Sea: Maritime Boundary Agreements 1985—1991 (UNDOALOS)— ISBN 978-9-2113-3422-7
©（1991）United Nations for the English edition
©（1987）United Nations for the English edition
©（1992）United Nations for the English edition
© 2016 United Nations for the Simplified Chinese edition
All rights reserved worldwide

世界海洋法译丛·海上边界协定（1942—1969）
世界海洋法译丛·海上边界协定（1970—1984）
世界海洋法译丛·海上边界协定（1985—1991）
©（1991）联合国英文版
©（1987）联合国英文版
©（1992）联合国英文版
© 2016 简体中文版
拥有全球范围著作权

山东省版权局著作权合同登记号：图字 –15-2017-285

图书在版编目（CIP）数据

世界海洋法译丛 . 海上边界协定：1942-1991 / 张海文，黄影主编 . — 青岛：青岛出版社, 2017.12
ISBN 978-7-5552-6265-7

Ⅰ . ①世… Ⅱ . ①张… ②黄… Ⅲ . ①海洋法 – 边界条约 Ⅳ . ① D993.5

中国版本图书馆 CIP 数据核字（2017）第 314183 号

书　　名	世界海洋法译丛·海上边界协定（1942—1991）
主　　编	张海文　黄　影
出 版 人	孟鸣飞
出版发行	青岛出版社（青岛市海尔路182号，266061）
本社网址	http://www.qdpub.com
责任编辑	周静静
封面设计	张　晓
照　　排	青岛双星华信印刷有限公司
印　　刷	青岛国彩印刷有限公司
出版日期	2017 年 12 月第 1 版　2017 年 12 月第 1 次印刷
开　　本	16 开（710mm×1000mm）
印　　张	23.5
字　　数	370 千
书　　号	ISBN 978-7-5552-6265-7
定　　价	180.00 元

编校印装质量、盗版监督服务电话　4006532017　0532-68068638

2